UNIVERSITÉ DE DIJON — FACULTÉ

ETUDE

SUR LES

DROITS DU PARTICULIER DANS SON DOMICILE

ET SUR LES

RESTRICTIONS QUE CES DROITS SUBISSENT

DANS L'INTÉRÊT PUBLIC

THÈSE POUR LE DOCTORAT

(SCIENCES JURIDIQUES)

Soutenue devant la Faculté de Droit de l'Université de Dijon
le Mercredi 18 Juillet 1900, à 1 h. 1/2 du soir

PAR

CHARLES ARMINJON

Elève de la Faculté libre de Lyon

Sous la présidence de M. GAUDEMET, professeur

Suffragants { MM. DESLANDRES, professeur
MOULIN, agrégé

CHAMBÉRY

IMPRIMERIE SAVOISIENNE, 5, RUE DU CHATEAU

1900

ETUDE

SUR LES

DROITS DU PARTICULIER DANS SON DOMICILE

ET SUR LES

RESTRICTIONS QUE CES DROITS SUBISSENT

DANS L'INTÉRÊT PUBLIC

A MON PÈRE

ANCIEN CONSEILLER A LA COUR D'APPEL
AVOCAT, ANCIEN BATONNIER

UNIVERSITÉ DE DIJON — FACULTÉ DE DROIT

ETUDE

SUR LES

DROITS DU PARTICULIER DANS SON DOMICILE

ET SUR LES

RESTRICTIONS QUE CES DROITS SUBISSENT

DANS L'INTÉRÊT PUBLIC

THÈSE POUR LE DOCTORAT
(SCIENCES JURIDIQUES)

Soutenue devant la Faculté de Droit de l'Université de Dijon
le Mercredi 18 Juillet 1900, à 1 h. 1/2 du soir

PAR

CHARLES ARMINJON

Elève de la Faculté libre de Lyon

Sous la présidence de M. GAUDEMET, professeur

Suffragants { MM. DESLANDRES, professeur
MOULIN, agrégé

CHAMBÉRY
IMPRIMERIE SAVOISIENNE, 5, RUE DU CHATEAU
—
1900

INTRODUCTION

I

Le terme de *domicile* n'a pas, même dans la langue du
droit, une signification unique et invariable. Il est pris
tantôt dans un sens étroit et précis, tantôt dans un sens

---

(1) Cette expression est peut-être hasardée au point de vue
de la langue, et un puriste se ferait un scrupule de l'employer.
Littré, dans son Dictionnaire, la considère comme un néologisme
dont il voit l'origine dans le mot anglais *respectability*. Nous en
userons néanmoins, sous le bénéfice de ces réserves. Dans bien
des cas elle exprimera notre pensée d'une façon plus exacte et plus
complète que le terme, très français, d'inviolabilité.

étendu. D'après l'article 102 du Code civil, « le domicile de tout Français, quant à *l'exercice de ses droits civils*, est au lieu où il a son principal établissement ». Les lois et règlements relatifs à l'assistance publique traitent du domicile *de secours*. Les lois électorales ou constitutionnelles établissent le domicile *politique* de chaque citoyen. Enfin l'article 105 du Code forestier établit un domicile pour la participation aux *affouages*. Pris dans ces différentes acceptions, le domicile est moins une réalité tangible et matérielle qu'une abstraction : c'est un lien juridique que la loi établit entre une personne et un lieu (1). Mais dans le langage vulgaire on appelle domicile d'une personne le lieu même où cette personne réside, son habitation et les dépendances de celle-ci ; cette expression désigne alors en quelque sorte un objet matériel et non plus seulement un rapport de droit. En ce sens, un particulier peut avoir et il a autant de domiciles que de résidences effectives ; mais il ne peut avoir qu'un seul domicile légal au point de vue du droit civil, et un seul domicile de secours.

C'est à ce sens vulgaire, usuel et courant, beaucoup plus large que le premier, que l'on doit se référer en lisant l'article 184 du Code pénal. C'est au domicile, ainsi entendu largement, que nous allons consacrer cette étude. Il convient d'en préciser la notion et d'en fixer les limites.

Le domicile est un lieu privé dans lequel s'abrite la vie de l'individu et de la famille ; et il faut entendre

(1) Ce caractère fictif se remarque surtout dans le *domicile d'élection*. (Art. 111 du Code civil.)

cette définition dans le sens large. Ce n'est pas seulement l'appartement que l'on habite, où l'on dort, où l'on prend ses repas : ce sont aussi les dépendances de ce lieu(1): cour, jardin, hangar, écurie, remise, atelier même attenant à l'habitation et compris dans le même enclos.

Peu importe que l'habitant soit propriétaire des lieux qu'il occupe : il peut en être simplement locataire. Ce n'est pas l'étendue ou la force des droits qu'on a sur une maison qui font qu'on y est domicilié : le domicile résulte du fait même de l'habitation. L'appartement loué est le domicile du locataire et non pas du bailleur ; ce dernier pourra même commettre une véritable violation de domicile en s'introduisant dans les lieux loués contre le gré du locataire (2).

Il n'est pas nécessaire non plus, pour qu'une maison ait le caractère de domicile, qu'on y habite actuellement. On peut avoir plusieurs résidences et les occuper alternativement sans que celle qui est momentanément inoccupée perde ce caractère. Mais en revanche il faut que ce soit bien vraiment une résidence, il faut que le particulier se soit établi dans le lieu qu'il prétend être son domicile, et que, cet établissement fait, il ait conservé l'intention d'en faire usage (3).

(1) Un arrêt de la Cour de Limoges (30 avril 1857 — D. 59. 2. 205) reconnaît le caractère de domicile à « un séchoir... compris dans l'enceinte d'une cour close qui embrasse en outre d'autres bâtiments ruraux ainsi que la maison d'habitation. »

(2) « Domum autem accipimus, sive in propriâ domo quis habitet, sive in conductâ, sive gratis, sive hospitio receptus sit. » (Inst. lib. IV, 4 § 8.)

(3) La Cour de Bourges a très bien établi cette distinction dans un arrêt du 4 juin 1885 (S. 87. 2. 180). Voici l'espèce : Une demoiselle M. avait été déclarée adjudicataire d'une maison

Faut-il étendre le caractère de domicile aux *meubles* qui garnissent une habitation ; faut-il, en d'autres termes, les faire participer à son inviolabilité? On suppose qu'un individu, qui peut entrer légitimement dans la demeure d'un particulier, profiterait de cette faculté pour ouvrir ou faire ouvrir un meuble — coffre ou armoire — qui n'est pas à sa disposition. Y a-t-il dans ce fait un délit de violation de domicile? Non, dit M. Garraud (1) : « le mot *domicile* ne peut s'étendre au-delà de son sens naturel ; ce n'est pas tout ce qui est contenu dans l'habitation, c'est *l'habitation même* que la loi entend protéger dans l'article 184. Elle punit, en effet, l'introduction dans le domicile, et non l'effraction ou l'ouverture des meubles qui y sont contenus. » Cette théorie avait été émise par le Tribunal de la Seine. Mais sa décision fut réformée (Cour de Paris, 22 juin 1849. — D. 51. 2. 114 ; — S. 50. 2. 87). La Cour admit l'assimilation dont nous venons de parler.

saisie au préjudice d'un sieur S. Expulsé par ministère d'huissier, le sieur S., avant que la demoiselle M. ou ses héritiers se fussent installés dans la maison, et alors qu'elle était encore dégarnie de meubles, s'y introduisit de nouveau à l'aide d'une clef qu'il avait conservée. Poursuivi pour violation de domicile, S. fut acquitté « attendu que, suivant le texte et l'esprit de l'art. 184 § 2 du Code pénal, l'expression *domicile* ne s'applique qu'à l'endroit servant d'habitation ou de résidence réelle à un citoyen ; ... que l'immeuble dans lequel S. s'est introduit ne peut être considéré comme constituant un domicile pour les héritiers de la demoiselle M., aux termes de l'article précité, puisqu'ils n'y ont jamais résidé, et qu'il a été constaté qu'il était inoccupé et non meublé à ce moment. »

(1) *Traité théorique et pratique du droit pénal français*, t. III, p. 431.

II

Tel que nous venons de le décrire, le domicile constitue en quelque sorte le sanctuaire de la famille; il
abrite ce qu'il y a de plus intime dans la vie privée : sa
protection est donc, avec celle de la liberté individuelle, un des droits les plus sacrés que l'homme
puisse revendiquer. Le respect des droits de l'individu
étant à la base de l'organisation de toute société, il
s'ensuit que toutes les civilisations reconnaissent et
consacrent — bien qu'à des degrés différents — le caractère d'inviolabilité du domicile. Ce principe posé, il ne
faut pas en conclure que cette inviolabilité est d'autant
plus absolue dans un pays que ce pays est lui-même
dans un état de civilisation plus parfaite. Nous verrons
au contraire que le bon ordre et l'intérêt général s'op-
posent à ce que ce droit privé s'exerce sans limites.
Retenons maintenant que le respect du domicile est un
dogme universel : il appartient à l'humanité tout entière
et non pas seulement à telle race ou à telle époque.

La Bible(1) autorise le meurtre du voleur qui cherche
à pénétrer pendant la nuit dans une maison en brisant
la porte ou en perçant la muraille. Mais où éclate d'une
façon toute particulière le caractère sacré du domicile,
c'est dans les coutumes et dans les institutions reli-

(1) « Si effringens fur domum sive suffodiens fuerit inventus, et
accepto vulnere mortuus fuerit, percussor non erit reus sangui-
nis. — Quod si orto sole hoc fecerit, homicidium perpetravit, et
ipse morietur... » *Exode*, chap. XXII, vers. 2 et 3.)

gieuses des peuples tombés dans le polythéisme. Fustel de Coulanges nous montre dans sa *Cité antique* (1) que dès une très haute antiquité, la croyance à l'immortalité de l'âme se traduisit, dans les races indo-européennes, par le culte des morts qui se confondait avec le culte du foyer domestique. L'autel où se consumait nuit et jour le feu sacré était dressé à l'entrée de chaque maison (2) ; il la protégeait et c'était près de lui qu'en cas de danger les habitants venaient chercher un refuge. Il communiquait ainsi à la demeure tout entière un caractère religieux dont elle n'était nullement dépouillée au temps de Cicéron. Le sceptique Romain parle avec enthousiasme de la *sainteté* du domicile : « Quid est sanctius, quid omni religione munitius quam domus uniuscujusque civium ? Hic aræ sunt, hic foci, hic di penates, hic sacra, religiones, ceremoniæ continentur ; hoc perfugium est ita sanctum omnibus, ut inde abripi neminem fas sit. » (Pro domo suà, cap. 41.)

Dans une civilisation plus rapprochée de nous et même contemporaine, mais qui présente cependant plus d'une analogie avec celle des populations primitives, parce que le droit civil s'y confond avec le droit religieux, dans la civilisation musulmane, le domicile est protégé par des dispositions expresses du législateur. On lit dans le Koran : « O croyants, n'entrez pas dans une maison étrangère sans en demander la permission et sans saluer ceux qui l'habitent. Si vous n'y trouvez personne, n'entrez pas, à moins qu'on ne vous l'ait

(1) Livre I, chap. i à iii.
(2) « In primis ingressibus domorum vestæ, id est aræ et foci, solent haberi. » (Nonius Marcellus, cité par Fustel de Coulanges.)

permis. Si on vous dit : Retirez-vous, retirez-vous
aussitôt ; vous serez plus purs, Dieu connaît vos
actions (1). » La permission d'entrer ne doit pas être
demandée plus de trois fois ; si après ces trois demandes le maître de la maison ne l'a pas accordée, l'étranger
doit se retirer sans insister. On doit même s'abstenir
de stationner devant la porte d'entrée d'une maison, de
peur que les regards, pénétrant à l'intérieur, ne tombent
sur quelqu'un de ses habitants. Les exceptions à ce
principe, prévues et autorisées par la loi musulmane,
sont sensiblement les mêmes que celles que reconnaît
notre législation française (2) : elles reposent soit sur
l'autorisation présumée du maître de la maison, soit
sur la nécessité de réprimer les crimes. Cette protection
dont le droit religieux de l'Islam entoure le domicile ne
s'étend qu'à la maison du musulman. La demeure du
chrétien, de l'« Infidèle » établi dans les pays où le
Croissant domine, est restée longtemps sans défense,
exposée à tous les attentats ou du moins à toutes les
vexations que peut suggérer le fanatisme. Le régime des
capitulations ne vint que fort tard remédier à cet état de
choses. La septième capitulation (conclue en 1740 entre
Louis XV et le sultan Mahmoud) assure par son article
70 l'inviolabilité du domicile des Français résidant en
territoire musulman. Sous l'empire de cette convention,
les gens de justice et les officiers de la Sublime-Porte
ne pouvaient pénétrer chez un Français que dans le cas
de nécessité, après avoir averti l'ambassadeur ou le

---

(1) Chap. ii, versets 27, 28, 29.
(2) V. Omar Bey Loutfy : *De l'action pénale en droit musul-*
man, 2ᵉ fascicule, p. 26 et suiv. (Paris, Marchal et Billard, 1899.)

consul et en leur présence ou en celle de leurs délégués. Cette formalité étant devenue fort difficile à observer de nos jours où les Européens enhardis sont dispersés sur tous les points du territoire ottoman, son exercice a été modifié par diverses conventions. Celle qui intéresse les Français est le protocole du 9 juin 1868 (1).

Avant de terminer en ce qui concerne le domicile chez les peuples de civilisation primitive, nous ferons allusion à une coutume qu'ils observent presque tous et qui est chez eux considéré comme un devoir : *l'hospitalité*. Pourquoi *l'hôte*, tout-à-l'heure étranger, peut-être même ennemi, revêt-il un caractère presque sacré pendant tout le temps qu'il séjourne sous le toit du chef de famille ? N'est-ce point que la demeure qui le reçoit constitue pour tous ceux qu'elle abrite — même par occasion — un asile inviolable ? L'imagination si vive de ces peuples voit-elle sur la personne de l'hôte comme un reflet du foyer domestique ? Nous ne voyons rien qui puisse contredire cette hypothèse (2).

Si nous passons maintenant aux peuples de l'Europe occidentale contemporaine, nous voyons que tous proclament l'inviolabilité du domicile et que ce principe est à la base de leurs constitutions. Sans doute, ses applications peuvent varier d'une nation à l'autre ; il

(1) Voir sur tout ceci un ouvrage récent : *le Régime des Capitulations*....., par un ancien diplomate (Paris, Plon, 1898), et notamment pages 259 et suiv.

(2) C'est une idée analogue que Fustel de Coulanges présente dans sa *Cité antique*. (V. la note sous le chap. Ier du livre III de cet ouvrage.)

serait même curieux d'étudier les variantes que les diverses législations ont fait subir à une même idée. Mais il
n'entre pas dans notre projet de faire du droit comparé.
Nous donnerons seulement un rapide aperçu de la
façon dont est comprise et pratiquée l'inviolabilité du
domicile dans un pays qui passe, à tort ou à raison,
pour professer le plus grand respect des droits individuels.

Quand on parle du respect dont le domicile des
citoyens est entouré en Angleterre, on évoque forcément
les mots célèbres que lord Chatham prononçait en 1764
dans un discours au Parlement : « *L'homme le plus
pauvre défie dans son cottage toutes les forces de la Couronne.
Cette chaumière peut être bien frêle, son toit peut trembler,
le vent peut souffler entre ses portes disjointes, l'orage
peut y entrer, mais le roi d'Angleterre ne peut y entrer.
Tout son pouvoir n'oserait franchir le seuil de cette masure
en ruines.* » Faut-il entendre par là que les agents du roi
ne peuvent en aucun cas pénétrer dans une habitation
anglaise contre la volonté de l'habitant ? Ce serait une
erreur. Dans la pensée de William Pitt, comme de nos
jours, ces mots signifient que l'autorité publique ne
peut pénétrer dans la demeure des citoyens que dans
certains cas et moyennant certaines formalités prévues
par la loi ; ils excluent l'arbitraire du pouvoir. Nos
idées modernes nous feraient difficilement accepter qu'il
en fût aujourd'hui autrement dans une société civili-
sée. Si le mot de William Pitt est devenu célèbre, c'est
qu'au XVIIIe siècle, dans les pays du continent, les particuliers étaient mal défendus contre les fantaisies des
agents du pouvoir. Cela explique la fierté avec laquelle

lord Chatham parle du respect de la Constitution anglaise
pour le domicile des citoyens.

Mais, de nos jours, la législation anglaise a perdu
l'avance qu'elle avait en cette matière sur les autres
pays. Voici ce que dit à ce sujet M. Glasson (1) : « On
vante sans cesse le respect de la loi anglaise pour la
liberté et la dignité de l'individu ; nous nous associons
volontiers à ces éloges, mais à la condition qu'ils ne
soient pas exagérés. Au point de vue du respect de la
liberté individuelle, surtout depuis la nouvelle loi de
1865 sur la liberté provisoire sous caution, le droit
français n'est pas inférieur à la législation anglaise et
même sous certains rapports il garantit mieux les droits
des individus. »

Il semble que dans une législation où figure la
maxime « *An Englishman's home is his castle* (2) » l'inviolabilité du domicile doive être protégée par des sanctions pénales analogues à notre article 184, ou tout au
moins, définie et proclamée par un texte semblable à
l'article 76 de la Constitution du 22 frimaire an VIII. Il
n'en est rien. En droit anglais, la violation d'un domicile
ne constitue pas un délit si elle n'est pas accompagnée
de l'intention de commettre un délit à l'intérieur de la
maison. Le fait d'entrer par la violence ou pendant la
nuit dans une maison et d'y commettre une « *felony* » (1),

---

(1) *Hist. du droit et des institut. de l'Angleterre*, t. VI, p. 739.

(2) « La maison de l'Anglais est son château fort. »

(3) Il n'est plus possible de donner une définition du terme
felony. Les *felonies* étaient, dans le très ancien droit anglais,
tous les délits qui entraînaient la confiscation des biens. Plus
tard, il y avait une assez vague coïncidence entre les *felonies* et
les crimes punis de mort. Cette coïncidence n'existe plus. La

ou le fait d'y entrer avec l'intention de commettre une *felony* constituent des délits dont le plus grave peut être puni de travaux forcés à perpétuité (1).

Mais si l'inviolabilité proprement dite du domicile n'est pas, en droit anglais, l'objet d'une répression pénale, elle peut tout au moins donner lieu à des réparations civiles. Les « *torts* », ou dommages causés sans droit à autrui, donnent lieu à des indemnités, non pas en vertu d'une disposition générale analogue aux articles 1382 et suivants de notre Code civil, mais en vertu d'une série de dispositions éparses dans la législation. L'une des plus importantes est relative au « *trespass* ». Tout envahissement d'une propriété privée, si insignifiante qu'elle soit, est un *trespass;* peu importe qu'il y ait, ou non, un dommage immédiat. Le jury fixe le montant des dommages-intérêts qu'il y a lieu d'allouer à la victime, et il peut, dans cette appréciation, descendre à un chiffre aussi minime qu'il juge convenable.

En Angleterre, comme en France, il est des cas où l'entrée dans un domicile privé, contre le gré du propriétaire, est légitime. Cette introduction peut se produire dans quatre cas : 1° C'est un fonctionnaire qui agit au nom de la Reine ; 2° Un fonctionnaire encore, mais il agit à la demande d'un particulier dans une affaire civile ; 3° Un particulier qui agit dans l'intérêt

felony correspond à peu près à notre crime, comme les *misdemeanors* correspondraient à nos délits. Pour avoir la liste des infractions qualifiées *felonies*, il faut ajouter à l'ancienne série de ces infractions toutes celles qui ont été érigées en *felonies* par des lois nouvelles.

(1) Stephen : *A digest of the criminal law*, art. 342, 343, 344.

de la loi, en matière pénale ; 4° Un particulier qui agit dans son propre intérêt.

1° Le « *sheriff* », agissant au nom de la Reine pour effectuer dans un domicile privé une arrestation ou une saisie, a le droit de briser les portes de la maison, si elles sont fermées. Mais il doit, avant de procéder à ces mesures violentes, demander à être introduit de bon gré, et faire connaître le motif de cette demande. Les juges de paix ou de police, les « *coroners* » et, dans la cité de Londres, le lord-maire peuvent décerner des « *warrants* » qui correspondent à nos mandats d'amener. L'agent de la force publique muni d'un de ces *warrants* dirigé contre une personne accusée d'une « *indictable offence* » (infraction qui doit être soumise au grand jury, ou Chambre d'accusation) peut agir de la même façon. Un *constable* peut encore pénétrer dans une maison, en brisant les portes, quand il a des raisons suffisantes e croire qu'il vient de se commettre une *treason* ou une *felony*. Il doit alors se rendre immédiatement devant le juge. Enfin, l'acte du 21 août 1871 (art. 16) prévoit deux cas où un *constable* peut, avec l'autorisation écrite du chef de la police, pénétrer dans une maison pour y opérer la perquisition d'objets volés. Ces deux cas sont : 1° Si les lieux, où doit avoir lieu la recherche, sont occupés ou ont été occupés depuis moins d'un an par un individu déjà condamné pour recel d'objets volés ou réception de malfaiteurs ; 2° Si les lieux sont occupés par un individu condamné à raison d'un délit impliquant mauvaise foi ou improbité et punissable de la servitude pénale ou d'un emprisonnement.

2° Supposons maintenant que le *sheriff* agit, non plus au nom de la Reine, mais à la requête d'un particulier — par exemple pour opérer une saisie ou pour procéder à l'arrestation d'un débiteur soumis à la contrainte par corps (1). Il peut entrer chez le débiteur s'il trouve les portes de sa maison ouvertes, mais si, les portes étant fermées, l'habitant se refuse à les ouvrir, le *sheriff* n'a pas le droit de les briser ou de les faire ouvrir; on ne peut donc pas, en ce cas, vaincre sur-le-champ la résistance de l'habitant ; mais comme en définitive force doit rester à la loi, le récalcitrant pourra être condamné à l'emprisonnement pour *contempt of court* (dédain d'une cour judiciaire). Chose curieuse : si la personne dont on veut s'emparer ou les biens que l'on veut saisir ne sont pas, la personne dans son domicile, les biens dans celui de leur propriétaire, et si une tierce personne leur donne asile ou les détient chez elle, le *sheriff* a, pour s'en emparer, le droit de briser les portes. Son pouvoir est alors plus étendu que vis-à-vis du domicile du débiteur. Mais sa responsabilité est engagée, et une erreur peut lui coûter cher : si la personne ou si les biens qu'il recherche ne se trouvent pas chez le tiers dans la maison duquel il s'est introduit, il est passible d'une action pour *trespass*, et cela alors même qu'il aurait pénétré sans briser les portes.

3° Toute personne, même dépourvue de fonction ou

(1) La contrainte par corps existe toujours en Angleterre pour les dettes civiles supérieures à 50 livres (1,250 fr.) et même, dans certains cas, pour les dettes inférieures. (Pour les conditions et l'exercice de cette procédure, voyez GLASSON : *Hist. du droit et des instit. de l'Angleterre*, t. VI, p. 406 et s.)

de mandat publics, en présence de qui se commet une *felony*, peut et doit, sous peine d'amende, arrêter le coupable ; pour procéder à cette arrestation elle peut enfoncer les portes d'une maison. Ce pouvoir ne saurait être étendu au cas de simple soupçon. La loi anglaise n'accorde un droit aussi considérable aux simples particuliers que s'ils viennent d'être témoins du crime, c'est-à-dire dans le cas de flagrant délit. Cependant le même droit appartient aussi à toute personne qui, sans avoir assisté à la perpétration du crime, a pris part à la clameur de haro *(hue and cry)* qui poursuivait le malfaiteur. Dans ce dernier cas, l'invasion du domicile est légitime alors même que la personne poursuivie et arrêtée est en fait innocente, ou qu'aucune infraction n'a été commise.

4° Enfin un simple particulier, agissant dans son propre intérêt, peut pénétrer dans le domicile d'un tiers, par exemple pour saisir les biens de son locataire en garantie du paiement du loyer. On admet que ce droit peut être exercé dans les mêmes conditions que par un *sheriff* lorsqu'il agit dans l'intérêt d'un particulier : l'entrée dans le domicile ne peut donc avoir lieu que lorsque les portes sont ouvertes, et l'introduction par la force ou la violence doit être écartée.

De ce très rapide aperçu on pourrait conclure que les droits du particulier dans son domicile sont moins bien défendus en Angleterre qu'en France. Mais il faut tenir compte d'une garantie que reconnaît la législation anglaise et que nous ignorons pratiquement chez nous : il s'agit de la responsabilité personnelle et effective de l'agent du pouvoir. Tout fonctionnaire anglais ou tout agent de la force publique doit répondre des illégalités qu'il a commises : il ne peut pas comme en France s'abriter derrière un ordre reçu d'un supérieur (art. 114 § 2 du Code pénal). Il y regardera donc à deux fois avant de commettre un acte d'arbitraire alors même qu'il lui serait commandé par un de ses chefs (1).

La loi anglaise offre une autre garantie aux particuliers en permettant à ceux qui se croient victimes d'actes arbitraires, et notamment d'arrestations non justifiées, de résister et d'employer la force pour se défendre. S'ils le font, c'est à leurs risques et périls, car si les prétentions du pouvoir sont justes, la résistance opposée par le coupable aggravera sa peine : la légitimité de cette résistance est laissée à l'appréciation des tribunaux.

En France, d'autres principes ont prévalu.

Comment notre législation française a-t-elle consacré ce caractère spécial, cette immunité que tous les siècles et tous les peuples ont reconnu appartenir au domicile et qu'on nous permettra d'appeler au cours de cette étude sa *respectabilité ?*

Le principe était connu, quoique mal observé sous l'ancien régime. Il fut écrit dans le décret des 19-22 juillet 1791 (titre I, article 8) ; puis dans la Constitution du 5 fructidor an III (art. 359.) Mais on sait qu'en pratique l'inviolabilé du domicile ne fut jamais moins respectée que pendant la période révolutionnaire.

---

(1) V. à ce sujet Emile DE LAVELEYE : *Le Gouvernement dans la démocratie*, t. I, liv. IV, chap. II.

L'article 76 de la Constitution du 22 frimaire an VIII est ainsi conçu :

« La maison de toute personne habitant le territoire français est un asile inviolable.

« Pendant la nuit, nul n'a le droit d'y entrer que dans le cas d'incendie, d'inondation, ou de réclamation faite de l'intérieur de la maison.

« Pendant le jour, on peut y entrer pour un objet spécial déterminé ou par une loi, ou par un ordre émané d'une autorité publique. »

L'article 184 du Code pénal, modifié plus tard par la loi du 28 avril 1832, vint sanctionner le principe ainsi formulé. Son texte primitif était le suivant :

« Tout juge, tout procureur général ou impérial, tout substitut, tout administrateur ou tout autre officier de justice ou de police qui se sera introduit dans le domicile d'un citoyen, hors les cas prévus par la loi et sans les formalités qu'elle a prescrites, sera puni d'une amende de seize francs au moins et de deux cents francs au plus (1). »

Les Chartes de 1814 et de 1830, muettes sur le principe de l'inviolabilité du domicile, l'ont sans doute considéré comme entré définitivement dans notre droit public. La loi du 28 avril 1832 vint modifier le texte de l'article 184 du Code pénal, en élevant la peine portée contre la violation de domicile commise par un fonctionnaire, et en punissant celle commise par un simple particulier. Voici le texte actuel de l'article 184 :

---

(1) Il est difficile de passer ici sous silence un texte sur lequel nous reviendrons plus tard : l'article 46 du Code d'instruction criminelle. S'il ne peut pas être mis au nombre de ceux qui posent le principe de l'inviolabilité du domicile, il a cependant été inspiré par une idée de protection qui le rattache au sujet général de cette étude.

« Tout fonctionnaire de l'ordre administratif ou judiciaire, tout officier de justice ou de police, tout commandant ou agent de la force publique, qui, agissant en sadite qualité, se sera introduit dans le domicile d'un citoyen contre le gré de celui-ci, hors les cas prévus par la loi, et sans les formalités qu'elle a prescrites, sera puni d'un emprisonnement de six jours à un an, et d'une amende de seize francs à cinq cents francs, sans préjudice de l'application du second paragraphe de l'article 114.

« Tout individu qui se sera introduit à l'aide de menaces ou de violences dans le domicile d'un citoyen, sera puni d'un emprisonnement de six jours à trois mois, et d'une amende de seize francs à deux cents francs (1). »

Enfin, la Constitution du 4 novembre 1848 (art. 3), a rappelé le principe posé par la loi du 22 frimaire an VIII :

« La demeure de toute personne habitant le territoire français est inviolable ; il n'est permis d'y pénétrer que selon les formes et dans les cas prévus par la loi. »

Depuis lors aucun texte n'a reproduit expressément le principe de l'inviolabilité du domicile, mais il est universellement admis que ce principe fait partie intégrante de notre droit public.

A ne considérer que les textes qui viennent d'être cités, on pourrait supposer que la *respectabilité* du domicile se confond absolument avec l'*inviolabilité* du domicile. Cette dernière expression évoque la pensée d'une intrusion physique et matérielle dans une habitation privée : on suppose qu'une personne, fonctionnaire public ou simple particulier, s'introduit dans cette demeure. C'est un côté de la question que nous préten-

(1) V. aussi l'article 276 du Code pénal.

2

dons étudier : le plus apparent sans doute, le plus important peut-être. Mais nous croyons qu'il en existe un autre.

Quelle est en effet la raison d'être de l'inviolabilité du domicile ? Nous avons vu que c'est d'assurer une protection très efficace à la liberté individuelle, de permettre à chaque particulier de faire chez lui ce qu'il veut, sans être inquiété. La voix populaire a traduit cette idée par le dicton : « charbonnier est maitre chez lui ». L'expression n'est peut-être pas juridique, mais elle rend bien notre pensée. Si, malgré ce rempart que constitue le domicile, vous portez atteinte à la liberté du citoyen ; si vous lui défendez d'accomplir chez lui certains actes, si vous lui imposez d'y faire certains autres dont il voudrait s'abstenir, n'êtes-vous pas obligé, pour toucher à sa liberté et pour la restreindre, de faire une brèche au rempart qui la protège ? N'y a-t-il pas dès lors, dans le seul fait de l'ordre que vous donnez ou de la défense que vous portez, une atteinte très réelle au principe de la respectabilité du domicile ?

On entrevoit déjà que l'étude que nous entreprenons sera divisée en deux parties bien distinctes : Il sera question, dans la première, de l'inviolabilité proprement dite du domicile, c'est-à-dire de l'accès physique permis ou illicite d'une habitation particulière ; dans la seconde, on examinera quelle est l'étendue de la liberté d'un citoyen dans son domicile. Disons dès maintenant qu'il y aura lieu de distinguer dans les actes du particulier ceux dont les effets sont restreints à l'intérieur du domicile, et ceux au contraire qui ont un contre-coup au dehors.

C'est bien en effet à cause *du dehors* qu'il y a lieu d'apporter une limitation soit à l'inviolabilité du domicile, soit à la liberté des actes qui y sont accomplis. L'homme vit dans la société ; en compensation des avantages qu'il en retire, il est juste que ses droits individuels subissent quelques restrictions (1). Dans certains cas, lorsque l'intérêt privé se trouve en conflit avec l'intérêt social, le premier doit sacrifier quelque chose au second ; mais ces concessions ne doivent pas dépasser ce qui est strictement nécessaire au bien général. Il ne faut pas oublier que l'intérêt social est formé de l'ensemble des intérêts privés et que le respect de ceux-ci est un des éléments nécessaires et essentiels de la force d'une société. Il y a donc un équilibre à observer entre les droits de tous et les droits de chacun. Les pouvoirs publics ont la tâche délicate d'assigner aux uns et aux autres leurs limites, et d'éviter à la fois le despotisme de l'Etat et l'anarchie des petits intérêts.

Nous devons appliquer ces principes à ce que nous avons proposé d'appeler la respectabilité du domicile. Son inviolabilité proprement dite ne saurait être absolue, car elle pourrait arrêter le cours de la justice, favoriser les malfaiteurs, et empêcher la perception des impôts. La liberté sans limites d'un particulier dans son domicile peut nuire gravement au bon ordre, à la

---

(1) Nous appliquerions volontiers à notre sujet une parole de Montesquieu citée par Batbie à propos de la liberté individuelle : « J'avoue pourtant que l'usage des peuples les plus libres qui aient jamais été sur la terre me fait croire qu'il y a des cas où il faut mettre pour un instant un voile sur la liberté comme on cache les statues des dieux. » (BATBIE : *Traité de Droit public et administratif,* 1885, II, n° 60.)

sécurité et à la salubrité ; elle peut aussi compromettre le bon fonctionnement des services publics. Dans l'intérêt général il a fallu limiter ces droits individuels qui sont la raison d'être de la respectabilité du domicile en même temps qu'ils sont protégés par elle ; et pour cela il a fallu les atteindre sous leurs deux formes. Des lois spéciales ont déterminé les cas où les fonctionnaires, mandataires de la société, et les agents à leurs ordres, peuvent pénétrer dans la demeure d'un citoyen sans commettre le délit de violation de domicile. D'autres lois ont restreint, ou permis à différentes autorités de restreindre, dans des cas déterminés, la liberté des particuliers dans leur maison ou dans ses dépendances. Mais, avant d'examiner ces restrictions, et pour en avoir une idée plus nette et plus exacte, il convient de relever dans la notion du domicile certaines particularités.

La notion de domicile n'est pas absolument homogène ; elle comprend une série de zônes dont la respectabilité diminue à mesure qu'elles s'éloignent de leur centre. Ce centre, c'est le foyer domestique proprement dit, l'appartement de la famille. Viennent ensuite les dépendances immédiates de l'habitation : le jardin, la cour, l'enclos qui l'entoure (V. l'art. 276 du Code pénal) ; l'enclos, accessoire de l'habitation, participe à l'inviolabilité de celle-ci. Puis, un peu plus éloignés, un peu moins respectables par conséquent, les lieux clos et non accessibles au public, mais qui n'ont pas cependant le caractère d'intimité qui appartient à la demeure de famille ou au jardin, soit parce que l'accès en est permis à un plus grand nombre de personnes, soit parce que leur destination industrielle ou commerciale n'implique pas une protection aussi absolue de l'individu : tels sont les ateliers et les manufactures. Enfin, la notion de domicile apparaît encore, mais beaucoup plus vague et plus indécise, dans des lieux qui, bien que propriétés privées, sont cependant largement ouverts au public : nous parlons des cafés, auberges et boutiques.

Si l'on tient pour bien fondées les deux constatations qui viennent d'être faites — à savoir : 1° que dans certains cas la respectabilité du domicile doit subir quelques restrictions nécessitées par l'intérêt social ; 2° que la notion de domicile comprend plusieurs catégories qui ne sont pas également respectables — la logique ne veut-elle pas que les restrictions nécessaires soient plus ou moins importantes suivant que la notion de domicile apparait plus ou moins vive, plus ou moins effacée ?

Cette distinction n'est pas restée dans le pur domaine de la théorie. Comme toutes les vérités de bon sens elle s'est imposée, et, sans la raisonner peut-être, sans en dégager les bases, le législateur l'a reconnue et accueillie. Quelques exemples suffiront à le prouver.

Ainsi les cabarets, les auberges et les boutiques sont très largement ouverts aux divers agents de l'autorité publique chargés de maintenir le bon ordre, de surveiller la qualité des denrées, et de vérifier les registres des logeurs, tandis que les ateliers et manufactures ne sont accessibles qu'aux inspecteurs du travail, et, en ce qui concerne les distilleries d'alcool en activité, aux agents de la régie. Les ateliers de famille sont même affranchis de toute inspection (loi du 2 novembre 1892, art. 1); on entend par là « les établissements où ne sont employés que les membres de la famille sous l'autorité soit du père, soit de la mère, soit du tuteur ».

La loi du 29 décembre 1892, sur les occupations temporaires en matière de travaux publics, distingue soigneusement la maison d'habitation de l'enclos qui l'entoure. L'article 1er de cette loi prévoit le cas où l'on est obligé de faire sur une propriété privée des *études* préalables à l'exécution de certains travaux : « L'introduction des agents de l'administration ou des particuliers à qui elle délègue ses droits *ne peut être autorisée à l'intérieur des maisons d'habitation ; dans les autres propriétés closes,* elle ne peut avoir lieu que cinq jours après notification de l'arrêté au propriétaire... ».

Enfin la loi du 3 juillet 1877 relative aux réquisitions militaires, nous offre un nouvel et curieux exemple de cette distinction entre les diverses parties du domicile. On sait que, dans certains cas, des militaires peuvent être envoyés en logement ou en cantonnement chez des particuliers et que ceux-ci sont tenus de les recevoir. L'article 12 § 2 de cette loi dispense de fournir le logement dans leur domicile les détenteurs de caisses publiques, les veuves, les filles vivant seules et les communautés religieuses de femmes. Or, un avis du Conseil d'Etat du 1er février 1881 interprète cette disposition dans ce sens que ces personnes sont dispensées de fournir un abri dans leur logement même, mais que le cantonnement pourrait être requis dans *toutes les dépendances* dudit logement. La même loi de 1877 pousse encore plus loin la distinction entre les zônes du domicile : son article 13 § 2 spécifie que : « les habitants ne seront jamais délogés de la chambre et du lit où ils ont l'habitude de coucher ». Elle reconnait donc trois zônes : la chambre à coucher, le reste de l'appartement, enfin les dépendances du logement.

Ainsi se trouve justifiée, croyons-nous, la remarque émise plus haut et d'après laquelle l'importance des restrictions que la nécessité publique fait apporter à la respectabilité du domicile doit varier suivant que cette respectabilité apparait à un degré plus ou moins éminent.

Ces observations préliminaires étaient utiles pour éclairer l'esprit général de cette étude. Nous allons entrer maintenant dans un examen plus détaillé. On verra, dans une première partie, comment l'entrée des habitations est protégée contre l'intrusion des simples particuliers ou des fonctionnaires; dans quels cas, et avec le concours de quelles formalités, ces derniers peuvent, de jour ou de nuit, pénétrer dans le domicile. La deuxième partie sera consacrée à quelques-unes des restrictions les plus remarquables que la nécessité d'assurer le fonctionnement des services publics a fait apporter à la liberté des actes accomplis dans le domicile.

PREMIÈRE PARTIE

DE L'INVIOLABILITÉ MATÉRIELLE DU DOMICILE

On a vu dans l'Introduction que la *respectabilité* du domicile peut être envisagée sous deux aspects différents. Celui qui frappe tout d'abord l'attention est bien certainement celui de l'inviolabilité proprement dite. Nous entendons par là ce caractère privé et intime qui garantit le domicile contre une intrusion matérielle et interdit son entrée aux personnes qui lui sont étrangères.

Cette notion se retrouve dans toutes les législations. Elle est reconnue et consacrée dans la nôtre par la Constitution du 22 frimaire an VIII (art. 76) et par celle du 4 novembre 1848 (art. 3). Ces textes ont été cités plus haut et nous ne les reproduirons pas. Leur simple lecture laisse entendre que, malgré la généralité des termes dans lesquels est posé le principe de l'inviolabilité du domicile, ce principe comporte cependant des exceptions. La suite de l'article 76 en indique même quelques-unes sans insister.

Ce sont les exceptions légales ou les atteintes de fait à cette immunité, c'est l'introduction physique et matérielle d'un simple particulier ou d'un fonctionnaire dans le domicile d'un habitant, en dehors du consentement, ou même contre la volonté de celui-ci qui forment le sujet de cette première partie.

Les restrictions légales apportées en cette matière aux droits privés n'étant justifiées que par la nécessité de sauvegarder les intérêts de la société, ces restrictions ne peuvent être invoquées et mises en action que par les dépositaires ou les représentants de l'autorité publique. C'est pourquoi l'étude de l'inviolabilité du domicile suppose et nécessite dès l'abord une distinction entre les personnes qui peuvent y porter atteinte suivant que ces personnes sont des fonctionnaires, ou de simples particuliers. Cette première partie sera ainsi divisée en deux chapitres. L'un traitera de la violation du domicile par un simple particulier; le second exposera les exceptions établies en faveur des fonctionnaires publics.

CHAPITRE PREMIER

L'inviolabilité du domicile à l'encontre des simples particuliers.

Le deuxième alinéa de l'article 184 du Code pénal est ainsi conçu :

« Tout individu qui se sera introduit à l'aide de menaces ou de violences dans le domicile d'un citoyen, sera puni d'un emprisonnement de six jours à trois mois, et d'une amende de seize francs à deux cents francs (1) ».

L'article 276 du même Code porte en outre une disposition spéciale aux mendiants :

« Tous mendiants, même invalides, qui auront usé de menaces, ou seront entrés, sans permission du propriétaire ou des personnes de sa maison, soit dans une habitation, soit dans un enclos en dépendant, ... seront punis d'un emprisonnement de six mois à deux ans ».

Le rapprochement de ces deux textes établit une différence très sensible dans la nature des délits qu'ils prévoient. La pénalité applicable aux mendiants,

---

(1) Le terme de *citoyen* est ici employé comme synonyme de celui d'*habitant*. Cette expression désigne non seulement celui qui jouit de ses droits civils et politiques, mais toute personne habitant le territoire français. Comme l'a fait observer M. Isambert lors de la discussion de la Constitution de 1848, « ce n'est pas au titre de citoyen que le droit est attaché, c'est au domicile lui-même ». A ce point de vue la rédaction de la Constitution de l'an VIII (art. 76) et celle de la Constitution de 1848 (art. 3) sont bien préférables à celle de l'article 184 du Code pénal. (V. SIREY : *Lois annotées*, 1848, p. 174, note 16.)

quoique beaucoup plus grave, suppose un délit moins circonstancié. Elle est applicable non seulement au cas où le délinquant a usé de menaces pour s'introduire dans un domicile, mais encore lorsqu'il y est entré simplement sans la permission du propriétaire ou des personnes de sa maison. De plus, dans le cas spécial de l'article 276, l'enclos dépendant d'une habitation est assimilé à cette habitation elle-même et comporte le même caractère de respectabilité.

Cette rigueur toute spéciale du législateur envers les mendiants s'explique facilement. Les vagabonds et gens sans aveu qui s'introduisent dans une maison sont le plus souvent animés d'intentions qui n'ont rien de rassurant. Leur seule présence est une menace pour les habitants qui n'osent leur refuser un secours ou une aumône, par crainte de représailles. Entrent-ils pour demander un renseignement ou par curiosité? Ils sont facilement tentés de dérober les objets qu'ils voient à leur portée. Enfin les vagabonds constituent pour les maisons isolées dans la campagne un véritable danger, et nos annales criminelles nous rapportent une multitude d'attentats commis par eux. Ce n'est donc pas trop d'une forte pénalité pour les écarter des maisons particulières et de leurs enclos.

Cette parenthèse fermée, nous revenons à l'article 184 qui constitue le droit commun en matière de violation de domicile par un particulier.

Le second alinéa de cet article, que nous avons cité plus haut, n'existait pas dans le Code pénal. Le législateur de 1810 n'avait prévu en cette matière que les abus d'autorité, et par conséquent la violation commise par un fonctionnaire. La loi du 28 avril 1832 a réparé cette omission en ajoutant un alinéa à l'article 184. Cet alinéa aurait peut-être dû former un article inséré dans le titre II du Code pénal, car il ne prévoit pas un crime ou un délit contre la chose publique, tandis que le premier alinéa, qui prévoit un abus d'autorité, est bien à sa place dans le titre Ier. Il ne faut pas s'étonner que le législateur ait réuni ces textes destinés l'un et l'autre à protéger le domicile des citoyens ; leur comparaison rend plus frappante la sévérité de la loi envers le fonctionnaire qui outrepasse ses droits au mépris des intérêts particuliers.

Le simple fait par un individu de s'introduire dans le domicile d'un autre sans le consentement de celui-ci ne constitue pas un délit si cette introduction s'est accomplie sans menaces ou sans violences. Les menaces et les violences sont donc un élément essentiel de la violation du domicile quand elle est commise par un simple particulier. Elles ne sont pas nécessaires pour rendre délictueuse cette introduction dans les cas prévus par le premier alinéa de l'article 184 ou par l'article 276 du Code pénal. L'autorité et les pouvoirs du fonctionnaire, la suspicion qui plane sur la moralité du mendiant, produisent sur l'habitant une intimidation qui ne résultera du fait d'un simple particulier que si celui-ci sort de la réserve commune et recourt à la menace ou à la violence.

L'article 184 n'a pas spécifié si, pour caractériser le délit, les moyens violents qu'il prohibe doivent s'adresser nécessairement aux habitants du domicile. Les violences peuvent en effet s'exercer sur les choses aussi bien que sur les êtres humains. La doctrine et la jurisprudence ont, pendant quelque temps, paru hésitantes (1). Elles sont aujourd'hui fixées pour interpréter dans le sens le plus large le mot « violences ». On considère comme tombant sous le coup de l'article 184 le fait de s'introduire, par escalade et à l'aide de violences matérielles sur les choses, dans le domicile d'un citoyen, bien que l'auteur de ce fait n'ait pas usé de violences envers les personnes (2). Il en est de même pour l'effraction et pour tout autre moyen analogue. L'escalade, à elle seule et indépendamment d'autres circonstances, présente le caractère de violence. Un arrêt de la Cour de Rennes reconnait ce caractère « dans tout acte anormal où une force, un moyen quelconque a été employé pour vaincre les obstacles matériels qui, par la volonté du propriétaire ou du locataire, s'opposaient à l'introduction (3) ». Mais on ne saurait considérer comme une violation de domicile le fait d'entrer dans une maison non fermée à clef, sans employer la force, et en se bornant à soulever la clinche d'une porte (4).

Un époux peut-il commettre à l'égard de son conjoint le délit prévu par l'article 184 du Code pénal ? La solution ne saurait être que négative, si même la question peut se poser, quand l'obligation de la vie commune subsiste entre eux. La solution est au contraire affirmative lorsque la séparation de corps a été prononcée. Mais que faut-il décider dans le cas où les époux,

(1) Chambéry, 28 février 1867. — S. 67. 2. 345.
(2) Chambéry, 4 novembre 1875. — S. 76. 2. 39.
(3) Rennes, 15 mars 1871. — S. 73. 2. 183.
(4) Caen, 10 juillet 1878. — S. 79. 2. 68.

bien qu'ils aient encore au point de vue du droit civil le même domicile, ont cependant été autorisés à vivre séparément ? En vertu de l'article 236 du Code civil, l'époux demandeur en séparation de corps ou en divorce peut être autorisé à résider séparément pendant la durée de l'instance ; quand c'est la femme qui est demanderesse, le président du tribunal fixe le lieu de sa résidence provisoire. Malgré cette rupture momentanée de la vie commune, les époux continuent à avoir le même domicile, au sens étroitement juridique du mot ; la communauté de domicile est en effet une des conséquences du mariage, et cette conséquence subsiste tant qu'il n'y a pas eu divorce ou séparation de corps prononcés (art. 108 du Code civil). Pourtant la faculté accordée aux époux par l'article 236 serait absolument illusoire si elle ne permettait pas à chacun d'avoir son intérieur distinct et s'il n'en résultait pas pour l'époux qui a obtenu la résidence séparée le droit d'interdire à son conjoint l'accès de son logement. La sanction de ce droit ne peut être que l'article 184 du Code pénal. Evidemment le mot *domicile* n'a pas dans ce dernier article le même sens que dans les articles 102 et autres du Code civil. Mais nous avons vu que ce mot est pris, selon les cas, dans des acceptions différentes, plus ou moins extensives, et qu'en droit pénal notamment il désigne la *résidence* et l'*habitation* bien plus que le *principal établissement*. Nous citerons en ce sens un arrêt de la Cour d'Amiens (1). Cet arrêt confirme un jugement du Tribunal correctionnel de Compiègne

(1) 11 janvier 1873. — S. 74. 2. 246.

condamnant pour violation de domicile un mari qui
s'était introduit violemment dans le domicile conjugal,
alors que sa femme, demanderesse en séparation de
corps, avait été autorisée par ordonnance à y résider
seule, à l'exclusion du défendeur.

CHAPITRE II

L'inviolabilité du domicile à l'encontre des fonctionnaires et des agents de l'autorité.

———

Le point à résoudre est singulièrement délicat; il est aussi d'un intérêt plus fréquent que celui qui vient d'être étudié dans le chapitre précédent. — Il est plus délicat parce qu'il suppose la délimitation de deux droits : celui du citoyen, d'une part, celui de la société, de l'autre. En principe, le domicile des particuliers est inviolable; mais l'intérêt public justifie des dérogations à ce principe. L'important est que ces dérogations soient déterminées par la loi avec toute la précision possible, et sans rien laisser à l'arbitraire. — La question est aussi d'un intérêt plus fréquent que la précédente : la violation du domicile par un particulier est rare; quand elle se produit, elle est généralement dominée ou absorbée par un autre délit, le plus souvent par le vol ou par les violences envers les personnes. Au contraire, il ne se passe pas un jour sans que le domicile de plusieurs citoyens ne soit, pour des motifs d'ordres divers, visité par les agents de l'autorité (1).

(1) Le cadre limité de cette étude ne permet pas d'examiner ici deux questions fort intéressantes, mais qui ne se posent pas seulement en matière d'inviolabilité du domicile; elles se pré-

La Constitution de l'an VIII, en proclamant que le domicile est inviolable, voulait le protéger, semble-t-il, contre les entreprises des agents du pouvoir, bien plus que contre celles des simples citoyens. Si la chose n'est pas certaine elle est du moins fort probable. La même pensée guidait le législateur de 1810 lorsqu'il écrivait l'article 184 du Code pénal : il ne punissait que la violation commise par un fonctionnaire ; encore la punissait-il d'une peine presque dérisoire : une amende de 16 francs au moins et de 200 francs au plus. La loi du 28 avril 1832 combla ces diverses lacunes. La nomenclature qu'elle donne des fonctionnaires est à la fois plus précise et plus compréhensive ; elle frappe le délit de violation de domicile commis par eux de peines bien plus sévères : un emprisonnement de six jours à un an et une amende de 16 à 500 francs ont remplacé la chétive amende du texte de 1810. Par contre, le fonctionnaire qui a violé un domicile ne sera puni de ces peines que s'il a agi « *en sadite qualité* », c'est-à-dire en se prévalant de son titre ou de son autorité, ou étant revêtu de son uniforme. Si, au contraire, il a agi comme un simple particulier, il sera puni comme tel par le deuxième alinéa du même article 184 ; et il est à retenir que les menaces ou les violences seront nécessaires dans ce dernier cas pour l'existence du délit.

Le *consentement* de l'habitant chez qui pénètre un fonctionnaire en dehors des cas prévus par la loi, ôte à cette introduction tout caractère délictueux (arg. des

sentent toutes les fois que le fonctionnement des services publics occasionne des *résistances* ou des *réclamations* de la part des particuliers.

termes de l'art. 184). Mais on ne saurait considérer comme un véritable consentement celui qui a été surpris par des manœuvres dolosives. La Cour de Rennes a fait une juste application de ce principe en condamnant pour violation de domicile un fonctionnaire qui s'était fait ouvrir sous un faux prétexte la porte d'une habitation (1).

La Constitution de l'an VIII prévoyait, d'une façon assez vague d'ailleurs, des exceptions au principe de l'inviolabilité du domicile : « Pendant la nuit, disait-elle, nul n'a le droit d'y pénétrer que dans le cas d'incendie, d'inondation, ou de réclamation faite de l'intérieur de la maison. — Pendant le jour, on peut y entrer pour un objet spécial déterminé ou par une loi, ou par un ordre émané d'une autorité publique ». Cette expression « un ordre émané d'une autorité publique » laissait la porte ouverte toute grande à l'arbitraire. Aussi nous préférons beaucoup le dernier texte de l'article 184, punissant le fonctionnaire qui s'est introduit chez un citoyen contre la volonté de celui-ci « hors les cas prévus par la loi, et sans les formalités qu'elle a prescrites ».

Cette disposition elle-même n'est pas à l'abri de toute critique : il s'agit du mot *et* qui réunit les deux membres de phrases. Faut-il, pour constituer le délit, la réunion des deux conditions énoncées, c'est-à-dire : 1° que le cas où le fonctionnaire s'est introduit dans le domicile ne soit pas prévu par la loi, et, 2° que les formalités prescrites n'aient pas été remplies ? Non,

(1) Rennes, 9 déc. 1885 *(Journal des Parquets*, 1886, art. 9), cité dans Garraud (tome III, n° 302 , dont l'opinion est conforme.

sans doute : il est bien évident que la loi ne peut avoir prescrit des formalités si ce n'est pour les cas qu'elle a prévus et autorisés. Il y aura donc délit par le seul fait que l'introduction n'a pas été autorisée. En sera-t-il de même si le fonctionnaire s'introduit avec l'autorisation de la loi, mais sans avoir accompli les formalités qu'elle prescrit pour garantir le respect des droits privés? Nous le croyons, quoique la question soit plus délicate. Si la loi exige l'accomplissement de certaines formalités, c'est parce qu'elle les considère comme nécessaires pour corriger et atténuer ce qu'il y a de vexatoire dans les diverses exceptions au principe de l'inviolabilité, c'est surtout pour protéger les citoyens contre l'arbitraire ou contre le zèle, bien intentionné peut-être, mais parfois excessif des agents subalternes. Le principe de l'inviolabilité du domicile a quelque chose de sacré. Les exceptions nécessaires que le législateur a dû y porter doivent être interprétées dans leur sens le plus étroit ; or, croyons-nous, ces exceptions ne peuvent être envisagées et pratiquées qu'avec les formalités jugées nécessaires pour en atténuer l'effet et prévenir les abus. Ces formalités sont-elles omises : on retombe dans le droit commun, c'est-à-dire sous le couvert du principe de l'inviolabilité. En conséquence, il y délit, punissable des peines portées à l'article 184, dans le fait d'un agent qui pénètre dans un domicile pour y accomplir un acte permis par la loi, mais qui omet les formalités imposées a cet accomplissement. On objectera peut-être que le doute, en matière de pénalité, doit toujours être interprété de la façon la moins rigoureuse. Mais il n'y a pas doute vraiment sérieux en cette matière. Sans doute il aurait été préférable d'écrire : « Tout fonctionnaire qui .. se sera introduit... dans le domicile d'un citoyen contre le gré de celui-ci, hors les cas prévus par la loi, *ou* sans les formalités qu'elle a prescrites, sera puni... » Ainsi conçu, le texte de l'article 184 eût été en conformité avec l'esprit de la législation.

Il convient maintenant d'aborder l'étude des *cas prévus par la loi* où les agents de l'autorité peuvent pénétrer dans le domicile des particuliers.

Inviolabilité du domicile pendant la nuit.

La généralité des auteurs qui se sont occupés des droits des fonctionnaires en matière d'inviolabilité du domicile ont toujours distingué le *temps de jour* et le *temps de nuit*. Cette distinction se trouve énoncée dans l'article 76 de la Constitution du 22 frimaire an VIII :

« La maison de toute personne habitant le territoire français est un asile inviolable.

« Pendant la nuit, nul n'a le droit d'y entrer que dans le cas d'incendie, d'inondation, ou de réclamation faite de l'intérieur de la maison.

« Pendant le jour, on peut y entrer pour un objet spécial déterminé ou par une loi, ou par un ordre émané d'une autorité publique. »

Cette distinction, consacrée par la loi, entre le temps de jour et le temps de nuit, est en conformité absolue avec le caractère de *respectabilité* du domicile. La demeure du citoyen revêt pendant la nuit un caractère d'intimité plus étroite, et l'obscurité, le sommeil, l'isolement moral qui en résulte rendent plus faciles les abus de toute nature. Les exceptions au principe de l'inviolabilité du domicile seront donc plus limitées la nuit que le jour; elles seront en outre déterminées avec une exactitude tout particulièrement scrupuleuse. La loi fixera les bornes de ce qu'il faut entendre par temps de jour et temps de nuit; elle désignera expressément les cas où les agents de l'autorité pourront pénétrer dans un domicile pendant la nuit, et, à défaut de cette désignation expresse, il faudra appliquer dans toute sa rigueur le principe de l'inviolabilité.

En fait, notre législation a souvent déterminé elle-même les limites du temps de jour et du temps de nuit, mais sans le faire d'une façon uniforme pour tous les cas. Elle les a fixées notamment:

Pour les *exécutions*, en procédure (Code de procédure civile, art. 1037);

Pour les visites et perquisitions faites par la *gendarmerie* (décret du 1er mars 1854, art. 291);

Pour les visites des employés des contributions indirectes (loi du 28 avril 1816, art. 26);

Enfin pour le travail des enfants, filles mineures et femmes (loi du 2 novembre 1892, art. 4)

Dans le silence de la loi, le temps de nuit reste soumis à l'appréciation des tribunaux.

Les cas exceptionnels où, même en temps de nuit, l'accès du domicile peut être permis à certains agents de l'autorité ne sont pas tous énoncés dans l'énumération d'un seul texte. Il y aura lieu d'examiner successivement ceux qui sont prévus par la Constitution de l'an VIII, ceux qui résultent de textes spéciaux, ceux

enfin dans lesquels on peut, à raison du manque de
précision des textes, se refuser à voir des exceptions au
principe de l'inviolabilité pendant la nuit.

A) EXCEPTIONS PRÉVUES PAR LA CONSTITUTION DE
L'AN VIII. — On a vu déjà la Constitution de l'an VIII
proclamer, dans son article 76, que, en temps de nuit,
nul ne peut pénétrer dans le domicile des particuliers
si ce n'est « dans les cas d'incendie, d'inondation, ou
de réclamation faite de l'intérieur de la maison. » On
peut se demander si ces trois cas constituent à proprement parler des exceptions au principe de l'inviolabilité
du domicile pendant la nuit. En ce qui concerne les
deux premiers, on ne saurait blâmer, à plus forte raison
punir, le fonctionnaire qui pénètre dans la maison atteinte par le feu ou par les eaux ; les sentiments d'humanité font un devoir à tout homme de secourir son semblable, et cette obligation est plus impérieuse encore
pour celui qui est spécialement préposé au devoir de
sauvegarder les intérêts de ses concitoyens. La réclamation faite de l'intérieur d'une maison comporte
une demande de secours, un appel, présumés venir du
maitre de la maison, et auxquels ne fait que déférer
le fonctionnaire qui pénètre dans le domicile. Notons
d'ailleurs que la prétendue exception portée par la
Constitution de l'an VIII s'applique aussi bien aux
simples particuliers qu'aux fonctionnaires : l'article 76
ne distingue pas. Mais pratiquement elle est d'un
intérêt presque nul pour les premiers ; on se rappelle
que le délit de violation de domicile n'existe que s'ils
ont usé de menaces ou de violences. On conçoit diffi-

cilement les menaces et les violences de la part d'un individu qui se porte au secours d'une maison ou de ceux qui l'habitent.

B] EXCEPTIONS PRÉVUES PAR DES TEXTES SPÉCIAUX. — D'autres exceptions plus sérieuses ont été apportées par différentes lois au principe de l'inviolabilité du domicile pendant la nuit. Mais elles s'appliquent pour la plupart à des lieux qui n'ont qu'à un degré très restreint le caractère de domicile. Ces lieux sont : 1° Ceux où tout le monde est admis indistinctement (cafés, cabarets, boutiques, etc.); 2° Les maisons de jeu et de débauche; 3° Les brasseries et distilleries en activité et les débits de boissons; 4° Dans les cas exceptionnels où l'état de siège a été déclaré, toutes les maisons, sans exception, peuvent être visitées, même la nuit, par l'autorité militaire (loi du 9 août 1849, art. 9).

A l'égard des *lieux où tout le monde est admis indistinctement*, le droit de visite accordé aux officiers de police par la loi des 19-22 juillet 1791, article 9, ne s'applique pas sans réserves à toutes les heures de la nuit, comme pourrait le donner à croire le mot « *toujours* » employé dans cet article. La jurisprudence fait, à notre avis, une saine interprétation de cet article en reconnaissant aux officiers de police le droit d'entrer dans ces établissements pendant tout le temps que le public y est admis. Dès que le public cesse d'y être admis, l'entrée en devient interdite aux officiers de police; ces lieux sont redevenus des lieux privés. Or il existe, dans la plupart des communes, des règlements de police qui prescrivent la fermeture des cafés, cabarets et autres lieux publics à partir d'une certaine heure de la nuit. Les tenanciers de ces établissements, désireux de garder encore des consommateurs après l'heure prescrite pour la fermeture, essaient d'éviter la contravention à laquelle ils s'exposent en fermant extérieurement leur porte et leurs volets. Si les officiers de police ont des présomptions graves que cette fermeture n'est qu'apparente et que des consommateurs sont encore à l'intérieur du café, ils peuvent y pénétrer pour constater cette contravention. Cette doctrine est longuement exposée dans un arrêt de rejet de la Cour suprême en date du 22 novembre 1872, et dans le rapport de M. le conseiller Morin sur les conclusions duquel l'arrêt a été rendu (S. 73. 1. 182).

Les visites de nuit dans les maisons où l'on donne habituellement à jouer des jeux de hasard, et dans les lieux notoirement livrés à la débauche sont autorisées par l'article 10 de la même loi des 19-22 juillet 1791. L'expression « *en tout temps* » employée dans cet article donne lieu aux mêmes observations que le mot « *toujours* » qui se lit dans l'article précédent.

La loi accorde aux *employés de la régie* le droit de pénétrer, même en temps de nuit, dans les brasseries et distilleries et chez les débitants de boisson. Ce droit résulte de l'article 235 de la loi du 28 avril 1816 sur les finances. Il est réglé aussi, en ce qui concerne les distilleries, par le décret du 15 avril 1881. Les employés de la régie peuvent pénétrer à toute heure du jour dans les locaux soumis à l'*exercice*. Ils peuvent même y pénétrer la nuit pour y exercer leur surveillance, lorsqu'il résulte des déclarations faites par les distillateurs que les usines sont en activité. Ils peuvent enfin pénétrer dans les débits de boisson, même pendant la nuit, tant qu'ils restent ouverts au public.

Enfin, pour clore la série des textes qui permettent expressément aux fonctionnaires de pénétrer pendant la nuit dans le domicile des citoyens, nous avons cité l'article 9 de la loi des 9-11 août 1849 sur l'*état de siège*, ainsi conçu : « L'autorité militaire a le droit : 1° De « faire des perquisitions de jour et DE NUIT dans le do- « micile des citoyens... » Nous reviendrons sur ce sujet au cours de cette étude, pour nous demander quelles personnes sont désignées par ces mots : *l'autorité militaire* et signaler brièvement la discussion à laquelle a donné lieu le vote de la loi de 1849.

C) CAS DOUTEUX. — La loi du 2 novembre 1892, *sur le travail des enfants, des filles mineures et des femmes dans les établissements industriels*, pose un certain nombre de règles relatives à la durée, au temps (de jour ou de nuit), à l'hygiène et à la sécurité des travailleurs qu'elle veut protéger. La généralité des termes de son article 1er rend cette loi applicable à toute espèce de manufactures ou d'ateliers ; elle n'excepte de ses dispositions que les *ateliers de famille ;* sont ainsi désignés « les établissements où ne sont employés que les membres de la famille sous l'autorité soit du père, soit de la mère, soit du tuteur ». La présence d'un seul ouvrier n'appartenant pas à la famille qui exploite un atelier suffit donc pour lui enlever le caractère d'atelier de famille, par conséquent pour le soumettre à toutes les prescriptions de la loi du 2 novembre 1892. Or l'article 17 de cette loi organise un corps d'inspecteurs « chargés d'assurer l'exécution de la présente loi », et par conséquent celle de l'article 4 qui réglemente le travail de nuit. L'article 20 ajoute : « Les inspecteurs et inspectrices ont entrée dans tous les établissements visés par l'article 1er ». Ont-ils ce droit même la nuit ? Au point de vue de l'inviolabilité du domicile la question a, croyons-nous, plus d'importance que celle relative aux distilleries, aux cafés et aux maisons de jeu. La pièce, peut-être unique, d'un logement d'ouvrier où travaille avec la famille une ouvrière, ou un apprenti venu du dehors, a un caractère autrement intime qu'une salle de cabaret. Sera-t-il permis à un inspecteur d'y pénétrer, même la nuit, pour constater si l'on y travaille après l'heure réglementaire ? La loi a négligé de s'expliquer sur ce point, mais la généralité de ses termes permet de poser la question. Les inspecteurs sont chargés d'assurer l'exécution de la loi, aussi bien des prescriptions qui concernent le travail de jour, que de celles qui concernent le travail de nuit. Et, pour ce faire, ils ont le droit d'entrer dans les ateliers : où se trouve la limite de ce droit ? Un inspecteur voit de la lumière à la fenêtre d'une mansarde à une heure avancée de la nuit ; l'ouvrier qui habite ce logement occupe un jeune apprenti ; l'inspecteur pourra-t-il, pour s'assurer si l'on fait travailler l'enfant, pénétrer chez l'ouvrier et violer au milieu de la nuit l'intimité de sa chambre ? Ou bien encore la lumière s'attarde dans une des salles d'un orphelinat où les jeunes filles sont recueillies par charité et où on leur apprend les travaux de l'aiguille ; soignet-on quelque malade, ou plutôt se commet-il une contravention à la loi de 1892? Quelle marge laissée à l'arbitraire! — Nous pensons que le droit de visite des inspecteurs du travail ne s'étend pas au temps de nuit. D'une part, d'après l'article 184 du Code pénal, l'entrée du domicile des citoyens est interdite aux fonctionnaires « hors les cas prévus par la loi » ; d'autre part, la Constitution de l'an VIII, dans son article 76, distingue expressément le temps de jour et le temps de nuit, et énumère sous une forme limitative les exceptions au principe de l'inviolabilité du domicile pendant la nuit. Il ne faut pas en conclure que le pouvoir constituant de l'an VIII ait interdit pour toujours au législateur à venir d'apporter d'autres exceptions à ce principe. Mais nous croyons que si ce législateur fait une nouvelle brèche à un principe aussi formellement établi, il doit s'exprimer en termes précis et d'une façon qui ne prête à aucune équivoque. C'est ainsi qu'il a marqué clairement sa volonté en ce qui concerne les droits des employés des contributions indirectes et ceux des officiers de police pour la surveillance des lieux où tout le monde est admis.

Si sa volonté était de créer une exception analogue en faveur des inspecteurs du travail, il devait la formuler expressément Il ne l'a pas fait : il s'est borné à leur conférer le droit d'entrer dans les établissements qu'il a désignés, sans spécifier qu'ils auraient ce droit même la nuit. Dans ces conditions nous ne croyons pas possible de reconnaître aux inspecteurs du travail le droit de pénétrer pendant la nuit dans le domicile de ceux qu'ils ont à surveiller.

Ainsi le principe de l'inviolabilité du domicile reste entier toutes les fois qu'une loi n'y déroge pas expressément ; les termes dans lesquels est faite cette dérogation doivent être interprétés de la façon la plus stricte. Si donc la loi donne à un fonctionnaire le droit de pénétrer chez un particulier sans spécifier que ce droit lui appartiendra même la nuit, il y a lieu de le restreindre au jour seulement. Nous croyons fermement que l'application rigoureuse de cette théorie peut seule protéger les citoyens contre l'arbitraire.

On ne trouve nulle part, dans le Code d'instruction criminelle, un texte formel et précis qui permette aux différents magistrats ou à leurs auxiliaires et agents de s'introduire pendant la nuit dans le domicile des citoyens. Nous en tirons la conséquence que ce droit doit leur être refusé. Mais comme cette solution radicale n'est pas universellement admise, il y a lieu d'examiner séparément les hypothèses qui peuvent à cet égard donner lieu à des hésitations.

a) Perquisitions. — L'article 36 du Code d'instruction criminelle est ainsi conçu :

« Si la nature du crime ou du délit est telle, que la preuve puisse vraisemblablement être acquise par les papiers ou autres pièces et effets en la possession du prévenu, le procureur du Roi se transportera *de suite* dans le domicile du prévenu, pour y faire la perquisition des objets qu'il jugera utiles à la manifestation de la vérité ».

Dans le cas de flagrant délit, lorsque le fait coupable est de nature à entraîner l'application d'une peine afflictive ou infamante (art. 32 du même Code), le procureur de la République peut et doit remplir

l'office de magistrat instructeur. A ce titre il peut
avoir à faire des perquisitions dans le lieu même
où le crime a été commis, ou au domicile du prévenu,
pour saisir tous papiers et effets pouvant servir
à la manifestation de la vérité ; l'article 36, dont nous
venons de donner le texte, lui fait alors un devoir
de se transporter *de suite* au domicile du prévenu.
Faut-il conclure de ces mots que le procureur de la
République pourra s'y transporter même la nuit ?
Répondre à cette question, c'est du même coup la trancher en ce qui concerne le juge d'instruction et les
officiers de police énumérés dans les articles 48 et
50 (1). En effet, d'une part, l'article 89 rend applicables
au juge d'instruction les dispositions des articles 35 à
39, relatives aux perquisitions opérées en cas de flagrant
délit par le procureur de la République. D'autre part, en
vertu de l'article 49, les juges de paix, les officiers de
gendarmerie, les maires et leurs adjoints et les commissaires de police sont compétents pour opérer les actes
d'instruction, et notamment *les visites,* auxquels doit
procéder le procureur de la République en cas de crime
flagrant ou de réquisition de la part d'un chef de maison.
La portée de l'interprétation qu'on donnera à l'article
36 est donc beaucoup plus importante qu'elle ne paraît
tout d'abord.

Le nombre des personnes auxquelles s'applique ainsi
l'article 36 est précisément un des motifs qui nous portent à interpréter les mots « *de suite* » dans leur sens le

(1) Et aussi peut-être les préfets (article 10 du Code d'instruction criminelle).

moins large, c'est-à-dire à refuser aux magistrats et aux
officiers de police l'entrée du domicile en temps de
nuit. Restreinte au seul juge d'instruction, cette exception au principe posé par l'article 76 de la Constitution
de l'an VIII serait supportable. Le caractère de ce magistrat est à lui seul une garantie. Mais le procureur de la
République, même lorsqu'il procède à une instruction,
est moins un juge qu'un accusateur. Ses fonctions ordinaires lui rendent, malgré lui, difficile cette souveraine
impartialité qui peut seule rassurer les droits des particuliers. Cela est plus vrai encore des autres officiers de
police. Nous croyons donc qu'en une matière aussi
grave et qui touche à un des droits primordiaux de l'individu, il aurait fallu, pour établir une exception au principe de l'inviolabilité en temps de nuit, un texte plus
formel et plus précis que celui de l'article 36. La grande
majorité des auteurs est en ce sens. Nous citerons
Legraverend (1), Faustin Hélie (2), Garraud (3) ; en sens
contraire Carnot (4). Faustin Hélie et Garraud admettent cependant, avec raison, que si une perquisition a
été commencée pendant le jour, on peut la continuer
pendant la nuit. L'article 76 de la Constitution du 22
frimaire défend de *pénétrer* dans le domicile ; elle ne
défend pas d'y rester une fois la nuit venue. Mais s'il
s'agit de commencer une perquisition pendant la nuit,
le défaut de consentement du domicilié oblige à
attendre le matin. Les représentants de l'autorité

(1) *Tr. de la Législat. crimin.*, Bruxelles, 1839, tome I, p. 181.
(2) *Traité de l'Instruct. crim.*, III, n° 1524 ; IV, n° 1812.
(3) *Traité théor. et prat. du Droit pénal français*, t. III, p. 437.
(4) *Observat. sur l'art. 36 (obs. 21 et suiv.)*.

publique devront alors se borner à prendre des mesures
pour empêcher l'évasion du prévenu, ou la disparition
des pièces à conviction ; ils pourront par exemple faire
cerner la maison par la gendarmerie.

b) Arrestations. — La même règle nous semble devoir
être suivie qu'en matière de perquisitions. Les arrestations peuvent être opérées en vertu de mandements
réguliers de justice ou en vertu d'arrêts définitifs de
condamnation. Nous croyons que, ni dans un cas ni
dans l'autre, elles ne peuvent avoir lieu pendant la nuit
sans exposer l'agent qui les exécuterait aux peines
portées par l'article 184 du Code pénal. Ici nous ne
comprenions pas les hésitations que les termes peu
précis de l'article 36 peuvent expliquer en matière de
perquisitions. Pour M. Garraud, la question n'est
cependant pas si simple que nous le pensons. L'éminent
criminaliste écrit en effet (t. III, p. 437) : « C'est au
Code d'instruction criminelle qu'il appartenait de
résoudre la question ; il ne l'a pas fait ; et l'on doit
reconnaître que si la prudence conseille aux agents de
justice d'attendre le jour, lorsque cela est possible, la
loi française ne subordonne pas, comme on l'affirme
souvent à tort, la légalité des arrestations à cette condition. » Il nous semblerait que c'est précisément dans
le silence du Code d'instruction criminelle que le principe posé par l'article 76 de la Constitution de l'an VIII
doit être interprété dans toute sa rigueur.

Le projet de réforme du Code tranchait la question
à l'égard des perquisitions et des arrestations dans le
sens de l'exception au principe de l'inviolabilité du

domicile en temps de nuit. Quoique ce projet n'ait abouti qu'au vote de la loi du 8 décembre 1897, et qu'il ait peu de chances d'aller plus loin, il peut être cependant d'un certain intérêt de lui demander quelques indications, ne serait-ce que pour se faire une idée des réformes que l'on pourrait apporter à notre législation criminelle. Après avoir été voté par le Sénat, le projet fut transmis à la Chambre des députés où, selon l'usage, il fut examiné par une commission. Les travaux de cette commission aboutirent à un projet analogue, dans ses grandes lignes, à celui du Sénat, et précédé d'un rapport de M. Bovier-Lapierre ; le tout fut déposé sur le bureau de la Chambre dans la séance du 15 janvier 1891 (1). Voici, au sujet des perquisitions et des arrestations opérées pendant la nuit, le texte de l'article 179 du projet adopté par le Sénat et maintenu intégralement par la commission de la Chambre sous le numéro 181 :

« Le procureur de la République peut, lorsqu'il y a crime flagrant qui se commet actuellement ou qui vient de se commettre, entrer ou faire entrer la nuit les dépositaires de la force publique dans une maison habitée, sans réclamation de l'intérieur, pour y saisir l'auteur présumé du crime. — Les dépositaires de la force publique peuvent dans les mêmes cas entrer la nuit dans une maison habitée pour y exécuter le mandat d'amener. — Le procureur de la République peut aussi procéder la nuit à une perquisition dans la maison où l'inculpé a été saisi ».

(1) Rapport fait au nom de la commission chargée d'examiner le projet de loi, adopté par le Sénat, sur l'instruction criminelle. — (Journ. offic. Chambre des députés ; documents parlementaires. 1891, pages 115 et suiv.)

cution des lois sur les *contributions publiques*; — enfin d'un certain nombre de cas, épars dans notre législation, et difficiles à classer sous une même rubrique, dans lesquels le domicile des particuliers est, de par la loi, soumis à des visites ou à l'introduction de personnes étrangères.

SECTION PREMIÈRE

EXCEPTIONS APPORTÉES A L'INVIOLABILITÉ DU DOMICILE PAR LE DROIT PÉNAL

§ 1. — Perquisitions domiciliaires.

Perquisitions opérées par le juge d'instruction :

A. Hors le cas de flagrant délit :

1° Nature et étendue des droits du juge d'instruction en matière de perquisitions domiciliaires.

2° Droit des personnes chez qui a lieu une perquisition d'y assister ou de s'y faire représenter.

3° Saisie de pièces au domicile du prévenu.

4° Le juge est-il tenu de se transporter dans le domicile du prévenu lorsqu'il en est requis par le procureur ?

5° Ordonnance préalable.

6° Assistance du procureur de la République aux perquisitions.

7° Le conseil de l'inculpé a-t-il le droit d'assister aux perquisitions ?

8° Perquisitions au domicile de personnes qui, par état ou profession, sont dépositaires des secrets d'autrui.

9° Le juge d'instruction peut-il déléguer son droit de faire des perquisitions domiciliaires ?

B. Dans le cas de flagrant délit :

1° En quoi consiste l'extension des pouvoirs du juge d'instruction en cas de flagrant délit ?

2° Dans quels cas se produit cette extension ?

Perquisitions opérées par le procureur de la République ou par ses auxiliaires :

> 1° Dans quel domicile le procureur de la République ou ses auxiliaires peuvent-ils pénétrer en cas de crime flagrant?
> 2° Formalités qu'ils doivent observer au cours des perquisitions.
> 3° Caractère subsidiaire du procureur de la République comme magistrat instructeur.
> *Cas prévu par l'article 46.*

Perquisitions opérées par le préfet de police et par les préfets :

> 1° Historique.
> 2° Premier système.
> 3° Système de la jurisprudence. Critique de ce système.
> 4° Projet de réforme.

Perquisitions ayant pour objet la répression des délits ruraux et forestiers et des délits de chasse.

§ 2. — Arrestation d'un inculpé ou d'un condamné.

Arrestation d'un inculpé.
Arrestation d'un condamné.

> 1° Arrestation faite en vue de la contrainte par corps.
> 2° Arrestation en exécution d'un arrêt ou d'un jugemen portant une peine privative de liberté.

La nécessité de réprimer les infractions à la loi pénale peut justifier deux catégories d'exceptions au principe de l'inviolabilité du domicile. Les unes ont pour objet de rechercher tous les indices qui peuvent faire connaître aux magistrats les circonstances dans lesquelles un crime a été commis et la personne du délinquant; ce sont les *perquisitions domiciliaires*. Les autres tendent à mettre le délinquant lui-même aux mains de la justice ; elles consistent dans le droit pour les agents de l'autorité publique d'opérer dans un domicile privé *l'arrestation* d'un coupable qui s'y est réfugié.

Il convient d'étudier séparément les conditions que la loi a imposées à l'exercice de ces deux droits.

§ 1. — PERQUISITIONS DOMICILIAIRES.

Lorsqu'une infraction a été commise, le devoir de la justice est de chercher quel peut être son auteur et quelles sont les circonstances qui l'ont accompagnée. Elle ne doit négliger aucun des indices qui peuvent concourir à la manifestation de la vérité, que ces indices soient à la conviction ou à la décharge du prévenu. On les trouvera le plus souvent sur le lieu où le crime a été commis, et dans la maison de celui sur qui portent les soupçons ; on pourra même les trouver au domicile des tiers chez qui le prévenu les aura cachés. C'en est assez pour justifier la nécessité de visites et de perquisitions domiciliaires.

Elles peuvent être opérées, selon les cas, et en observant des formalités différentes : par les *juges d'instruction* (1) (art. 87, 88 et 89 C. Ins. cr.) ; par les *procureurs de la République* (art. 36 et 37) ; par les *officiers de police auxiliaires* (art. 49) ; peut-être par les *préfets* (art. 10) ;

---

(1) Ou par les magistrats qui sont appelés en certains cas à en remplir les fonctions ; ce sont : le conseiller à la Cour d'appel délégué par la chambre d'accusation (art. 236) ; le premier président de la Cour d'appel (art. 484) ; le président des assises (art. 268 et 464 C. Ins. cr.) ; le président de la commission d'instruction de la haute cour de justice.

enfin, en matière d'atteintes à la propriété rurale ou forestière, par les *gardes-champêtres* et par les gardes *forestiers* (art. 16 § 3).

Nous allons examiner successivement, à propos de chacun de ces fonctionnaires ou agents, quels sont les cas dans lesquels la loi l'autorise à perquisitionner et quelles sont les formalités qu'elle a imposées à l'exercice de ce droit.

Perquisitions opérées par le juge d'instruction.

C'est lui certainement qui, en cette matière, possède les droits les plus étendus. Quand une infraction a été commise, il peut en être saisi, en cas ordinaire, par une *plainte* (art. 63-70 C. Ins. cr.) ou par une *réquisition* du procureur de la République ; lorsque l'infraction a le caractère de flagrant délit, il en est saisi *d'office* (art. 59). Une fois saisi de instruction, il en devient le maître et la dirige comme il l'entend ; mais la combinaison de ses fonctions avec celles du procureur de la République est toute différente suivant qu'il s'agit ou non d'un flagrant délit.

Le *flagrant délit* est défini par l'article 41 du Code d'instruction criminelle :

« Le délit qui se commet actuellement, ou qui vient de se commettre, est un flagrant délit.

« Seront aussi réputés flagrant délit, le cas où le prévenu est poursuivi par la clameur publique, et celui où le prévenu est trouvé saisi d'effets, armes, instruments ou papiers faisant présumer qu'il est auteur ou complice, pourvu que ce soit dans un temps voisin du délit ».

A. — Perquisitions opérées par le juge d'instruction hors le cas de flagrant délit.

On suppose une infraction commise, à laquelle n'appartiennent pas les caractères de *flagrance* ou de *quasi-flagrance* auxquels l'article 41 fait allusion. L'instruction préparatoire est alors confiée à l'action combinée du juge d'instruction et du procureur de la République (art. 47 et 61 du Code d'instruction criminelle). C'est le procureur qui *poursuit* et ce n'est que sur sa réquisition écrite que le juge peut commencer l'instruction. Une fois saisi du fait, le juge d'instruction devient maitre absolu d'orienter ses recherches comme il l'entend : libre à lui de suivre la voie que lui indique le ministère public ou de porter ailleurs ses investigations ; il a le choix de tous les moyens qui lui paraissent propres à produire la lumière. Il est, en un mot, le directeur et le juge de la procédure, sous le seul contrôle de la chambre des mises en accusation (art. 135 C. Ins. cr.). On voit que, hors le cas de flagrant délit, il y a séparation absolue entre les pouvoirs du juge d'instruction et ceux du procureur de la République. C'est une conséquence du principe, admis en droit pénal, de la séparation du droit de poursuite et du droit d'informer. Le magistrat instructeur est seulement tenu de communiquer la procédure au ministère public avant de faire aucun acte d'instruction (art. 61) ; et, lorsqu'il se transporte sur les lieux, il doit toujours être accompagné du procureur de la République et du greffier du Tribunal (art. 62).

1° Nature et étendue des droits du juge d'instruction en matière de perquisitions domiciliaires.

Au cours d'une instruction, le juge qui en est chargé peut estimer qu'une perquisition chez le prévenu ou chez des tiers amènera la découverte d'indices sérieux. Cette appréciation relève de sa conscience seule ; mais il se fera un devoir de ne procéder à ce moyen d'inforrmation que pour de graves motifs ; la loi l'autorise à déroger au principe de l'inviolabilité du domicile : avant d'user de cette faculté, il devra se souvenir du principe et respecter son esprit. Voici les textes du Code d'instruction criminelle qui réglementent le droit de perquisition du juge, hors le cas de flagrant délit :

Article 87 : « Le juge d'instruction se transportera, s'il en est requis, et pourra même se transporter d'office dans le domicile du prévenu, pour y faire la perquisition des papiers, effets, et généralement de tous les effets *(objets)* qui seront jugés utiles à la manifestation de la vérité ».

Art. 88 : « Le juge d'instruction pourra pareillement se transporter dans les autres lieux où il présumerait qu'on aurait caché les objets dont il est parlé dans l'article précédent ».

Art. 89 : « Les dispositions des articles 35, 36, 37, 38 et 39 concernant la saisie des objets dont la perquisition peut être faite par le procureur du Roi dans le cas de flagrant délit, sont communes au juge d'instruction ».

Ces textes laissent subsister sur le rôle du juge d'instruction quelques difficultés que nous examinerons. Il convient auparavant de dégager les points qui peuvent être retenus sans contestation.

Les pouvoirs du juge ne reçoivent aucune limite à raison du caractère et de la *nature* du fait délictueux à propos duquel l'instruction est ouverte : peu importe que ce soit un crime ou un délit. Ils ne sont pas limités davantage quant à l'*objet* de ses recherches : les pouvoirs conférés par l'article 87 sont très étendus. Le plus souvent d'ailleurs le juge, en décidant de faire une perquisition domiciliaire, n'a sur la nature des renseignements qui peuvent en résulter que des données très vagues ; il a des raisons sérieuses de croire que dans telle maison se trouveront des *indices*, cela suffit pour justifier sa démarche.

Le juge peut se présenter non seulement au domicile du prévenu, mais dans toute autre maison où il pense trouver des indices. L'article 88 parle des lieux où l'on aurait *caché* des objets ; nous ne croyons pas que le législateur ait entendu limiter le droit de visite au seul cas de recel : des objets utiles à la manifestation de la vérité peuvent se trouver chez des tiers étrangers au délit ; ils ne sauraient cependant échapper aux investigations. La conduite à tenir est laissée à la discrétion et à la conscience du juge d'instruction.

Le droit pour le juge de faire des perquisitions est limité à l'étendue de son arrondissement, sauf lorsqu'il s'agit des crimes dont parle l'article 464 du Code d'instruction criminelle. Cet article lui permet de continuer hors de son ressort « les visites nécessaires chez les personnes soupçonnées d'avoir fabriqué, introduit, distribué de faux papiers royaux, de faux billets de la Banque de France » et chez celles soupçonnées du crime de fausse monnaie, ou de contrefaçon du sceau de l'Etat.

Le juge, au cours de sa perquisition, saisira (1) « tout

(1) Au sujet de la saisie des pièces à conviction, V. Faustin-Hélie, t. IV. n° 1814 et s

ce qui pourra servir à la manifestation de la vérité »
(art. 89 et 35 combinés), aussi bien les papiers ou effets
qui peuvent servir à la *conviction* que ceux qui peuvent servir à la *décharge* du prévenu. Si l'article 37 impose cette obligation au procureur de la République
lorsque, dans les cas de crime flagrant, il remplit les
fonctions de magistrat instructeur, à plus forte raison
le juge d'instruction, dont le rôle essentiel est de tenir
la balance égale entre l'accusation et la défense, doit-il
diriger impartialement ses investigations, et noter avec
une égale attention ce qui est favorable et ce qui est
défavorable au prévenu. Pour assurer et garantir l'exécution de sa volonté à cet égard, le législateur a imposé
au juge d'instruction l'accomplissement des formalités
qui vont être exposées dans les deux numéros suivants.

**2° Droit des personnes chez qui a lieu une perquisition
d'y assister ou de s'y faire représenter.**

a) Perquisitions opérées chez un prévenu. — Lorsque le
prévenu a été arrêté, la loi (art. 39 et 89 combinés) veut
qu'il assiste par lui-même ou par son fondé de pouvoir
aux perquisitions opérées chez lui et à l'accomplissement des formalités prescrites par l'article 39. La
préoccupation d'assurer la défense du domicile du prévenu a-t-elle été la pensée du législateur lorsqu'il a
écrit cet article ? Cela pourrait être, car il est certain que
cette disposition offre à ce point de vue des garanties
particulières. Nous croyons cependant que les rédacteurs du Code ont été guidés surtout par le désir de
sauvegarder les droits de la défense et de faciliter au
prévenu le contrôle des charges qui pèsent sur lui.

Il n'est peut-être pas inutile ne remarquer que la présence du prévenu, s'il est arrêté, était exigée dans l'ancien droit. Jousse la considérait comme nécessaire « pour faire une procédure exacte ». La loi du 8 décembre 1897, dont le but est de permettre au prévenu d'organiser son système de défense dès le début de l'instruction préalable, semble avoir rendu plus nécessaire encore l'assistance du prévenu. Sous l'empire de cette loi, l'inobservation de l'article 39 serait non seulement une illégalité, mais encore un contre-sens juridique.

L'article 39 du Code d'instruction criminelle attribue à la présence du prévenu arrêté une telle importance qu'il lui permet de se faire représenter à la perquisition, « s'il ne veut ou ne peut y assister », par un fondé de pouvoir qu'il pourra nommer. Il est facile de concevoir dans quel but le législateur a voulu donner à la défense cette garantie. D'abord, au cours d'une perquisition opérée dans son domicile, ou même dans le domicile d'un tiers, le prévenu pourra mieux qu'un autre attirer l'attention du magistrat sur les indices qui peuvent être à sa décharge. Ensuite, ainsi qu'il ressort de l'article 39 *in fine*, le prévenu est mis à même de constater l'identité des objets saisis au cours de la perquisition, et de l'assurer en y apposant son paraphe.

Faustin Hélie (1) fait bien ressortir l'importance de la formalité prescrite par l'article 39 :

« Il est de l'intérêt du prévenu, ou pour mieux dire, de l'intérêt de la justice elle-même, que toutes les opérations extérieures de l'instruction soient faites contradictoirement : ces

(1) *Tr. de l'Instr. crim.*, t. IV, n° 1810.

opérations, dont plus tard doivent sortir les preuves, acquiè-
rent une importance plus grande quand le prévenu en est
témoin, quand il peut être interpellé de donner des explications, et quand toutes ses réponses sont consignées au procès-
verbal. Les charges ne sont régulièrement acquises que lorsqu'elles sont soumises à la contestation incessante de la
défense. »

Malgré l'apparente clarté des termes de l'article 39,
quelques auteurs, Mangin notamment, ne veulent pas
que l'expression « et s'il ne *veut...* y assister » laisse au
prévenu la faculté de se refuser à assister lui-même à la
perquisition et de se faire remplacer par un fondé de
pouvoir. Cependant c'est bien là, croyons-nous, le sens
naturel de notre texte. Faustin Hélie (t. IV, nº 1810) soutient avec raison que ces mots *s'il ne veut* se rapportent
au cas où, présent et non empêché, le prévenu refuse
d'assister personnellement à l'opération.

La loi, qui exige que le prévenu *arrêté* soit mis à
même d'assister aux perquisitions opérées chez lui, ou
de s'y faire représenter, n'a pas donné la même garantie au prévenu non arrêté. Cette omission était sans
importance avant la loi du 14 juillet 1865. Il était alors
bien rare qu'un prévenu fût en liberté sans être fugitif.
Faut-il aujourd'hui conclure du silence de la loi qu'elle
refuse au prévenu libre le droit d'assister, par lui-même
ou par son fondé de pouvoir, aux perquisitions qui sont
faites à son domicile ? On en serait d'abord tenté sous
ce prétexte que le législateur a vu avec défaveur un
prévenu qui s'est peut-être soustrait par la fuite
au pouvoir de justice. A cela on peut répondre que
si le prévenu est en liberté, c'est souvent parce que
le juge d'instruction n'a pas cru nécessaire de s'assurer

de sa personne. Mais Faustin Hélie fournit en faveur du prévenu non arrêté un bien meilleur argument : « Dès qu'une prévention, dit-il, est dirigée contre un individu, cet individu est partie dans le procès et doit prendre part à ses actes ; ce n'est pas le mandat d'arrestation qui lui donne cette qualité, c'est la poursuite même dont il est l'objet. » Il faut en conclure que tout prévenu, libre ou non, a le droit d'assister par lui-même, ou par mandataire, aux perquisitions opérées à son domicile.

b) Perquisitions opérées chez des tiers. — La loi n'a pas accordé formellement aux tiers chez qui le juge croit utile de rechercher des preuves ou des indices les garanties que l'article 39 accorde au prévenu. Nous croyons cependant qu'ils doivent être mis à même d'assister à la perquisition que l'on vient opérer chez eux.

Le juge d'instruction doit donc éviter, dans la mesure du possible, de pénétrer dans la maison d'un tiers en son absence ou en celle de son représentant. Il ne s'agit plus ici d'assurer à l'instruction un certain caractère contradictoire, puisque le tiers n'est pas partie au procès. Il s'agit de sauvegarder le respect qui est dû au domicile des citoyens. Si la nécessité d'assurer l'œuvre de justice oblige à pénétrer même chez des personnes sur lesquelles ne pèse aucune prévention, encore convient-il d'entourer de toutes les garanties cette infraction aux principes qui protègent le domicile. Au premier rang de ces garanties, il faut placer la présence de la personne chez qui on va perquisitionner ou celle de son fondé de pouvoir (1).

(1) Le vœu de la loi est-il que le prévenu arrêté assiste, non

3° Saisie de pièces au domicile du prévenu.

Si la perquisition faite au domicile du prévenu amène la découverte de papiers ou d'effets qui puissent servir à conviction ou à décharge, le juge d'instruction en dressera procès-verbal et se saisira de ces objets (art. 89 et 37) « Les objets saisis seront clos et cachetés, si faire se peut ; ou s'ils ne sont pas susceptibles de recevoir des caractères d'écriture, ils seront mis dans un vase ou dans un sac, sur lequel » *le juge d'instruction* « attachera une bande de papier qu'il scellera de son sceau » (art. 89 et 38). Si le prévenu est présent, on doit, ainsi que nous l'avons vu, lui présenter les objets saisis pour qu'il puisse les reconnaître et les parapher. Ces formalités, destinées à garantir l'identité des objets saisis, suggèrent tout naturellement deux questions : Si le prévenu, *bien que non arrêté, est présent* à la perquisition, le juge est-il tenu d'observer les prescriptions des articles 38 et 39 ? Et, en second lieu (1),

pas seulement aux perquisitions opérées chez lui, mais aussi à celles qui sont faites *chez des tiers ?* L'article 39 est muet sur ce point : il est écrit en vue des perquisitions opérées par le procureur de la République ; or, ce magistrat n'a pas le droit de perquisitionner chez les tiers. Mais l'article 89 qui impose au juge d'instruction, au cours des perquisitions qu'il fait, l'accomplissement des formalités prescrites au procureur de la République par les articles 35 et suivants, veut sans doute que ces formalités soient observées au cours de toutes les perquisitions pour lesquelles le juge d'instruction est compétent, aussi bien de celles opérées chez les tiers que de celles opérées chez le prévenu.

(1) Au sujet de la seconde de ces questions, voir un arrêt de la Commission d'instruction de la Haute-Cour de justice (20 octobre 1899 ; *Gazette des Tribunaux* du 22 octobre). Des pièces saisies sur l'inculpé Dubuc avaient été transmises à M. le juge d'instruction Fabre sous enveloppe cachetée : « Attendu, dit

cette obligation de sceller les objets en présence du prévenu et de les lui faire parapher, a-t-elle pour corollaire l'obligation de ne rompre les scellés qu'en sa présence ? Nous croyons devoir répondre affirmativement à ces deux questions, parce que cette solution est seule conforme à l'esprit de la loi. Il faut remarquer, en effet, que, d'après la jurisprudence, l'inobservation des articles 38 et 39, n'entraîne pas la nullité de la procédure ; ils n'ont ainsi pour objet que d'indiquer au magistrat la ligne de conduite qu'il convient de suivre. Ils résument sur cette matière l'esprit de la loi, et c'est en conformité de cet esprit que nous donnons aux deux questions posées ci-dessus des réponses affirmatives.

Les principes que nous venons d'exposer relativement au droit de perquisition du juge d'instruction, hors le cas de flagrant délit, ne donnent pas lieu, comme on l'a pu voir, à de sérieuses difficultés. Il convient cependant d'examiner quelques questions de nature

l'arrêt, qu'à la vérité le juge d'instruction a ouvert ladite enveloppe, examiné les *huit* pièces saisies et placé les *quatre* d'entre elles qu'il jugeait utiles à l'instruction sous scellés, hors la présence de l'inculpé. — Mais que, s'il eut été préférable que la prescription légale, exigée pour la saisie seule, eût été également réservée pour l'examen du juge, elle n'est nullement ordonnée par la loi pour cette opération, le législateur ayant entendu faire confiance à cet égard à l'honorabilité et à la conscience du magistrat. — Qu'en tous cas aucune nullité n'est attachée à son inobservation... ».

Cet arrêt couvre une pratique contre laquelle on ne saurait trop s'élever dans l'intérêt de la bonne administration de la justice : quand des pièces ont été saisies au domicile d'un inculpé ou sur sa personne, et qu'elles ont été versées au dossier, elles ne peuvent pas en être distraites sans son consentement, car elles appartiennent aussi bien à la défense qu'à l'accusation.

plus délicate que la loi a omis de prévoir ou qui ont donné lieu à des divergences dans les opinions de ses interprètes.

4° Le juge d'instruction est-il tenu de se transporter dans le domicile du prévenu lorsqu'il en est requis par le procureur ?

Le texte de l'article 87 donnerait à le penser ; d'après cet article « le juge d'instruction se transportera, s'il en est requis ». Legraverend (1) et Carnot interprètent ces mots dans un sens impératif. Mais Faustin Hélie (2) qui s'appuie sur Mangin et sur Treilhard soutient au contraire que le transport sur les lieux reste facultatif pour le juge d'instruction malgré la réquisition du procureur de la République. N'est-ce pas un principe, en effet, que le juge d'instruction est le seul maître de ses actes et qu'il est, dans l'exercice de ses fonctions de magistrat instructeur, indépendant du ministère public ? Dans une question aussi grave que celle de savoir si c'est le cas de procéder à une visite domiciliaire, il doit être le seul *juge*. Le serait-il vraiment s'il était tenu de déférer à cet égard aux réquisitions du ministère public ?

5° Ordonnance préalable.

Lorsque le juge d'instruction a reconnu opportun de procéder à une visite domiciliaire, doit-il préalablement rendre une ordonnance portant qu'elle aura lieu dans tel domicile et pour tel objet ? Le Code des délits

(1) *Traité de la Législ. cr.*, I, p. 180.
(2) *Traité de l'Instr. crim.*, t. IV, n° 1809.

et des peines (art. 108 et 125) exigeait l'accomplissement de cette formalité. Mais, ainsi que le remarque Legraverend, c'était une véritable superfétation dans la loi (1). Le Code d'instruction criminelle est resté muet sur ce point. Faut-il voir dans ce silence une confirmation de l'ancienne législation et notamment du Code du 3 brumaire an IV ? Faut-il l'interpréter au contraire comme une abrogation tacite? Il est des cas où cette ordonnance aura son utilité ; nous verrons que l'article 62 du Code d'instruction criminelle a donné lieu à des difficultés. Or, dans le système qui admet que le refus du procureur de la République d'assister le juge au cours d'une perquisition ne saurait mettre obstacle à ce moyen d'instruction, on estime que le fait par le juge d'avoir rendu une ordonnance avant de se transporter sur les lieux suffit à rendre valable la perquisition nonobstant l'abstention du ministère public.

Lorsque le juge d'instruction rend une ordonnance avant de procéder à une perquisition domiciliaire, le greffier doit-il en donner avis au conseil de l'inculpé? L'article 10 de la loi du 8 décembre 1897 est ainsi conçu :

« La procédure doit être mise à la disposition du conseil la veille de chacun des interrogatoires que l'inculpé doit subir. — Il doit lui être immédiatement donné connaissance de toute ordonnance du juge par l'intermédiaire du greffier. »

Malgré la généralité des termes de cet article, une circulaire du garde des sceaux en date du 10 décembre 1897 (2) exprime l'opinion suivante :

(1) *Op. cit.*, I, p. 181.
(2) *Journ. off.* du 10 déc. 1897, p. 6912.

« Le terme « ordonnance » employé par le paragraphe 2 de l'article 10 ne saurait évidemment s'appliquer à toute mesure d'information ; il n'est pas admissible, par exemple, que le législateur ait entendu imposer l'obligation d'avertir le conseil qu'une *perquisition* ou un constat d'adultère vont être opérés. De même il convient d'écarter les actes par lesquels le juge délègue ses pouvoirs propres à un officier de police judiciaire. — Les ordonnances prévues par l'article 10, paragraphe 2, sont, dans mon opinion, uniquement celles qui ont un caractère juridictionnel, telles que les ordonnances de compétence, de mise en liberté ou de refus de mise en liberté, d'interdiction de communiquer, de soit communiqué et de clôture. »

Cette opinion semble difficile à concilier avec les exigences de la loi qui prescrit la communication à l'avocat de *toute ordonnance* du juge. Le garde des sceaux a craint peut-être les complications et les lenteurs qu'entraînerait pour la procédure l'application stricte de la loi. Il faut bien reconnaitre que la loi de 1897, malgré les excellentes intentions qui l'ont dictée, n'est pas exempte de défauts ; mais on doit prendre son texte tel quel. Notons d'ailleurs que si, comme nous le croyons, l'ordonnance prescrivant une perquisition doit être communiquée à l'avocat, il ne s'ensuit pas que le juge soit obligé d'observer, avant de procéder, un délai suffisant pour permettre à l'avocat de recevoir l'avis qui lui est adressé. Le devoir du juge ou plutôt du greffier se borne donc à donner avis de l'ordonnance, et à le donner « *immédiatement* ». Il y aura lieu plus loin d'examiner si l'avocat a le droit d'assister à une perquisition.

6° Assistance du procureur de la République aux perquisitions.

Il a été fait allusion plus haut à l'article 62 du Code d'instruction criminelle et à l'assistance du procureur de la République aux visites domiciliaires. « Lorsque le juge d'instruction se transportera sur les lieux, il sera toujours accompagné du procureur du Roi et du greffier du Tribunal. » La présence du greffier est incontestablement nécessaire : le juge d'instruction ne peut pas procéder sans lui. En est-il de même du procureur de la République ou de ses substituts ? Nous avons vu que, hors le cas de flagrant délit, il y a séparation absolue de pouvoirs et d'attributions entre le magistrat instructeur et le ministère public. Si le procureur de la République, averti par le juge qu'une perquisition va se faire et prié d'y assister, s'y refuse, quel sera l'effet de son absence ? Bien que cette question ait donné lieu à des avis différents, nous ne concevons pas que l'abstention du ministère public puisse entraver la marche de l'instruction. Que serait l'indépendance du magistrat instructeur si le refus du ministère public avait pour effet de paralyser son œuvre ? Il faut donc admettre que si le procureur, dûment informé de la perquisition, ne veut pas s'y rendre, le juge assisté de son greffier peut valablement procéder (1).

Dans l'autre système, on a voulu étendre au cas de ce refus les prescriptions de l'article 26, ainsi conçu : « Le procureur du Roi sera, en cas d'empêchement, remplacé par son substitut, ou, s'il a plusieurs substituts, par le plus ancien. S'il n'a pas de substitut, il sera remplacé par un juge commis à cet effet par le président. » Mais cette disposition, écrite pour le cas d'*empêchement*, ne

_____

(1) En ce sens, Faustin HÉLIE, t. IV, n° 1620.

saurait s'étendre au cas de *refus*. D'ailleurs, en ce qui concerne le substitut, le principe de l'indivisibilité du ministère public, à défaut de la plus élémentaire convenance, lui interdit d'agir contre le gré de son chef. Nous croyons donc ce système inadmissible, même en le corrigeant par le tempérament admis par Carnot : cet auteur permet que, dans le cas d'urgence et si le procureur de la République n'est pas suppléé à temps de la façon indiquée à l'article 26, le juge instructeur se transporte valablement sur les lieux et procède à la perquisition domiciliaire.

7° Le conseil de l'inculpé a-t-il le droit d'assister aux perquisitions ?

Cette question n'a sa raison d'être que depuis la loi du 8 décembre 1897. On sait, d'une part, que l'esprit général de cette loi est de permettre à l'inculpé d'avoir recours, pendant l'instruction, aux lumières et à la direction d'un avocat, celui-ci pouvant prendre connaissance de la procédure et assister aux interrogatoires. Nous avons vu, d'autre part, que l'inculpé arrêté doit être mis à même d'assister aux perquisitions faites à son domicile et même, croyons-nous, au domicile des tiers. Ces perquisitions peuvent avoir pour la défense autant d'importance qu'un interrogatoire et les observations d'un conseil éclairé seront peut-être utiles, dans le premier cas comme dans le second, pour diriger les recherches du juge. Faut-il induire de là que l'avocat ait le droit d'assister son client pendant les perquisitions auxquelles celui-ci doit être présent en vertu de l'article 39 ?

Nous croyons pouvoir répondre affirmativement. L'inculpé peut, au cours d'une perquisition domiciliaire, se faire représenter par un avocat. On ne voit pas les raisons qui feraient interdire la présence simultanée de l'avocat et de l'inculpé.

8° Perquisitions au domicile de personnes qui, par état ou profession, sont dépositaires des secrets d'autrui.

En principe, ces perquisitions doivent être entourées d'un certain nombre de garanties destinées à sauvegarder les droits des tiers. On sait que la loi reconnaît et sanctionne le devoir du secret professionnel (1). L'article 378 du Code pénal punit de la prison « les médecins... et toutes autres personnes dépositaires, par état ou profession, des secrets qu'on leur confie, qui... auront révélé ces secrets. » Ces secrets que la loi veut qu'on respecte ne sont pas toujours confiés à la seule mémoire de leur dépositaire : ils peuvent être consignés dans des écrits, ils peuvent consister en des documents. Le législateur qui, pour sauvegarder le respect dû au secret professionnel, dispense les ministres du culte, les avocats, les médecins, de révéler en justice ce qui est parvenu à leur connaissance dans l'exercice de leur profession, doit aussi assurer le respect des écrits et des documents confiés à ces personnes et conservés par elles dans leur domicile. Or, des perquisitions peuvent compromettre gravement l'exercice de cette garantie. Quelle est, dans ce cas, la limite des droits du juge d'instruction ?

Il faut examiner deux cas absolument distincts :

(1) Voir la thèse de M. DEMARLE : « De l'Obligation au secret professionnel ». — Lyon, Nouvellet, 1900.

Dans le premier, la personne dépositaire des secrets d'autrui est elle-même inculpée : on recherche chez elle des indices de sa culpabilité ; ici les tiers sont intéressés à ce que les investigations faites dans les papiers du prévenu n'amènent pas la divulgation des secrets dont il est dépositaire. Dans le second cas, la perquisition a pour but de découvrir chez un prêtre, chez un avocat, chez un médecin, des pièces qui leur ont été, à raison de leur profession, confiées par le prévenu. On voit qu'ici la question est particulièrement délicate.

a) Lorsque la personne que la nature de ses fonctions constitue dépositaire des secrets d'autrui, n'est elle-même prévenue d'aucun crime ni d'aucun délit, le juge d'instruction peut-il procéder à une perquisition au domicile de cette personne en vertu des dispositions de la loi qui, d'un façon générale, lui donne le droit de perquisitionner chez les tiers ? On serait d'abord tenté de répondre simplement : non ; nous croyons cependant qu'une distinction s'impose. Si le but des recherches du juge est de surprendre le secret, de saisir les documents qui ne sont en la possession du prêtre, de l'avocat, du médecin, qu'*en vertu de l'exercice régulier et normal de leurs fonctions*, la perquisition est illégale, et le juge ne saurait y procéder sans outrepasser ses pouvoirs. C'est admis aujourd'hui sans contestation pour les *avocats* et pour les *avoués*. Il convient à ce sujet de signaler l'opinion de M. Faustin Hélie (1) et la doctrine consacrée par un arrêt de la Cour de Nancy du 8 mai 1892

---

(1) *Op. cit.*, tome IV, n° 1818.

confirmé par la Cour suprême le 13 février 1893 (1). Ces arrêts avaient à apprécier une délibération du Conseil de l'Ordre des avocats de Nancy qui protestait contre l'illégalité d'une perquisition opérée au cabinet d'un avocat, Mᵉ Lévy, dans le but de rechercher des pièces qui lui avaient été confiées par un de ses clients.

La même solution s'impose en ce qui concerne le domicile du *médecin* et du *prêtre*. L'obligation du médecin au secret professionnel est consacrée par l'article 378 du Code pénal. Cette obligation suppose nécessairement pour celui à qui elle incombe le droit de se refuser à faire toutes réponses et à souffrir toutes perquisitions qui auraient pour conséquence la violation du secret. Le même droit est reconnu aux prêtres catholiques pour sauvegarder le respect de ce qui leur est confié non seulement sous le sceau de la confession (ce qui a toujours été admis), mais dans toutes circonstances où ils se trouvent dans l'exercice de leur ministère, ainsi qu'il résulte d'un arrêt de la Cour suprême du 4 décembre 1891 (2). Cet arrêt, rendu ensuite d'un rapport remarquable de M. le conseiller Sallantin, tranche une question longtemps débattue. De cette assimilation qu'il fait au point de vue du secret entre la simple confidence et la confession sacramentelle, le même arrêt conclut logiquement que le droit de se retrancher derrière le secret professionnel appartient non seulement aux prêtres catholiques, mais aussi aux ministres des cul-

---

(1) SIREY, 94. 1. 122. — En sens contraire : LACAN : *Profession d'avocat*, t. I, p. 269. — MOLLOT : *Règles de la profession d'avocat*, t. II, p. 507.

(2) S. 92. 1. 473.

tes reconnus qui n'admettent pas la confession auriculaire.

La question de savoir si des perquisitions peuvent être faites à l'étude d'un *notaire* contre lequel ne pèse aucune prévention est très délicate et a donné lieu à controverse. En principe, un notaire ne doit jamais se dessaisir d'aucune minute « si ce n'est dans les cas prévus par la loi, et en vertu d'un jugement. » (Loi du 25 ventôse an XI, art. 22.) Voilà déjà, semble-t-il, une exception à la généralité des termes des articles 87 et 88 du Code d'instruction criminelle qui permettent la perquisition et la saisie de *tous* les papiers et objets pouvant servir à la manifestation de la vérité. En matière de faux, les articles 452 à 455 du Code d'instruction criminelle obligent les dépositaires des pièces suspectes à s'en dessaisir sous certaines conditions et moyennant l'accomplissement de certaines formalités. En matière de vérification d'écriture, le Code de procédure civile (art. 200, 202, 221) permet au Tribunal de se faire apporter les pièces. Dans tous les autres cas, la loi est restée muette. Faut-il interpréter ce silence en faveur des droits de l'instruction, ou, au contraire, en faveur de l'inviolabilité des minutes d'un notaire ? Un arrêt de la Cour de Toulouse du 2 mai 1883 (1) a seulement signalé la question. La note qui, dans le recueil de Sirey, se trouve au bas de cet arrêt, expose la controverse. Le rédacteur de la note incline à reconnaître au juge d'instruction le droit de saisir les minutes d'un notaire, et il cite à l'appui de sa thèse l'opinion de Faustin Hélie et de

(1) S. 83. 2. 209.

Duverger. Or, le droit de saisie semble impliquer le droit de perquisition.

Mais les notaires n'ont pas seulement à conserver leurs minutes. L'usage se répand de plus en plus de les constituer dépositaires des secrets de famille. On voit en eux des confidents et des conseillers autant que des officiers publics. N'y aurait-il pas lieu de les assimiler aux avocats en ce qui concerne ce côté de leurs attributions, et au seul point de vue du droit de perquisition ? Nous le croirions volontiers (1).

Si le domicile du notaire contre lequel il n'existe aucune prévention n'est pas aussi protégé contre les perquisitions que celui de l'avocat, du prêtre, du médecin, cela tient peut-être à la nature des fonctions notariales. Le notaire est un fonctionnaire public, un officier ministériel ; il agit en vertu d'une délégation de l'autorité publique. Malgré le caractère privé et confidentiel que notre législation reconnait aux actes notariés, ils sont cependant par leur nature soumis à un certain contrôle de l'autorité publique. Et l'on comprend que plusieurs auteurs distinguent, au point de vue du droit de perquisition et de saisie, entre les pièces dont le notaire est, de par la loi, le dépositaire public, et celles qu'il ne détient qu'en sa qualité de conseil et de confident.

Comment le juge d'instruction pourra-t-il discerner, parmi les pièces qui se trouvent en la possession d'un notaire, celles qui, à raison de leur caractère absolument confidentiel, sont soustraites à ses investigations ?

(1) En ce sens Faustin HÉLIE, t. IV, n° 1817. Contrà : DUVERGER, *Manuel des juges d'instruction*, t. I, p. 439.

Il devra bien s'en rapporter à l'affirmation du notaire (en ce sens Faustin Hélie). Un notaire doit être dispensé de témoigner en justice au sujet des faits qui ne lui ont été révélés que sous le sceau du secret (Cass. 7 avril 1870). Sa seule déclaration suffit à lui obtenir cette dispense. Il doit en être de même lorsque, au cours d'une perquisition, il affirme que tels papiers ne sont en sa possession qu'à titre très confidentiel, et à cause de sa qualité de conseil et de dépositaire des secrets de famille.

b) Lorsque la personne qui se trouve en possession des secrets d'autrui ne joue plus dans une instruction criminelle le rôle de *tiers*, mais qu'elle est elle-même l'objet de la prévention, le droit de perquisition pourra s'exercer chez elle d'une façon beaucoup plus large. Interdire au juge d'instruction de se transporter au domicile d'un inculpé, parce que cet inculpé est avocat ou médecin, ce serait créer au profit de toute une classe de citoyens un privilège que la loi n'a pas entendu leur attribuer. L'intérêt social exige que le prêtre, le médecin, l'avocat restent seuls dépositaires des secrets qui leur sont confiés, car sans cela on ne pourrait plus avoir en eux la confiance nécessaire à l'exercice de leurs fonctions. Mais notre législation n'entend pas soustraire, en tant qu'individus, les personnes qui exercent ces professions aux règles communes du droit criminel. Ce que l'on peut, ce que l'on doit même souhaiter dans l'intérêt commun, c'est que les perquisitions nécessaires opérées au domicile de l'avocat, du médecin et du prêtre, soient entourées de garanties destinées à sauvegarder les secrets dont ils sont dépositaires. Lorsque, par exemple, une perquisition doit se faire au domicile d'un avocat, pourquoi ne pas permettre au prévenu de se faire assister du bâtonnier de l'Ordre ? Il semble que nul mieux que lui ne saurait distinguer, dans le cabinet d'un de ses confrères, ce qui appartient à l'homme privé, et ce qui, au contraire, concerne la profession de l'avocat. Le bâtonnier serait un arbitre impartial qui maintiendrait, chacun dans ses limites, le droit de l'action publique et le droit des tiers (1).

(1) N'y aurait-il pas lieu d'établir entre le cabinet d'un avocat et les autres pièces de son appartement une distinction analogue à celle qu'a posée la convention consulaire conclue entre la France et l'Italie le 26 juillet 1862, convention promulguée en France par décret impérial du 24 septembre de la même année ? (SIREY, *Lois annotées*, 1862, p. 93.)

L'article 5 de cette convention est ainsi conçu : « Les archives consulaires seront inviolables, et les autorités locales ne pourront sous aucun prétexte ni dans aucun cas visiter ni saisir les papiers qui en feront partie. — Ces papiers devront toujours être complètement séparés des livres ou papiers relatifs au commerce ou à l'industrie que pourraient exercer les consuls, vice-consuls ou agents consulaires respectifs ».

L'application de cet article a donné lieu, en 1888, à des difficultés entre les deux nations contractantes, les autorités italiennes ayant apposé des scellés sur une partie des archives du consulat de France à Florence. Pour les détails de cet incident, nous renvoyons à CLUNET (*Journal de droit international privé*, tome XV, année 1888, p. 53). Le conflit s'est terminé par l'arrangement du 8 décembre 1888 (D. 89. 4. 103).

La protection que la convention de 1862 accorde aux archives consulaires n'a pas de rapports avec l'exterritorialité qui, on le sait, ne couvre pas les consulats. Cette immunité spéciale suppose que l'on distingue, dans un consulat, le domicile privé du consul et la partie de sa demeure qui est réservée à l'exercice de ses fonctions.

Sous le régime de cette convention, dit Clunet, les consuls « pourront être poursuivis pour leurs obligations particulières

9° Le juge d'instruction peut-il déléguer son droit de faire des perquisitions domiciliaires ?

Quelques auteurs admettent l'affirmative. Legrave-rend (*Op. cit.*, t. I, p. 181) pense « que dans l'intérêt de la bonne administration de la justice comme dans celui des prévenus, le juge d'instruction peut toujours délé-guer un officier de police judiciaire de son ressort pour faire les opérations auxquelles il ne peut se livrer lui-même ». Cette opinion s'appuie sur les arguments suivants :

a) Aucune disposition de la loi n'interdit au juge d'instruction le droit général de déléguer un juge de paix de son arrondissement pour procéder aux infor-mations nécessaires. Les articles 83 et 84 l'autorisent même expressément à le faire dans deux cas pour l'audi-tion des témoins. Or, le sens de ces deux articles n'est nullement limitatif, et l'on doit étendre sa portée aux perquisitions.

b) L'article 52 du Code d'instruction criminelle auto-rise le procureur de la République à déléguer un officier de police auxiliaire pour procéder aux actes qu'il doit accomplir en vertu des articles 32 et 46 ; ces actes com-prennent les perquisitions au domicile du prévenu. On ne s'explique pas pourquoi il faudrait refuser au juge d'instruction un droit que la loi accorde au procureur

jusque dans leur domicile privé, et la main de l'huissier se pro-mènera licitement sur leurs meubles et sur leurs effets person-nels les plus intimes. Mais ils devront s'arrêter au seuil de cette partie de la demeure du consul, réservée à l'exercice de sa fonc-tion. Là s'ouvre l'asile inviolable de l'envoyé public, le lieu où, sur la foi des traités, sont réunis les documents publics apparte-nant à une nation amie..... » (Loc. cit., p. 58).

de la République lorsqu'il agit comme magistrat instructeur.

c) Refuser au juge d'instruction le droit de déléguer
le juge de paix ou un autre officier de police judiciaire
pour opérer une perquisition domiciliaire, c'est entraver
gravement la marche de la justice. Souvent l'instruction
exige qu'on procède simultanément à plusieurs perquisitions dans des lieux éloignés les uns des autres.
Comment cela pourra-t-il se faire si le juge d'instruction ne peut confier ses pouvoirs à des juges de paix
ou à d'autres officiers de police judiciaire ?

Les partisans de la théorie adverse, et notamment
Faustin Hélie (1), combattent les arguments qui viennent d'être exposés par des raisons qui vont être indiquées à leur tour :

a) S'il n'existe aucun texte interdisant au juge
d'instruction de déléguer son droit de perquisition
au domicile des particuliers, il n'en est pas non plus
qui le lui permette. Les articles 83 et 84 l'autorisent, il
est vrai, à déléguer dans certains cas le juge de paix pour
procéder à l'audition des témoins ; et l'on prétend que
la loi a voulu donner ces deux cas à titre purement
énonciatif, sans vouloir y restreindre le droit de délégation. « Mais, dit Faustin Hélie, si la délégation peut
s'étendre, même en dehors de leurs termes, à toutes les
auditions de témoins, est-il permis de l'appliquer non
plus à une audition de témoins, mais à une opération
d'une autre nature? C'est là qu'est la difficulté. » Aux

(1) *Tr. de l'Instr. crim*, t. IV, n° 1803.

articles cités on peut d'ailleurs opposer l'article 90, le seul qui prévoie un cas où le juge d'instruction peut se décharger sur un autre magistrat de son droit de perquisition. Or le cas prévu par l'article 90 est celui où il est nécessaire de procéder à une visite domiciliaire en dehors de l'arrondissement où se fait l'instruction ; il faut aussi observer que la délégation ne peut s'adresser à d'autres magistrats qu'à un juge d'instruction. Ici, le juge est bien obligé de confier à d'autres soins des opérations qui doivent avoir lieu sur un territoire où il n'est plus compétent.

b) De ce que l'article 52 autorise le procureur de la République à déléguer ses fonctions de magistrat instructeur dans le cas de crime flagrant ou de réquisition de la part d'un chef de maison, il ne suit nullement que le même droit appartienne au juge d'instruction. D'abord l'article 52 n'est pas de ceux que l'article 89 rend communs au juge d'instruction : l'article 89 vise les articles 35 à 39 ; si le législateur avait voulu viser aussi l'article 52, il lui eût été bien facile de le faire. Ensuite les raisons qui font permettre au procureur de la République de déléguer son droit de perquisition n'existent pas lorsqu'il s'agit du juge d'instruction. L'information que poursuit le procureur de la République en vertu de l'article 32 est une affaire urgente ; il doit agir rapidement, sauf à s'adjoindre le concours de plusieurs personnes ; en outre, il semble fort naturel que le procureur de la République puisse déléguer ses officiers de police auxiliaires pour des opérations dont l'article 49 les charge directement.

c) Il est vrai que parfois le juge d'instruction se verra dans la nécessité de faire, pour une même information, des perquisitions sur plusieurs points de son arrondissement. Mais l'intérêt supérieur de la justice n'exige pas qu'il les fasse simultanément. Les moyens de communication sont de nos jours assez rapides pour qu'il n'y ait pas à craindre que les transports successifs du juge d'instruction sur différents points de son cercle fassent subir à la justice un retard appréciable.

« Et d'ailleurs, dit éloquemment Faustin Hélie, faudrait-il donc admettre qu'il suffit d'alléguer la nécessité du service pour justifier une infraction à des prohibitions légales, une diminution des garanties accordées à la cité, une délégation à des officiers inférieurs des pouvoirs de l'instruction ? N'est-il pas permis de penser que le législateur a mesuré cette nécessité et lui a fait sa part ; qu'il avait devant les yeux d'autres nécessités sociales qu'il fallait également sauvegarder ; qu'il a voulu concilier l'intérêt de la répression des délits avec l'inviolabilité du domicile ? Et quand sa sollicitude, loin d'apporter aucune entrave à l'action de la justice pénale, s'est bornée à prescrire l'intervention du juge lui-même, et à présenter aux citoyens la présence de ce magistrat comme une garantie de la nécessité de la mesure, et des précautions prises dans son application, faut-il, par une interprétation étroite et rigide des textes de la loi, chercher à diminuer ou effacer ses formes les plus prévoyantes et les plus protectrices ? »

Malgré la base juridique très sérieuse sur laquelle s'appuie l'opinion qui vient d'être exposée, la pratique s'en écarte absolument. L'usage est établi pour le juge d'instruction de déléguer son droit de perquisition à domicile aux officiers de police judiciaire ; et, comme d'une part, notre législation ne fait à cet égard aucune distinction, comme, d'autre part, le Code d'instruction criminelle ne prononce pas la nullité de l'instruction dans le cas où le juge n'a pas procédé lui-même aux visites domiciliaires, le droit de délégation s'exerce indifféremment au profit de tous les fonctionnaires désignés par l'article 9 du Code d'instruction criminelle. Or il existe une différence très sensible entre les garanties que le caractère de ces diverses fonctions apporte aux particuliers : le juge de paix saura mettre dans l'exercice du droit de perquisition une délicatesse et une modération qu'on ne peut pas exiger à un égal degré d'un commissaire de police, du maire d'une petite localité ou de son adjoint. Si l'intérêt de la justice exige impérieusement que le juge d'instruction puisse déléguer son droit de procéder à des visites domiciliaires, il faut que la loi, en lui reconnaissant expressément cette faculté, la restreigne à des personnages que la nature de leurs fonctions désigne comme offrant plus de garanties pour les justiciables : les juges de paix sont naturellement indiqués pour être l'objet de ces sortes de délégation.

La commission parlementaire chargée d'examiner le projet de réforme du Code d'instruction criminelle transmis à la Chambre après avoir été voté par le Sénat, a établi cette distinction dans le texte que son rapporteur, M. Bovier-Lapierre, a déposé sur le bureau de la Chambre(1). Le texte adopté par le Sénat (art. 153) avait

(1) *Journal officiel :* Chambre des députés; doc. parlem., 1891, pages 123 et 142.

admis que tous les actes de l'information pourraient
être délégués par le juge d'instruction aux magistrats de
l'ordre judiciaire, dans les lieux soumis à leur juridiction ; mais il allait encore plus loin, et permettait
au juge d'instruction de déléguer même les commissaires de police pour procéder à des perquisitions. La
commission de la Chambre des députés rejeta cette extension et ne voulut pas que le droit de faire des perquisitions domiciliaires pût en principe être confié aux
commissaires de police. Il fut cependant question, nous
dit le rapport, de permettre au juge d'instruction « de
déléguer l'ordre de perquisition non seulement à un
juge d'instruction ou à un juge de paix, mais à un commissaire *investi à titre permanent d'une délégation* ».
Cette idée n'a pas abouti et le texte proposé par la commission de la Chambre (art. 155) rejette toute délégation
autre que celle d'un juge d'instruction ou d'un juge de
paix.

B. — Perquisitions opérées par le juge d'instruction dans les cas de flagrant délit.

Lorsqu'une infraction revêt un caractère flagrant, le
législateur veut que, dans l'intérêt de la justice, la compétence de certains magistrats soit étendue au-delà de
ses limites ordinaires (1). Nous avons vu déjà, et nous
étudierons plus loin d'une façon détaillée, comment le
procureur de la République est, dans le cas de crime fla-

(1) Le flagrant délit est défini par l'article 41. Pour les circonstances qui déterminent le caractère flagrant de l'infraction, voir
Faustin HÉLIE, t. III, nos 1495 à 1498.

grant, investi d'une partie des attributions du juge
d'instruction. En sens inverse, l'article 59 du Code
d'instruction criminelle nous offre une extension des
pouvoirs de ce dernier magistrat :

« Le juge d'instruction, dans tous les cas réputés flagrant
délit, peut faire directement et par lui-même, tous les actes
attribués au procureur du Roi, en se conformant aux règles
établies au chapitre *des Procureurs du Roi et de leurs Subs-*
tituts. Le juge d'instruction peut requérir la présence du procureur du Roi, sans aucun retard néanmoins des opérations
prescrites dans ledit chapitre. »

Au sujet de cette compétence extraordinaire du juge
d'instruction, deux points sont à examiner : en quoi
consiste l'extension de ses pouvoirs ? dans quels cas
cette extension se produit-elle ?

1° En quoi consiste l'extension des pouvoirs du juge d'instruction en cas de flagrant délit.

La réponse est très simple : on a vu plus haut que,
dans les cas ordinaires, le juge d'instruction ne peut
pas se saisir d'office et qu'il doit, pour agir, attendre
la réquisition du procureur de la République ; il ne peut
ensuite faire aucun acte d'information sans avoir donné
communication de la procédure au procureur de la République ; dans le cas où il se transporte sur les lieux,
il doit être accompagné de ce magistrat. L'existence d'un
flagrant délit a pour effet d'affranchir le juge d'instruction de ces entraves et de faire cesser la séparation qui
existe entre les pouvoirs du ministère public et ceux du
magistrat instructeur. La loi a voulu assurer le plus
promptement possible la mise en mouvement de l'action publique dans les cas où il y a urgence à le faire.

Cependant, si le juge d'instruction et le procureur de la République sont réunis, même dans le cas de flagrant délit, chacun d'eux reprend l'exercice normal de ses fonctions et doit s'y renfermer.

Les criminalistes font observer la différence des termes employés par le Code d'instruction criminelle lorsque, à propos du flagrant délit, il règle la compétence du juge d'instruction et celle du procureur de la République. Quand il s'agit de ce dernier, les expressions de la loi sont impératives : « Le procureur du Roi se transportera sur le lieu sans aucun retard » (art. 32) ; « le procureur du Roi se transportera de suite dans le domicile du prévenu pour y faire la perquisition » (art. 36). Les dispositions qui concernent le juge d'instruction lui laissent au contraire la *faculté* de se saisir et d'agir lui-même ou de requérir l'intervention du procureur de la République ; le texte de l'article 59 que nous avons cité est frappant à cet égard : « Le juge d'instruction... *peut* faire directement et par lui-même tous les actes...; il *peut* requérir la présence du procureur du Roi ». Cette différence tient sans doute à ce que le législateur a voulu lui laisser une plus grande indépendance.

2° Dans quels cas se produit cette extension des pouvoirs du juge d'instruction ?

Cela revient à se demander ce que l'article 59 entend par « *tous les cas réputés flagrant délit* ». Y a-t-il ou n'y a-t-il pas identité entre les cas où le procureur de la République remplit les fonctions de magistrat instructeur et ceux où le juge d'instruction peut agir seul ?

Après comparaison des articles 32 et 52, nous inclinons à croire que cette identité n'existe pas.

L'article 32 indique le premier des deux cas où le procureur de la République peut procéder à une instruction : « Dans tous les cas de flagrant délit, lorsque le fait sera de nature à entraîner une peine afflictive ou infamante... ». De ces deux membres de phrase, le second apporte une restriction importante à la généralité des termes employés par le premier. Ce n'est pas dans toutes les infractions flagrantes que le procureur peut faire des actes d'instruction : c'est seulement lorsqu'il y a *crime* flagrant.

Cette restriction n'existe pas quand il s'agit du juge d'instruction ; elle est même exclue par la généralité des termes de l'article 59 qui étend la compétence extraordinaire du juge d'instruction à *tous* les cas réputés flagrants délits. Ce serait, croyons-nous, mal interpréter le terme de *flagrant délit* que d'entendre par cette expression les seuls crimes flagrants L'article 41, duquel on est en droit d'exiger toute l'exactitude qui convient à une définition, n'a pas fait cette distinction. On peut conclure que la compétence extraordinaire du juge d'instruction s'étend à toutes les infractions flagrantes, par conséquent aux délits tout aussi bien qu'aux crimes. Nous avons contre nous l'opinion de Legraverend (1), et celle de Faustin Hélie (2). Mais ce dernier auteur ne dit-il pas ailleurs (3) que le caractère de flagrance d'une infraction a pour effet d'étendre les attributions du juge

---

(1) *Op. cit.*, t. I, page 145.
(2) *Op. cit.*, t. III, n° 1499.
(3) *Op. cit.*, t. IV, n° 1608.

d'instruction, en lui permettant de se passer du concours du procureur de la République, sans avoir celui de restreindre sa compétence ordinaire? Or, ne serait-ce pas la restreindre que de refuser au juge, pour instruire sur un délit flagrant, les droits de perquisition et autres qui lui appartiennent lorsque le délit n'a pas ce caractère ?

Le juge d'instruction, agissant dans le cas de flagrant délit sans le concours du procureur de la République, a-t-il le droit de procéder à des visites domiciliaires non plus chez le prévenu mais chez des tiers ? Les termes de l'article 59 semblent dicter une réponse négative.

Cet article étend la compétence extraordinaire du juge d'instruction pour le cas de flagrant délit à « tous les actes attribués au procureur du Roi, en se conformant aux règles établies au chapitre des *Procureurs du Roi et de leurs Substituts...* ». Or ces actes ne comprennent point les perquisitions chez les tiers. Nous ne croyons pas cependant qu'il faille s'arrêter à cette solution ; il semble préférable de penser, avec Faustin Hélie (1), que le flagrant délit a pour effet d'étendre les attributions du juge d'instruction et ne lui enlève rien de sa compétence ordinaire.

Perquisitions opérées par le procureur de la République ou par ses auxiliaires.

Plusieurs fois déjà, il a été fait allusion au rôle de magistrat instructeur que la loi confère par exception au procureur de la République. En vertu de l'article 32 du Code d'instruction criminelle, la circonstance de flagrant

(1) *Op. cit.*, t. IV, n° 1608.

délit opère une certaine confusion entre les attributions du procureur de la République et celles du juge d'instruction ; elle fait empiéter l'un sur l'autre le droit de poursuivre et le droit d'informer, ordinairement confiés à des magistrats différents. Le procureur de la République se voit encore investi de droits extraordinaires dans le cas de l'article 46 du Code d'instruction criminelle. Mais si ce dernier texte intéresse notre sujet et doit être cité dans une étude sur l'inviolabilité du domicile, c'est à un point de vue différent de celui que concerne l'article 32. Aussi lui ferons-nous une place à part.

Les fonctions de magistrat instructeur qui sont conférées au procureur de la République par les articles 32 et 46 peuvent être exercées dans les mêmes cas par les officiers auxiliaires de police. Ce droit résulte pour eux des articles 48 et 50 combinés avec les articles 49 et 52.

Les articles 48 et 50 énumèrent les *officiers de police auxiliaires* du procureur de la République. Ce sont actuellement : les *juges de paix*, les *officiers de gendarmerie*, les *maires* et leurs *adjoints*, enfin les *commissaires de police*. Si l'on compare cette liste avec celle que l'article 9 dresse des officiers de police judiciaire, on voit que ni le juge d'instruction, ni les gardes champêtres et forestiers ne sont des *auxiliaires* du procureur de la République ; il n'y a donc pas lieu de leur appliquer les dispositions des articles 49 et 52. Le juge d'instruction a en matière de perquisitions un droit bien plus étendu que celui qui résulte de ces articles. Quant aux gardes champêtres et forestiers, ils ont pour la répression des délits ruraux et forestiers un droit spécial de perquisition que nous étudierons en son temps.

Les articles 49 et 52 énumèrent les actes d'information qui peuvent être faits par les officiers de police auxiliaires ; l'article 49 permet et ordonne à ces fonctionnaires d'agir eux-mêmes ; tandis que l'article 52 autorise le procureur de la République à leur déléguer une partie des actes de sa compétence. Voici le texte de ces deux articles :

Art. 49 : « Dans le cas de flagrant délit, ou dans le cas de réquisition de la part d'un chef de maison, ils dresseront les procès-verbaux, recevront les déclarations des témoins, *feront les visites* et les autres actes qui sont, auxdits cas, de la compétence des procureurs du Roi, le tout dans les formes et suivant les règles établies au chapitre *des Procureurs du Roi.* »

Art. 52 : « Le procureur du Roi, exerçant son ministère dans les cas des articles 32 et 46, pourra, s'il le juge utile et nécessaire, charger un officier de police auxiliaire de partie des actes de sa compétence. »

Ceci posé, il est bien entendu que tout ce qui va être dit des droits du procureur de la République en matière de visites domiciliaires s'applique aussi aux officiers de police auxiliaires.

Les diverses conditions mises par la loi au droit du procureur de la République de procéder à des visites domiciliaires sont renfermées dans les articles 32, 36, 37, 38 et 39 du Code d'instruction criminelle. L'article 32 pose les bases générales de la compétence de ce magistrat en matière de crime flagrant. Les articles 36 à 39 ont trait spécialement aux perquisitions et aux saisies qu'il peut opérer dans le domicile du prévenu.

La compétence extraordinaire du procureur de la République s'exerce sous la réserve de deux conditions posées par l'article 32 : il faut qu'il y ait flagrant délit et en outre que le fait incriminé soit de nature à entraîner l'application d'une peine afflictive ou infamante (1).

1° Dans quel domicile le procureur de la République et ses auxiliaires peuvent-ils pénétrer en cas de crime flagrant ?

L'article 36 leur permet, leur ordonne même de se transporter *au domicile du prévenu.* Mais on ne saurait trouver aucun texte les autorisant à pénétrer dans le domicile des tiers. Or, l'article 36 joue, vis-à-vis du principe de l'inviolabilité du domicile, le rôle d'une exception et, à ce titre, ses dispositions ne peuvent être étendues par voie d'analogie.

En une pareille matière, il faut s'en tenir rigoureusement aux principes. La seule concession que l'on puisse

(1) On a voulu opposer l'article 36 à l'article 32 et l'interpréter en ce sens que la compétence extraordinaire du procureur de la République s'étend non seulement aux crimes, mais encore aux délits flagrants. Il faut reconnaître que les premiers mots de l'article 36 peuvent, au premier abord, soulever quelques doutes. Mais ces doutes ne résistent pas à un examen sérieux. En effet, l'article 36 n'est que le développement du principe posé par l'article 32 ; ce sont les termes de ce dernier qu'il faut considérer comme l'expression de la pensée du législateur. La rédaction défectueuse de l'article 36 s'explique par la confusion qui se faisait souvent autrefois entre le mot *infraction* et le mot *délit.* L'article 16, § 4 du Code d'instruction criminelle nous offre un autre exemple de cette confusion : il impose aux gardes champêtres et forestiers l'obligation d'arrêter les individus surpris en flagrant délit « lorsque ce délit emportera la peine d'emprisonnement ou une peine plus grave ». L'infraction punie d'une peine plus grave que l'emprisonnement ne peut être qu'un crime. — D'ailleurs, l'article 157 de l'ordonnance du 29 octobre 1820 et l'article 230 du décret du 1er mars 1854 ont restreint aux seuls crimes flagrants la compétence des officiers de gendarmerie.

faire sans les méconnaitre, c'est d'admettre pour le procureur le droit de faire des visites au domicile des *complices*. On peut en effet les considérer comme des prévenus.

Pour quelques auteurs, le procureur de la République et ses auxiliaires auraient dans certains cas le droit de perquisitionner chez les tiers. D'après eux, si ces magistrats, agissant en vertu des articles 32 ou 46, apprennent que les instruments ou les produits du crime et les pièces à conviction, existent et viennent d'être transportés dans le domicile d'une personne autre que le prévenu, ils ont le droit de s'y rendre et d'y perquisitionner. En effet, dit Legraverend (1), cette circonstance serait caractéristique du *flagrant délit*, suivant la définition de la loi, et les mêmes fonctionnaires sont expressément chargés de faire, dans le premier moment, *tous* les actes qui peuvent servir à préparer la conviction du coupable. Bourguignon (2) dit encore que le procureur a sans doute le droit, aussi bien que les gardes champêtres et forestiers, de suivre les choses enlevées dans le lieu où elles ont été transportées. Nous croyons que ces arguments ne sont pas suffisants, et que la théorie qu'ils appuient n'est pas admissible. D'abord il semble inexact de poser en principe avec Legraverend que, dans le premier moment qui suit un crime, le procureur de la République et ses auxiliaires ont le droit de faire *tous* les actes qui peuvent servir à amener la conviction du coupable. Où serait alors la différence entre leurs pouvoirs et ceux du juge d'instruc-

(1) LEGRAVEREND, t. I, p. 144.
(2) BOURGUIGNON, sur l'art. 36, t. I, p. 143.

tion ? Ensuite, peut-on admettre que le transport des pièces à conviction dans un temps voisin du crime constitue un cas de flagrant délit ? et si on l'admet, nous demandons pourquoi, dans ce cas spécial de flagrant délit, le procureur aurait un pouvoir qu'on lui refuse dans tous les autres, à savoir celui de procéder à des visites domiciliaires chez des personnes autres que le prévenu ? Il faut se souvenir que nous sommes ici en matière exceptionnelle, et que les exceptions ne s'étendent pas.

Si l'instruction suivie par le procureur de la République ou par ses auxiliaires en cas de crime flagrant, ou dans le cas de l'article 46, nécessite des visites domiciliaires chez des personnes autres que le prévenu, le procureur devra attendre l'arrivée du juge d'instruction et lui faire toutes réquisitions qu'il jugera convenable. Mais c'est à ce dernier magistrat seul qu'il appartiendra d'apprécier l'opportunité d'une perquisition chez des tiers.

2° Formalités que doivent observer le procureur de la République et ses auxiliaires au cours des perquisitions chez le prévenu.

Il y a lieu de se référer pour tout ceci à ce qui a été dit plus haut à propos des perquisitions opérées par le juge d'instruction, relativement : à la compétence territoriale du magistrat et à la nature des objets qui peuvent être saisis ; à la présence du prévenu arrêté ; aux formalités destinées à assurer l'identité des objets saisis ; aux perquisitions opérées chez des prévenus qui sont, à raison de leurs fonctions, dépositaires des secrets d'autrui ; enfin au droit de délégation reconnu au procureur de la République par l'article 52.

Les articles 42 à 44 imposent en outre à ce magistrat l'observation de formalités qui n'ont point été étendues au juge d'instruction, et dont par conséquent nous n'avons pas eu à parler plus haut. L'interprétation de ces articles n'offre pas de difficultés.

3° Caractère subsidiaire du procureur de la République comme magistrat instructeur.

Le caractère exceptionnel et subsidiaire du rôle de magistrat instructeur que remplit le procureur de la République dans le cas de flagrant délit entraîne plusieurs conséquences : *a)* Si le juge d'instruction arrive lui-même sur les lieux pendant que le procureur procède à l'information, celui-ci doit immédiatement lui abandonner l'instruction, et chacun de ces deux magistrats reprend son rôle tel qu'il est tracé par la loi hors le cas de flagrant délit. — *b)* Dès que le procureur a terminé les opérations urgentes, il doit « transmettre sans délai au juge d'instruction les procès-verbaux, actes, pièces et instruments dressés ou saisis en conséquence des articles précédents... » (art. 45) ; et le juge d'instruction « sera tenu de faire sans délai l'examen de la procédure » (art. 60) ; cet article ajoute : « Il peut refaire les actes ou ceux des actes qui ne lui paraitraient pas complets. »

Nous voyons quelque chose d'analogue dans les rapports du procureur de la République avec les officiers de police auxiliaires. Lorsque ceux-ci ont commencé une information comme l'article 49 leur en fait un devoir en cas de flagrant délit, ils n'en restent pas moins des *auxiliaires* et l'arrivée du procureur ou du juge d'instruction leur enlève la direction de l'information.

Cas prévu par l'article 46.

Cet article auquel nous avons déjà fait allusion, mérite une place à part dans une étude sur l'inviolabilité du domicile. Différent en cela des diverses dispositions que nous venons d'examiner, il semble avoir été écrit pour protéger le domicile des particuliers et pour y assurer leur sécurité. En voici le texte :

« Les attributions faites ci-dessus au procureur du Roi pour les cas de flagrant délit auront lieu aussi toutes les fois que, s'agissant d'un crime ou délit, même non flagrant, commis dans l'intérieur d'une maison, le chef de cette maison requerra le procureur du Roi de le constater. »

Cet article nous semble présenter une particularité qu'il est peut-être intéressant de signaler. Comme il ne porte aucunement exception au principe de l'inviolabilité du domicile, il ne doit pas être interprété sur ce point dans un sens aussi étroit que les dispositions que nous avons étudiées jusqu'ici.

Ainsi les différents magistrats et officiers de police pourront dans ce cas procéder, de nuit comme de jour, à toutes les constatations utiles. D'ailleurs cet article ne rappelle-t-il pas l'article 76 de la Constitution de l'an VIII, qui permet de s'introduire la nuit dans un domicile en cas de réclamation venant de l'intérieur ?

Ensuite les pouvoirs que l'article 46 confère au procureur de la République lui appartiennent quelle que soit la nature de l'infraction qui s'est commise, sans distinction de crime ou de délit, et quel que soit le temps écoulé entre la perpétration du délit et la réquisition qui a pour but de la faire constater. On a vu que l'article

32 suppose au contraire un fait qualifié crime, et en outre la circonstance que ce crime est encore flagrant.

Il faut entendre par *chef de maison* non seulement le propriétaire ou le principal locataire d'une maison, mais aussi le chef de tout appartement qui forme un domicile distinct. L'ordonnance du 29 octobre 1820 (art. 171) prescrit aux officiers de gendarmerie de déférer à la réquisition qui leur est faite soit par le propriétaire de la maison, soit par le principal locataire, soit par le chef d'un *appartement*. On fait de l'article 46 une juste interprétation en ne considérant comme une réquisition obligatoire pour le magistrat à qui elle est faite que celle qui émane du domicile où se commet le délit.

Perquisitions opérées par le préfet de police et par les préfets.

L'article 10 du Code d'instruction criminelle confère au préfet de police à Paris et aux préfets des départements des attributions dont la définition présente beaucoup d'analogie avec celle de la police judiciaire telle qu'elle est donnée par l'article 8. Malgré la similitude des termes, on n'est pas d'accord sur la nature et sur les limites des droits que l'article 10 confère aux préfets ; on se demande, notamment au point de vue du droit de perquisition, si la loi a voulu les assimiler aux officiers de police judiciaire ou si elle a entendu leur donner une compétence plus étendue.

Avant d'exposer et de discuter les opinions qui ont été émises à ce sujet, il convient de rappeler le texte des articles 8 et 10 du Code d'instruction criminelle :

Art. 8: « La police judiciaire recherche les crimes, les délits et les contraventions, en rassemble les preuves et en livre les auteurs aux tribunaux chargés de les punir. »

Art. 10 : « Les préfets des départements, et le préfet de police à Paris, pourront faire personnellement, ou requérir les officiers de police judiciaire, chacun en ce qui le concerne, de faire tous actes nécessaires à l'effet de constater les crimes, délits et contraventions, et d'en livrer les auteurs aux tribunaux chargés de les punir, conformément à l'article 8 ci-dessus. »

Cette immixtion du préfet dans la poursuite des infractions constitue une anomalie dans un système politique basé sur le principe de la séparation des pouvoirs administratif et judiciaire. C'est à la volonté formelle de Napoléon qu'il faut en attribuer la présence dans notre Code d'instruction criminelle. Les discussions (1) auxquelles a donné lieu la préparation de l'article 10 sont particulièrement intéressantes et jettent une vive lumière sur le sens et la portée de ce texte (2).

1° Historique.

Dans les séances du Conseil d'Etat des 27 et 29 frimaire an XIII, Napoléon avait d'abord posé en principe que les magistrats de sûreté (magistrats du ministère public) dépendaient à la fois du procureur général et du préfet. Cambacérès ayant fait observer combien « il est difficile de tracer entre l'administration et la justice une ligne de démarcation assez exacte pour prévenir tout conflit entre elles relativement à la police », l'Empereur répondit que, pour tout concilier, le magis-

(1) Locré, t. XXV, p. 102 et s.
(2) Faustin Hélie, t. III, nᵒˢ 1203-1205.

trat de sûreté dépendrait du procureur général pour les
affaires ordinaires, et devrait communiquer au préfet
celles qui concernent la sûreté générale.

En 1808, le projet fut repris sur des bases toutes différentes. On inscrivait parmi les officiers de police
judiciaire, on mettait par conséquent sous la surveillance du procureur général : « le préfet de police de
Paris et les préfets pour les crimes qui intéressent la
sûreté intérieure et extérieure de l'Etat». Dans la séance
du 26 août 1808, Treilhard soutint vivement cette solution. Il fit observer que ces sortes de crimes doivent
être réprimés avec toute la promptitude possible. Or, le
préfet en est généralement informé avant tous autres
par la police administrative qui est à sa disposition.
Il y aurait de grandes pertes de temps, peut-être des
indiscrétions à redouter, si le préfet devait se borner,
dans les cas urgents, à requérir le procureur impérial.
D'ailleurs, ces crimes étant fort rares, le rôle du préfet
comme officier de police judiciaire ne saurait être
vexatoire pour les particuliers. Notons que Treilhard et
les autres personnages qui prirent part à la discussion
se sont toujours placés dans l'hypothèse d'un flagrant
délit et n'ont pas supposé que l'action du préfet pût
s'étendre en dehors de ce cas. Cambacérès et deux
conseillers d'Etat firent observer qu'en mettant les préfets au nombre des officiers de police judiciaire on les
soumettait à l'autorité et au contrôle du procureur
général. Treilhard répondit que la rareté des cas où le
préfet agirait en cette qualité ôtait toute importance à
cet inconvénient. « Cependant, ajouta-t-il, on peut
retrancher les préfets de la nomenclature des officiers

de police judiciaire *pourvu que, par d'autres articles, on leur en donne les fonctions* ». L'Empereur admit que le préfet fût mis à part ; mais il insista pour que son rôle, au lieu d'être restreint aux crimes contre la sûreté de l'Etat, fût étendu à tous les crimes quelconques. « La Section, dit-il, lui donne la police judiciaire pour les cas qui intéressent la sûreté publique, parce qu'elle sait qu'il a tous les moyens de la bien exercer : pourquoi l'empêcher de diriger ces mêmes moyens contre les autres crimes ? » L'Empereur ajouta qu'il ne fallait pas s'arrêter à la crainte de subordonner le préfet au procureur général. Cet inconvénient n'existerait pas : le préfet rédigerait ses procès-verbaux, procéderait à l'instruction et enverrait ses actes au procureur général. Celui-ci aurait l'alternative de les recommencer ou de les faire siens s'il le jugeait à propos.

C'est dans ces conditions que fut rédigé l'article 10.

2° Premier système.

De cet exposé historique et de la comparaison des articles 8 et 10 du Code d'instruction criminelle, il semble naturel de conclure que les pouvoirs conférés aux préfets par ces dispositions sont purement et simplement ceux des officiers de police judiciaire. Deux arguments appuient cette opinion : D'abord la conformité entre les termes des articles 8 et 10, dont l'un énumère les attributions des officiers de police judiciaire et l'autre celles des préfets ; les derniers mots de l'article 10 soulignent encore cette conformité. Ensuite l'article 10 permet aux préfets de faire personnellement ou de « requérir les officiers de police judiciaire, chacun en ce qui le con-

cerne, de faire *tous* actes nécessaires à l'effet de constater.. » Faustin Hélie (1) fait remarquer que la loi ne donne nulle part au juge d'instruction le droit de déléguer *tous* les actes de sa compétence aux officiers de police judiciaire. Si la loi permet au préfet de confier aux officiers de police tous les actes qu'il peut faire lui-même, c'est parce que ses droits en cette matière ne sont pas plus étendus que les leurs ; en leur déléguant tous ses pouvoirs il n'ajoute rien à la compétence qu'ils tiennent directement de la loi.

Si l'on admet avec Faustin Hélie que l'article 10 ne confère pas au préfet d'autres attributions que celles de la police judiciaire, on doit en conclure logiquement qu'il n'a pas le droit de procéder à des perquisitions domicilaires. Ce droit appartient en fait à la plupart des fonctionnaires ou agents énumérés à l'article 8, mais il leur a été attribué par des dispositions absolument étrangères à cet article. Le juge d'instruction le tient des article 87 et 88 ; les juges de paix, les officiers de gendarmerie, les commissaires de police, les maires et leurs adjoints le tiennent — et seulement au cas de crime flagrant — de leur qualité d'auxiliaires du procureur de la République (art. 48 à 50) ; enfin les gardes champêtres et les gardes forestiers ont reçu expressément, de l'article 16, le droit de perquisition pour la recherche des seuls délits ruraux ou forestiers et moyennant l'observation de certaines conditions. On peut ainsi affirmer que le droit de perquisition domiciliaire n'est pas attaché à la qualité d'officier de police judiciaire et que cette seule qualité ne saurait le conférer aux préfets.

(1) *Traité de l'instr. cr.*, t. III, n° 1209.

3° Système de la jurisprudence.

Bien que le système qui vient d'être exposé paraisse conforme au texte de l'article 10 et à l'esprit général de notre législation, il faut constater que la jurisprudence (1) lui est absolument contraire. Elle reconnaît aux préfets le droit d'opérer des perquisitions, même hors le cas de flagrant délit, et non seulement chez les prévenus mais dans tous autres lieux où peuvent se trouver des indices, par conséquent chez les tiers et dans les dépôts publics.

Cette jurisprudence, que l'on peut considérer comme constante, a été posée pour la première fois à la Cour de Cassation par un arrêt rendu toutes chambres réunies, le 21 novembre 1853. Cet arrêt admet en principe que les pouvoirs conférés aux préfets par les articles 8 et 10 combinés, pour constater les crimes, délits et contraventions, sont les mêmes que ceux des juges d'instruction. Pour donner une semblable portée aux articles 8 et 10, il faut supprimer la distinction entre la police judiciaire et l'instruction. C'est ce que n'hésite pas à faire l'arrêt précité ; il invoque pour cela plusieurs raisons, dont la meilleure est peut être que le juge d'instruction est placé par l'article 9 au nombre des officiers de police judiciaire. Mais alors il faudrait reconnaître les mêmes droits à tous les officiers compris dans l'énumération de l'article 9 (2).

(1) Cour de Cassation : 21 nov. 1853 (D. 53. 1. 279. — S. 53. 1. 774). — 16 août 1862 (S. 63. 1. 221). — 19 janvier 1866 (D. 67. 1. 505. — S. 66. 1. 87).

(2) Faustin HÉLIE (III, n° 1215) désapprouve et combat cette confusion entre les pouvoirs de la police judiciaire et ceux de l'instruction. Nous renvoyons aux arguments décisifs qu'il invoque pour la repousser.

Il est certain que, dans les proportions où l'étend la jurisprudence, le droit des préfets ne laisse aux particuliers aucune espèce de garantie. A quoi sert-il que le Code ait refusé à un magistrat de l'ordre judiciaire, au procureur de la République, le droit de procéder à des perquisitions hors le cas de crime flagrant, et que, même dans ce cas, il ait limité ce droit au domicile de l'inculpé, si un préfet, agent docile du pouvoir exécutif, peut en toute circonstance et à propos de toute infraction, opérer une perquisition dans n'importe quel domicile ? Il ne faudra pas s'étonner de voir des préfets procéder à des visites domiciliaires pour découvrir des allumettes de fabrication frauduleuse : l'article 10 mentionne expressément les contraventions. Et il est bien facile, quand on le veut, de soupçonner un particulier de détenir des allumettes de contrebande ; quitte à saisir, au cours de la perquisition, des pièces et des documents qui, sans intéresser en rien les contributions indirectes, peuvent du moins tenter la curiosité d'un préfet de police.

4° Projet de réforme.

Même restreint dans des limites plus modestes, le pouvoir conféré aux préfets par l'article 10 a semblé excessif à quelques auteurs, qui ont souhaité de le voir disparaître de notre Code. Faustin Hélie (1), après Mangin, y voit une atteinte regrettable au principe de la séparation des pouvoirs. Les circonstances dans lesquelles l'article 10 a été édicté peuvent seules expliquer

(1) *Op. cit.*, tome III, n° 1213.

son introduction dans le Code d'instruction criminelle : le pouvoir judiciaire était encore faible, et le gouvernement impérial, au sortir des périodes troublées que la France venait de traverser, redoutait partout des conspirations. Cet état de choses a cessé depuis bien longtemps ; mais, ainsi qu'il arrive souvent, la législation dont il était la seule raison d'être lui a survécu. Si jamais nous voyons aboutir le projet de réforme du Code d'instruction criminelle, souhaitons de pouvoir saluer en même temps la disparition de l'article 10. Le Sénat, dans le projet qu'il a voté, l'a maintenu, mais seulement en faveur du préfet de police, et en restreignant ses fonctions à celles d'un officier de police judiciaire (article 10 du projet voté par le Sénat et transmis à la Chambre des députés) (1). La commission de la Chambre des députés a été plus loin ; elle a conclu à la suppression pure et simple de l'article 10 (2).

Perquisitions ayant pour objet la répression des délits ruraux et forestiers et des délits de chasse.

Délits ruraux et forestiers.

Les gardes champêtres et les gardes forestiers sont revêtus par la loi du pouvoir de procéder à des perquisitions domiciliaires pour rechercher les délits qui portent atteinte aux propriétés rurales et forestières (art. 16

(1) V. au *Journal officiel* ; Chambre des députés : documents parlementaires, 1891, p. 137.
(2) V. le rapport déposé par M. Bovier-Lapierre, dans la séance du 3 décembre 1895. (Chambre. — Documents parlementaires, 1895, p. 1520.)

du Code d'instruction criminelle ; — art. 161 du Code forestier). Il convient de citer le premier de ces deux textes ; l'article 161 du Code forestier ne fait que le reproduire presque textuellement.

« Les gardes champêtres et les gardes forestiers, considérés comme officiers de police judiciaire, sont chargés de rechercher, chacun dans le territoire pour lequel ils auront été assermentés, les délits et contraventions qui auront porté atteinte aux propriétés rurales et forestières. ...

« Ils suivront les choses enlevées dans les lieux elles auront été transportées, et les mettront en séquestre ; ils ne pourront néanmoins s'introduire dans les maisons, ateliers, bâtiments, cours adjacentes et enclos, si ce n'est en présence soit du juge de paix, soit de son suppléant, soit du commissaire de police, soit du maire du lieu, soit de son adjoint ; et le procès-verbal qui devra en être dressé sera signé par celui en présence duquel il aura été fait. »

Ainsi les gardes ne peuvent pas opérer de perquisitions dans les « maisons, ateliers, bâtiments, cours adjacentes et enclos » sans le concours de certaines formalités. Les termes de cette énumération désignent des lieux auxquels nous avons reconnu le caractère de domicile. Si la nécessité publique a fait porter atteinte à leur inviolabilité, la loi a tenu du moins à protéger les citoyens contre l'arbitraire de ses agents et à rappeler à ceux-ci, en leur imposant l'accomplissement de certaines formalités, qu'ils doivent user avec modération d'un droit qu'elle ne leur a concédé que par nécessité.

Quelles sont les conditions de l'exercice de ce droit ?

Compétence. — Le droit de perquisition, en matière rurale et en matière forestière, appartient à *tous* les gardes, même à ceux des particuliers lorsqu'ils sont asser-

mentés (1). Mais leur compétence est exclusivement
territoriale : le droit de suivre les objets enlevés par les
délinquants s'arrête aux limites du territoire pour lequel
le garde est assermenté (2).

*La perquisition ne peut être faite que pour suivre et
rechercher des objets enlevés en délit.* — En principe, lorsque des gardes forestiers procèdent à une visite domiciliaire qui n'est pas la suite et le complément d'une opération forestière, ils sont sans droit et sans qualité pour
entrer dans le domicile. (Cr. r. 29 juin 1872) (3).

Assistance d'un officier public. — L'article 16 du Code
d'instruction criminelle dit expressément que les gardes
champêtres et forestiers ne pourront exercer leur droit
de perquisition dans les *maisons, ateliers, bâtiments,
cours adjacentes et enclos* qu'en présence d'un officier
public qui doit être : soit le *juge de paix* ou son *suppléant,* soit le *commissaire de police,* soit le *maire* ou
son *adjoint.* Cet officier doit apposer sa signature sur le
procès-verbal qui sera dressé.

Quelles seraient les conséquences du défaut d'assistance d'un officier public à une perquisition ?

Ces conséquences sont relatives : les unes à l'application de la loi pénale, les autres à la validité des procès-
verbaux.

a) On a vu déjà que l'article 184 du Code pénal punit
tout fonctionnaire, tout agent de la force publique qui,

(1) DALLOZ, *C. d'Ins. crim. annoté,* art. 16, n° 176.
(2) C. Ins. cr., art. 16, § 1.
(3) D. P. 72. 1. 286. — S. 73. 1. 188.

agissant en sadite qualité, se sera introduit dans le domicile d'un citoyen contre le gré de celui-ci, hors les cas prévus par la loi et *sans les formalités qu'elle a prescrites*. La peine portée par cet article est-elle applicable dans tous les cas au garde forestier ou au garde champêtre qui aura procédé à une perquisition domiciliaire hors la présence des fonctionnaires désignés à cet effet? Nous croyons avec M. Garraud (1) que le délit n'existe que si l'introduction a lieu « *contre le gré* » ou *malgré l'opposition* de l'habitant. La violation de domicile n'existerait pas au cas où l'introduction aurait lieu simplement *sans le consentement* du domicilié. Cette solution paraît conforme au texte de l'article 184. Cependant MM. Chauveau et Hélie (2) soutiennent que le seul fait de l'introduction *sans le consentement* de l'habitant suffit à caractériser le délit; pour écarter l'application de l'article 184, il faudrait donc, non pas le silence, mais l'adhésion du domicilié. Cette théorie a le tort d'aggraver la portée d'un texte pénal.

b) En ce qui concerne l'influence que peut avoir, sur la *validité des procès-verbaux*, le défaut de présence d'un officier public, les auteurs ne sont pas d'accord, et trois systèmes sont en présence.

D'après Mangin et Legraverend, les procès-verbaux des perquisitions faites par les gardes sans l'assistance des fonctionnaires désignés à l'article 16 sont nuls, alors même que l'habitant de la maison consent à ce que la perquisition soit faite en leur absence. Les particuliers

---

(1) *Traité théor. et prat. du dr. pén.*, III, n° 302. — V. aussi DALLOZ : C. pén. annoté, art. 184, n° 41.

(2) *Théorie du Code pénal*, IV, p. 219.

ne peuvent pas renoncer à cette garantie par laquelle la loi protège l'inviolabilité du domicile ; d'ailleurs cette renonciation serait suspecte parce qu'elle ne saurait être libre, en présence d'agents de la force publique ; permettre aux citoyens de renoncer à cette garantie, c'est pratiquement les en priver.

La jurisprudence distingue : Si l'introduction a eu lieu par violence, ou malgré l'opposition ou encore à l'insu du citoyen, le procès-verbal fait hors la présence des officiers publics est nul et ne peut servir de base à une prévention (1). Si, au contraire, l'introduction a eu lieu sans opposition de la part de l'habitant, le procès-verbal est valable (2).

Faustin Hélie (3) admet en principe la distinction de la jurisprudence. Mais il exige, pour la validité du procès-verbal, que le consentement au défaut d'assistance de l'officier public soit exprès, et consigné au procès-verbal. En matière de procès-verbaux, dit cet auteur, toutes les formalités impérativement prescrites par la loi sont essentielles à leur validité. La loi, qui a prescrit la présence d'un officier public aux perquisitions, a permis que le consentement de l'habitant pût suppléer à cette formalité. Ce consentement est tout aussi essentiel que la formalité omise et il doit être expressément constaté : « le procès-verbal, au lieu de faire mention de l'officier assistant, doit alors faire mention du consentement de la partie ; au lieu de porter la signature de cet officier, il doit porter la signature de cette partie. » Cette

(1) Cr. r. 21 avril 1864. — (D. P. 66. 1. 239. — S. 64. 1. 427.)
(2) Cr. r. 17 juillet 1858. — (D. P. 58. 1. 383. — S. 59. 1. 634.)
(3) *Traité de la législation criminelle*, t. III, nᵒˢ 1308-1310.

solution nous semble offrir le double avantage d'être fondée en droit, et d'assurer d'une façon effective l'exécution des garanties légales qui protègent l'inviolabilité du domicile.

Effets de l'incompétence de l'officier public qui a prêté son assistance. — Il peut arriver — les faits l'ont prouvé — qu'un garde champêtre ou un garde forestier, ayant à procéder à une visite domiciliaire, se fasse assister d'un officier public autre que ceux mentionnés en l'article 16 du Code d'instruction criminelle, tel par exemple que le maire d'une commune voisine, ou qu'un simple agent de police. Quelles seront, sur la validité du procès-verbal, les conséquences de cette erreur ? Un arrêt de la Cour de Nancy et, sur pourvoi, un arrêt de rejet de la Cour suprême (1) ont décidé que cette erreur était sans influence : « attendu que la présence des fonctionnaires dont l'assistance est prescrite en vue de garantir le respect dû au domicile des citoyens, demeure néanmoins tout à fait étrangère à la substance de l'acte, lequel puise toute sa valeur dans ses propres constatations et dans le caractère légal et la signature du garde qui l'a rédigé. » Il y a peut-être des réserves à faire sur le principe posé par cet arrêt.

Refus des officiers publics. — L'officier public, requis par un garde de l'accompagner dans une perquisition, ne peut pas se refuser à le faire. Cette vérité de bon sens est expressément formulée par l'article 162 du Code fo-

(1) Nancy, 1er août 1871 (S. 71. 2. 236). — Cr. r. 29 juin 1872 (D. P. 72. 1. 287. — S. 73. 1. 191).

restier. Mais s'il arrive en fait que le fonctionnaire requis manque à son devoir, le garde peut-il passer outre
et procéder à la perquisition ? Son procès-verbal sera-t-
il valable ? Mangin admet l'affirmative, sous prétexte
qu'un officier public ne peut pas, par son refus, mettre
les gardes et les préposés dans l'impossibilité de faire les
constatations dont ils sont chargés. Nous préférons
l'opinion de Faustin Hélie (1). Pour cet auteur, le garde
a rempli son devoir en adressant une réquisition à un
officier public : sa responsabilité pénale ou simplement
professionnelle est à couvert. Mais il ne faut pas que le
refus d'un fonctionnaire d'assister à une perquisition
puisse priver les citoyens des garanties que la loi leur
accorde. L'intérêt de la répression des délits ne saurait
justifier une infraction formelle au principe constitutionnel de l'inviolabilité du domicile.

Délits de chasse.

La loi du 3 mai 1844 sur la *Chasse* punit d'une amende
de 50 à 200 francs « ceux qui seront *détenteurs*, ou ceux
qui seront trouvés munis ou porteurs, hors de leur
domicile, de filets, engins ou autres instruments de
chasse prohibés » (art. 12, § 3). Le seul fait de détenir
dans son domicile des engins de chasse prohibés constitue donc un délit. (On doit noter qu'il n'en est pas
ainsi pour les engins de pêche.) Cette disposition de
loi n'a pas été votée sans soulever de vives protesta-
tions (2). Elle a été adoptée malgré sa rigueur, malgré

(1) *Op. cit.*, III, n° 1311.
(2) D. R. V° Chasse, n°s 282 et 283.

ce qu'elle a d'injuste, puisqu'on peut détenir des engins sans en faire usage, enfin malgré l'atteinte qu'elle porte à la liberté du citoyen dans son domicile ; le législateur a voulu par là assurer d'une façon vraiment efficace la répression du braconnage.

Les perquisitions qui peuvent être faites pour constater la détention d'engins prohibés n'ayant été prévues ni réglées par aucune loi spéciale, il y a lieu de s'en tenir au droit commun. Hors le cas de flagrant délit, elles ne pourront être opérées que sur mandat du juge d'instruction ; dans le cas de flagrant délit, le procureur de la République et ses auxiliaires pourront user du droit que leur reconnaît le Code d'Instruction criminelle.

Il sera traité plus loin des perquisitions en matière de contributions directes et de douanes.

§ 2. — ARRESTATION
D'UN INCULPÉ OU D'UN CONDAMNÉ.

Si respectable que soit le principe de la liberté individuelle, il doit, en certains cas, subir des restrictions commandées par la nécessité de réprimer les crimes et les délits. Notre Code d'instruction criminelle prévoit l'incarcération d'un prévenu quand elle est nécessaire pour s'assurer de sa personne. Notre Code pénal établit tout un système de peines privatives de la liberté. Cette législation suppose donc que des moyens sont à la disposition de l'autorité publique pour mettre la main sur des individus qui se soumettront rarement de bon gré à cette nécessité. L'inviolabilité du domicile, si elle était absolue, permettrait à un coupable de braver chez lui les rigueurs de la loi. Il était nécessaire de la limiter encore sur ce point. Aujourd'hui, les ordres d'arrestation en matière de crimes et de délits peuvent être exécutés en quelque lieu que ce soit. Nous ne connaissons plus que dans les rapports internationaux ce qu'on appelait autrefois le droit d'asile.

Il ne faut pas oublier toutefois que l'article 76 de la Constitution de l'an VIII ne permet l'accès du domicile des citoyens en temps de nuit que dans des circonstances expressément désignées. L'arrestation des prévenus ou des condamnés n'est pas une de ces circonstances, elle est donc interdite dans les maisons pendant la nuit (1). Mais elle peut avoir lieu partout ailleurs. Le temps de nuit est délimité en cette matière par le décret du 4 août 1806. Si des agents, chargés d'opérer une arrestation dans un domicile, en sont empêchés par ce fait que c'est pendant la nuit, ils devront se borner à prendre les mesures nécessaires pour prévenir l'évasion du coupable, ou du prétendu coupable. Ils cerneront les issues de la demeure où il s'est réfugié, jusqu'à ce que le jour leur permette d'agir.

Arrestation d'un inculpé.

Une personne soupçonnée d'un crime ou d'un délit ne peut être arrêtée qu'en vertu d'un mandat, c'est-à-dire d'une ordonnance émanée d'un magistrat. Ce mandat sera soit un *mandat d'amener*, soit un *mandat de dépôt*,

_____

(1) Voir plus haut (page 48) ce qui a été dit à ce sujet.

soit un *mandat d'arrêt*. On peut assimiler à un mandat l'*ordonnance de prise de corps* décernée par la Chambre des mises en accusation contre un inculpé qu'elle renvoie devant la Cour d'assises (art. 232 C. Ins. cr.) (1).

Les mandats sont exécutoires dans toute l'étendue du territoire français. Cependant la loi fait suivre l'arrestation de certaines formalités lorsque l'inculpé est trouvé hors de l'arrondissement de l'officier qui a délivré le mandat d'amener (art. 100) ou le mandat de dépôt ou d'arrêt (art. 98).

---

(1) Nous rappellerons brièvement les principes de la matière, renvoyant pour les détails à Faustin HÉLIE *(Op. cit.,* t. IV, nº 1967 et suiv.).

Le *mandat d'amener* est une ordonnance par laquelle le juge prescrit à tous huissiers et agents de la force publique d'amener devant lui tel individu pour être interrogé sur les faits dont il est inculpé. Cet individu doit être interrogé dans les vingt-quatre heures de son entrée dans la maison de dépôt ou d'arrêt (art. 93 modifié par la loi du 8 décembre 1897).

Le juge d'instruction « peut aussi donner des mandats d'amener contre les *témoins* qui refusent de comparaître sur la citation à eux donnée, conformément à l'article 80, et sans préjudice de l'amende portée en cet article » (art. 92 C. Ins. cr.). Le mandat d'amener suppose toujours que la personne contre laquelle il est décerné se trouve encore en liberté.

Il en est autrement du *mandat de dépôt* et du *mandat d'arrêt*. Ces mandats ne peuvent être décernés qu'après un interrogatoire, ou en cas de fuite de l'inculpé (art. 94). Il ne s'agit plus alors de forcer ce dernier à se présenter devant le magistrat pour s'expliquer sur le fait dont il est soupçonné. Il s'agit de le mettre à la disposition de justice, en état de détention préventive.

Un mandat d'amener peut être décerné suivant les circonstances : 1º Par un juge d'instruction (art. 91 et suivants C. Ins. cr.); 2º Dans certains cas par les magistrats qui remplissent ses fonctions (art. 236 et 484); 3º Par un tribunal tout entier (193 et 214); 4º En cas de flagrant délit par le procureur de la République (art. 40) et par ses auxiliaires (art. 49); 5º Enfin par les préfets (art. 10).

A quels fonctionnaires, à quels agents appartient-il, non plus d'ordonner, mais d'exécuter une arrestation ? A tous huissiers et agents de la force publique. Le porteur d'un mandat doit le notifier à celui qu'il est chargé d'arrêter (art. 97). En cas de résistance, il a le droit de réquisitionner la force publique (art. 99 et 108). La force publique se compose de la gendarmerie, des gardes champêtres et forestiers, des agents de police, des employés de la régie et des douanes, enfin des forces militaires.

Cette exécution des mandats d'arrestation nécessite et justifie l'entrée des huissiers et agents de la force publique dans le domicile des particuliers, et les recherches à l'intérieur de ce domicile.

Dans quelles conditions et avec le concours de quelles formalités doivent être opérées ces perquisitions ? Il faut distinguer d'abord si elles sont faites au domicile de l'inculpé, ou dans le domicile d'un tiers chez qui l'inculpé est caché.

L'entrée du *domicile de l'inculpé* est-elle permise au porteur d'un mandat ordonnant une arrestation ? Nous avons dit plus haut que cela doit être parce que c'est nécessaire. L'officier public muni d'un mandat a pleins pouvoirs pour faire toutes recherches nécessaires ; il n'a pas besoin, pour pénétrer chez un individu contre le gré de celui-ci, de recourir à l'assistance d'un juge de paix ou d'un autre magistrat. Le mandat est, par lui-même, une garantie suffisante. D'ailleurs la loi des 19-22 juillet 1791, titre IV, art. 9, spécifie que : « aucun agent de la force publique ne peut entrer dans le domicile d'un citoyen si ce n'est pour l'exécution des *mandements* de police ou *de justice*... ».

Pour soutenir au contraire que le porteur du mandat doit, en pénétrant dans un domicile, être accompagné d'un magistrat ou de deux témoins, on peut faire valoir deux arguments.

Le premier est tiré de l'article 587 du Code de procédure civile. D'après cet article, l'huissier qui ne peut procéder à une saisie-exécution parce que les portes de la maison sont fermées, doit aller chercher le juge de paix, à son défaut le commissaire de police, à son défaut le maire...; l'ouverture des portes ne pourra être faite qu'en la présence d'un de ces officiers, qui signera au procès-verbal. On serait tenté d'étendre cette obligation par voie d'analogie au porteur d'un mandat d'amener, de dépôt ou d'arrêt. Mais il faut observer qu'en matière civile il n'y a pas la même urgence qu'en matière criminelle. De plus un débiteur saisi a droit à plus d'égards qu'un inculpé : on s'explique donc que la loi l'ait entouré de plus de garanties.

Le second argument est tiré de l'art. 109, dont les deux premiers alinéas sont ainsi conçus : « Si le prévenu ne peut être saisi, le mandat d'arrêt sera notifié à sa dernière habitation, et il sera dressé *procès-verbal de perquisition.* — Ce procès-verbal sera *dressé en présence des deux plus proches voisins* du prévenu que le porteur du mandat d'arrêt pourra trouver : ils le signeront ; ou s'ils ne savent ou ne veulent pas signer, il en sera fait mention, ainsi que de l'interpellation qui en aura été faite... »

On peut répondre, croyons nous, que la présence de deux témoins n'a rien à voir avec la sauvegarde du principe de l'inviolabilité du domicile. Ils sont là pour attester que le mandat d'arrêt a bien été notifié au dernier domicile du prévenu et que les recherches nécessaires pour découvrir sa personne ont été accomplies et sont restées infructueuses. Cette formalité s'explique alors par l'importance toute particulière que la loi donne au mandat d'arrêt ; si la nécessité de la présence de deux témoins avait pour raison d'être la protection du domicile, la loi l'aurait certainement étendue aux perquisitions faites en vertu d'un mandat d'amener. Or le Code est muet sur ce point.

Lorsque le porteur d'un mandat d'arrestation a des raisons sérieuses de croire que l'inculpé s'est réfugié dans le *domicile d'un tiers*, peut-il y pénétrer seul comme il le ferait dans le domicile même de l'inculpé ? L'article 185 de l'Ordonnance du 29 octobre 1820 tranche la question dans le sens de la négative : « Lorsqu'il y a lieu de soupçonner qu'un individu déjà frappé d'un mandat d'arrestation, ou prévenu d'un crime ou délit pour lequel il n'y aurait pas encore de mandat décerné, s'est réfugié dans la maison d'un particulier, la gendarmerie peut seulement garder à vue cette maison, ou l'investir, en attendant l'expédition des ordres nécessaires pour y pénétrer et faire l'arrestation de l'individu réfugié. »

Ce texte n'explique pas ce que seront les *ordres nécessaires* pour pénétrer dans la maison. Il y a lieu, croyons-nous, de procéder comme en matière de perquisitions domiciliaires chez un particulier autre que l'inculpé.

Arrestation d'un condamné.

1° Arrestation en vue de la contrainte par corps.

La contrainte par corps ayant été supprimée en matière civile et commerciale par la loi du 22 juillet 1867, nous n'avons à nous occuper ici que des arrestations faites en exécution de jugements criminels, correctionnels ou de simple police. Mais là encore, à côté de la privation de liberté infligée comme peine principale, nous retrouvons la contrainte par corps. La loi de 1867 l'a laissé subsister :

1° Pour l'exécution des arrêts, jugements et exécutoires portant condamnation, au profit de l'Etat, à des amendes, restitutions et dommages-intérêts en matière criminelle, correctionnelle et de police ;

2° Pour l'exécution des arrêts et jugements contenant des condamnations en faveur des particuliers, pour réparation de crimes, délits ou contraventions commis à leur préjudice ;

3° Pour le paiement des frais au profit de l'Etat ; ce dernier chef, supprimé par l'article 3, § 2 de la loi de 1867, a été remis en vigueur par la loi du 19 décembre 1871, article 1ᵉʳ.

En ce qui concerne les jugements et arrêts portant condamnation en faveur des particuliers, ou même en faveur de l'Etat, il faut remarquer que l'article 5 .de la loi de 1867 étend la possibilité de la contrainte par corps « au cas où les condamnations ont été prononcées par les *tribunaux civils* au profit d'une partie lésée, pour réparation d'un crime, d'un délit ou d'une contravention *reconnus par la juridiction criminelle* ».

L'exécution de la contrainte par corps est soumise à diverses règles prévues par les articles 3 et 4 de la loi de 1867, et 781 du Code de procédure civile :

1° Les arrêts et jugements portant condamnation ne peuvent être exécutés par la voie de la contrainte par corps que cinq jours après le commandement qui est fait aux condamnés.

2° Sur le vu du commandement et sur la demande du percepteur des contributions directes (1) ou du particulier lésé, le procureur de la République adresse les réquisitions nécessaires aux agents de la force publique et aux autres fonctionnaires chargés de l'exécution des mandements de justice.

3° D'après l'art. 781 du Code de procédure : « le débiteur ne pourra être arrêté avant le lever et après le coucher du soleil ; ...ni dans une maison quelconque, même dans son domicile, à moins qu'il n'eût été ainsi ordonné par le juge de paix du lieu, lequel juge de paix devra, dans ce cas, se transporter dans la maison avec l'officier ministériel, ou déléguer un commissaire de police ». Cette faculté de déléguer un commissaire de police a été donnée au juge de paix par la loi du 26 mars 1855.

2° Arrestation en exécution d'un arrêt ou d'un jugement portant une peine privative de liberté.

De même que les jugements rendus en matière civile s'exécutent à la requête de la partie qui a obtenu con-

(1) Depuis la loi de finances de 1873, le recouvrement des amendes et des frais envers l'Etat est confié, non plus à l'administration des domaines, mais au percepteur des contributions directes. C'est à sa requête qu'est exercée la contrainte par corps.

damnation, ceux qui portent une condamnation pénale
sont exécutés à la requête du ministère public. Les arrestations de condamnés ne sont donc pas faites en
vertu du seul jugement, mais en vertu des ordres que
donne le procureur de la République pour le faire exécuter. Cela résulte de la loi des 16-24 août 1790, titre 8,
article 5. S'il s'agit, pour saisir un condamné, de pénétrer dans son domicile, les magistrats du ministère
public donneront aux huissiers et aux agents de la force
publique les ordres nécessaires. Quoique la loi ne le
spécifie pas expressément, il est hors de doute qu'on
ne saurait avoir pour le domicile d'un condamné plus
de respect que pour le domicile d'un prévenu ; si l'on
peut forcer les portes d'une maison en vertu d'un mandat d'amener, de dépôt ou d'arrêt, on peut bien le faire
en vertu d'une réquisition du ministère public basée sur
un arrêt ou sur un jugement de condamnation. Cela
résulterait au besoin *à fortiori* du texte précité de 1790.
Cet article 5 dit, en énumérant les devoirs des commissaires du Roi (magistrats du ministère public) : « En
ce qui concerne les particuliers, *ils* pourront, sur la
demande qui leur en sera faite, soit enjoindre aux huissiers de prêter leur ministère, soit *ordonner les ouvertu-
res de portes*, soit requérir main-forte... » S'ils ont ces
pouvoirs en faveur des particuliers, peut-on douter qu'ils
les aient aussi en faveur de l'action publique ?

SECTION DEUXIÈME

Exceptions apportées par le Code de procédure a l'inviolabilité du domicile

Cette deuxième section sera consacrée à l'étude des exceptions au principe de l'inviolabilité du domicile que le Code de procédure a prévues et autorisées pour faciliter l'exécution des jugements et des obligations civiles. Poussé jusqu'à ses plus extrêmes limites, le principe de l'inviolabilité du domicile aurait permis à un débiteur de mauvaise foi d'éluder l'accomplissement de ses obligations vis-à-vis de ses créanciers ; il fallait que nos lois de procédure prissent des mesures en vue de protéger le crédit public menacé. Elles ont donc permis au créancier de recourir, dans certains cas, aux officiers publics pour atteindre le débiteur jusque derrière le rempart de son domicile.

Avant la loi du 22 juillet 1867, la contrainte par corps, par conséquent l'arrestation du débiteur, pouvait être employée pour forcer l'exécution des obligations ayant une cause civile. Nous avons vu qu'il n'en est plus ainsi maintenant : la contrainte par corps ne sanctionne plus que les obligations d'origine délictueuse. Il faut donc se borner ici à parler des *saisies* dont l'accomplissement suppose l'entrée des agents de l'autorité publique dans le domicile des particuliers. Cette section se terminera par quelques observations sur l'*expulsion* du locataire ou du fermier.

SAISIE-EXÉCUTION. — Les règles relatives à cette saisie du mobilier d'un débiteur sont contenues aux articles 583 et suivants du Code de procédure civile. L'article 587 prévoit le cas où, les portes du domicile du débiteur étant fermées et l'ouverture en étant refusée, la saisie du mobilier rencontre un obstacle. L'huissier qui se présente pour exécuter ne peut vaincre la résistance des portes et pénétrer à l'intérieur sans l'accomplissement de plusieurs formalités, destinées à sauvegarder le respect du domicile. Après avoir placé un gardien à la porte, il doit requérir sur-le-champ, et verbalement, un officier public dont la présence pourra seule légitimer les violences auxquelles il va peut-être se voir obligé de recourir. Cet officier public sera le juge de paix ou son suppléant ; à son défaut le commissaire de police ; dans les communes où il n'y en a pas, ce sera le maire ; à défaut du maire, son adjoint, ou un conseiller municipal dans l'ordre du tableau. Ces personnes sont tenues de se transporter immédiatement sur les lieux. Si le domicilié résiste aux efforts employés pour le persuader, elles doivent requérir la force armée et faire enfoncer les portes. Elles doivent assister à toute la saisie pour pouvoir, au besoin, assister à l'ouverture des pièces ou des meubles (1) qui se trouveraient fermés. L'article 587 ajoute que l'officier qui se transporte ne dresse point de procès-verbal ; mais il doit signer celui de l'huissier (2).

(1) On se rappelle ce qui a été dit dans l'Introduction, au sujet de la participation des meubles à l'inviolabilité du domicile. (V. plus haut, p. 4.)

(2) Pour tout ce qui concerne ces formes de la saisie-exécution, V. GARSONNET, *Traité théorique et pratique de procédure*, t. III, n° 570, p. 609 et suiv.

SAISIE-REVENDICATION. — Les formes de cette saisie sont réglées par les articles 826 et suivants du Code de procédure civile. L'article 829 nous intéresse tout spécialement. Il prévoit le cas où le tiers chez qui l'on vient saisir-revendiquer des biens meubles refuse d'ouvrir son domicile à l'huissier chargé d'opérer la saisie. L'huissier ne pourra pas, dans ce cas, requérir immédiatement la présence du juge de paix ou du commissaire de police comme il le ferait dans une saisie-exécution. En effet, les tiers ne sont tenus d'ouvrir leur maison qu'en vertu d'une décision judiciaire (1). L'huissier devra donc en référer au président du Tribunal qui entendra les deux parties. Si le président autorise l'entrée dans le domicile du tiers, elle s'effectuera comme dans la saisie-exécution, en présence du juge de paix ou du commissaire de police (cf. art. 587). En attendant la décision du président du Tribunal, l'huissier peut établir garnison aux portes.

EXPULSION. — Il peut arriver que le propriétaire d'un immeuble soit obligé de recourir à des voies d'exécution pour en expulser celui qui l'occupe illégalement. C'est ainsi qu'il y aura lieu d'expulser par la force, s'ils ne veulent pas déguerpir de bon gré : le locataire ou le fermier contre qui la résiliation du bail aura été prononcée pour défaut de paiement des loyers ou des fermages ; l'ancien propriétaire d'un immeuble exproprié et vendu par autorité de justice.

Cette expulsion par les voies légales peut-elle être considérée comme constituant une exception au prin-

(1) GARSONNET, *Op. cit.*, t. VI, n° 1272.

cipe de l'inviolabilité du domicile ? Au premier abord cette question semble demander une réponse négative. On serait tenté de dire que l'occupation illégale, ou tout au moins sans droit, ne saurait faire naître les garanties que la loi a entendu accorder au domicile dans des conditions normales et régulières. Nous croyons au contraire que l'inviolabilité du domicile dépend avant tout d'une question de fait. C'est l'occupation matérielle, et non pas la possibilité juridique d'occuper, qui la justifie et lui donne naissance. S'il en était autrement, s'il suffisait de mettre en doute la validité d'un bail ou la régularité d'une possession pour justifier les atteintes au domicile, son inviolabilité ne serait plus, pour ceux qu'elle protège, qu'un rempart insuffisant. La procédure d'expulsion doit ainsi être accompagnée des garanties qu'exige l'entrée des agents de la force publique dans un domicile privé.

Avant la loi du 22 juillet 1867, on appliquait par analogie la contrainte par corps, prononcée par l'article 2061 du Code civil à l'égard de « ceux qui, par un jugement rendu au pétitoire, et passé en force de chose jugée, ont été *condamnés à désemparer un fonds* et qui refusent d'obéir ».

Depuis la suppression de la contrainte par corps, on expulse le locataire, le fermier, ou d'une façon générale l'occupant, et l'on met ses meubles à la rue après l'accomplissement des formalités qu'exigeait autrefois l'article 2061 du Code civil. — Ces formalités sont : la signification du jugement de résiliation, l'expiration d'un délai de quinzaine, un second jugement ordonnant à l'occupant de vider les lieux, un commandement fait en vertu de ce jugement, l'expiration d'un nouveau délai de vingt-quatre heures, enfin le procès-verbal d'expulsion (1).

Ces formalités ne sont d'ailleurs nécessaires que dans le cas d'un bail sous seing privé. S'il est muni d'un titre exécutoire, spécialement d'un bail par acte notarié, le propriétaire peut, sans jugement, expulser le locataire ou le fermier, vingt-quatre heures après commandement, sur un simple procès-verbal d'expulsion (2).

Notons en terminant sur ces diverses exécutions que, pendant leur accomplissement, les huissiers et les officiers publics dont la présence est requise par eux, sont protégés contre les violences et les outrages du domicilié par l'article 222 du Code pénal.

Ces exécutions ne peuvent être opérées que pendant le jour et en tenant compte des heures fixées par l'article 1037 du Code de procédure, ainsi conçu :

« Aucune signification ni exécution ne pourra être faite, depuis le 1er octobre jusqu'au 31 mars, avant six heures du matin et après six heures du soir ; et depuis le 1er avril jusqu'au 30 septembre, avant quatre heures du matin et après neuf heures du soir, non plus que les jours de fête légale, si ce n'est en vertu de permission du juge, dans le cas où il y aurait péril en la demeure ».

L'inobservation des formes prescrites par les lois de procédure pour les saisies ou les expulsions dont il vient d'être parlé entraine trois ordres de sanctions :

1° L'application de l'article 184 du Code pénal ;

---

(1) Voir au sujet de ces formalités : Garsonnet, *Op. cit*, t. VI, n° 1265, note 2.

(2) Garsonnet, *Op. et loc. cit.*

2º Celle de l'article 1031 du Code de procédure civile qui met à la charge des officiers ministériels, avec dommages-intérêts et peines disciplinaires, s'il y a lieu, les frais de ceux de leurs actes qui donnent lieu à une condamnation d'amende(1) ;

3º Enfin une sanction civile : la nullité des actes faits en dehors des heures légales et sans la présence des officiers publics désignés dans l'article 587.

SECTION TROISIÈME

EXCEPTIONS APPORTÉES PAR LES LOIS FISCALES AU PRINCIPE DE L'INVIOLABILITÉ DU DOMICILE

Impôt sur les Boissons :
>   1º Visites chez les redevables soumis à l'exercice.
>   2º Visites chez les particuliers soupçonnés de fraude.

Impôt sur le Tabac et sur les Allumettes.
Douanes.

Notre système financier comporte des impôts directs et des impôts indirects. La nécessité d'assurer leur recouvrement justifie certaines exceptions au principe de l'inviolabilité du domicile. En fait, depuis la loi du 9 février 1877, ces exceptions ne sont plus autorisées qu'en matière de contributions indirectes.

Celles relatives à la perception des contributions

(1) GARSONNET, *Op. cit.*, t. II, p. 119.

directes ne présentent ainsi qu'un intérêt historique ; elles appartiennent toutefois à un passé trop récent pour qu'il soit possible de les passer complètement sous silence. Il s'agit des poursuites par voie de *garnison individuelle* contre les contribuables. Cette sorte de procédure était organisée par la loi du 17 brumaire an V (art. 3) et par l'arrêté des consuls du 16 thermidor an VIII ; nous citons le premier de ces textes :

« Les contribuables qui n'auront pas acquitté le montant de leur taxe en contribution directe dans les dix jours qui suivront l'échéance des délais fixés par la loi, y seront contraints, dans les dix jours suivants, *par la voie de garnisaires envoyés dans leur domicile, et auxquels ils seront tenus de fournir le logement* et les subsistances, et de payer de plus un franc par jour... »

Les articles 18 et suivants de l'arrêté de l'an VIII portent d'une façon détaillée l'organisation de ces garnisaires dénommés *porteurs de contraintes.* Les garnisaires s'installaient chez les contribuables en retard, y logeaient, y prenaient leurs repas et avaient leur place au feu commun. Les contribuables passibles de la garnison ne pouvaient se soustraire à cette charge qu'en payant le montant de leur dette envers le fisc. L'article 28 de l'arrêté de l'an VIII défendait au garnisaire « de se loger à l'auberge aux frais des redevables, même sur la demande de ceux-ci ».

On imagine aisément ce qu'un pareil système avait d'onéreux et de vexatoire, alors même que son application était tempérée par l'emploi — très général mais facultatif — de la garnison collective, simple taxe en argent qui ne supposait pas la présence effective d'un garnisaire. Un projet de loi fut présenté en 1876 pour sa suppression.

On lit dans l'exposé des motifs : « Il nous est démontré, d'après les résultats constatés en dernier lieu, que, s'il est utile de maintenir la garnison collective dont le coût est fort minime, et qui a surtout pour objet de rappeler au contribuable ses obligations envers le Trésor, il n'en serait pas absolument de même de la garnison individuelle dont l'emploi est relativement peu fréquent... — Aujourd'hui que le recouvrement de l'impôt direct s'opère avec une facilité qui témoigne de l'aisance et de la bonne volonté des contribuables... il nous paraît opportun de faire disparaître un mode de poursuites dont le caractère vexatoire n'est plus justifié par nos mœurs administratives. » La garnison individuelle fut donc supprimée par la loi du 9 février 1877. La garnison collective fut maintenue sous le nom de *sommation avec frais* (1).

Le recouvrement des impôts indirects peut être entravé sans trop de difficultés et avec profit pour le délinquant. Le législateur devait tout naturellement s'attacher à réprimer ces fraudes ; il l'a fait avec une extrême rigueur, et n'a pas hésité, pour rendre ces mesures vraiment efficaces, à poser des restrictions importantes au principe de l'inviolabilité du domicile. Ces restrictions se rapportent à l'impôt sur les boissons, à l'impôt sur les tabacs, à celui sur les allumettes chimiques. On peut rattacher aux contributions indirectes les lois relatives aux douanes. Nous allons examiner successivement les particularités qu'offrent ces diverses contributions publiques au point de vue du sujet que nous avons entrepris de traiter.

(1) Sirey : *Lois annotées*, 1877, p. 229, note 2. — Dalloz, 77. 4. 32.

Impôt sur les Boissons.

Les employés des contributions indirectes sont autorisés à opérer des visites domiciliaires et des perquisitions :

1° Dans les caves, magasins et autres parties des maisons des individus assujettis par leur profession aux visites et exercices, tels que les marchands en gros, débitants, distillateurs ou brasseurs.

2° Dans les maisons des particuliers non soumis à l'exercice, en cas de soupçon de fraude.

Au point de vue de l'inviolabilité du domicile, la situation de ces deux catégories de bâtiments est absolument différente. D'abord, à les prendre en eux-mêmes, les locaux destinés à la fabrication ou à la vente des boissons n'ont, malgré leur attenance à une maison d'habitation, le caractère de domicile qu'à un degré affaibli. Ensuite, à considérer l'intention présumée de leurs tenanciers, ils sont soustraits par leur destination même aux garanties qui protègent le domicile. Comme le remarque Faustin Hélie (1), « les exercices et vérifications des employés dans les maisons des assujettis ne sont point, à proprement dire, des visites domiciliaires : la profession de ceux-ci ouvre de plein droit leurs habitations à la surveillance de l'administration ; ils renoncent à l'inviolabilité de leur domicile ; ils acceptent les visites incessantes des préposés. La loi qui a fait de ces exercices la condition de la profession s'est bornée à en régler les formes et les époques. » Nous insisterons donc

(1) *Op. cit.*, t. III, n° 1313.

beaucoup moins sur les visites chez les redevables soumis à l'exercice que sur celles qui peuvent être faites, en certains cas, au domicile des simples particuliers.

1° Visites chez les redevables soumis à l'exercice.

La loi du 28 avril 1816 sur les contributions indirectes autorise les visites des agents et préposés chez les débitants de boissons (art. 52 et 56), chez les marchands en gros (art. 101), chez les brasseurs de bière (art. 125), et chez les distillateurs (art. 140)(1).

L'*exercice* se compose d'une série d'opérations qui ont pour but d'assurer le contrôle, par les employés de la régie, de la manutention et de l'écoulement des liquides, en vue d'établir les droits. Ce contrôle nécessite la faculté pour les agents de s'introduire à tous moments dans les entrepôts, débits, caves et distilleries, de faire le recensement des marchandises qui s'y trouvent et de percevoir les droits.

Les seules limites apportées par la loi au droit d'exercice sont relatives au temps pendant lequel les visites peuvent être faites. Elles sont établies par l'article 235 de la loi de 1816, ainsi conçu :

« Les visites et exercices que les employés sont autorisés à faire chez les redevables ne pourront avoir lieu que pendant le jour : cependant ils pourront aussi être faits la nuit dans les brasseries, distilleries, lorsqu'il résultera des déclarations que ces établissements sont en activité, et chez les débitants de boissons, pendant tout le temps que les lieux de débit seront ouverts au public. »

(1) Au sujet de l'exemption dont jouissent les bouilleurs de crû, voir la loi du 20 juillet 1837, article 8 ; et D. R. V° Impôts indirects, n° 387.

L'article 236 ajoute :

« Les visites et vérifications que les employés sont autorisés à faire pendant le jour seulement ne pourront avoir lieu que dans les intervalles de temps déterminés par l'article 26 de la présente loi ».

Ces intervalles de temps sont : « pendant les mois de janvier, février, novembre et décembre, depuis sept heures du matin jusqu'à six heures du soir ; — pendant les mois de mars, avril, septembre et octobre, depuis six heures du matin jusqu'à sept heures du soir ; — pendant les mois de mai, juin, juillet et août, depuis cinq heures du matin jusqu'à huit heures du soir » (art. 26 de la même loi).

La loi n'a pas limité le nombre des visites ; elle n'a pas limité non plus (sauf en ce qui concerne les marchands en gros) les parties des maisons d'entrepôt et de débit où elles peuvent se faire. Les employés ont libre accès dans toutes les pièces de ces maisons, et peuvent se faire ouvrir sur-le-champ tous les meubles, armoires, coffres ou autres, susceptibles de renfermer des objets de fraude. On peut déduire *a contrario* des termes de l'article 125 que le droit de visite peut s'exercer dans les maisons contiguës aux brasseries ou distilleries *et* enclavées dans la même enceinte. Le même article interdit rigoureusement toute communication des brasseries avec les maisons voisines autres que la maison d'habitation du brasseur. L'article 61 prohibe également « toute communication intérieure entre les maisons des débitants et les maisons voisines ». Nous avons dit que le droit de visite chez les *marchands en gros* n'est pas aussi étendu que chez les autres particuliers soumis à l'exercice. L'article 101 détermine expressément que, chez eux, « ces vérifications n'auront lieu que dans les magasins, caves et celliers ». Ce sont là des termes bien différents de ceux de l'article 56 qui oblige les débitants à ouvrir « leurs caves, celliers et *autres parties de leurs maisons* », et aussi de ceux des articles 125 et 140 qui soumettent aux exercices et vérifications les « *maisons*, brasseries, ateliers, magasins, caves et celliers des brasseurs et des distillateurs » On peut s'expliquer que la loi se soit montrée moins rigoureuse envers les marchands en gros : la quantité des marchandises qu'ils détiennent et la nature de leur commerce facilitent chez eux la surveillance.

Le gouvernement provisoire de 1848, ému des doléances auxquelles donnait lieu le fonctionnement de ces impôts, tenta successivement deux essais : le premier pour supprimer totalement le droit d'exercice (décret du 31 mars), le second pour atténuer la rigueur de ce droit qu'on avait dû rétablir par le décret des 22 juin-1er juillet suivants. La circulaire du 2 juillet n'autorisait les visites dans le *domicile privé* du débitant qu'en cas de soupçon de fraude et avec l'assistance d'un officier de police. Mais les abus que favorisèrent ces essais obligèrent à revenir à l'application pure et simple de la loi du 16 avril 1816.

Le refus par un assujetti de laisser pénétrer un agent ou préposé dès qu'il en est requis, les injures et menaces qu'il lui adresse, les voies de fait qu'il exerce sur sa personne constituent le *refus d'exercice*, prévu par l'article 238 de la loi de 1816.

Divers projets sont à l'étude devant le Parlement pour

modifier profondément notre législation fiscale relative aux boissons. Bien que la question soit reprise chaque année au moment de la discussion du budget ou dans d'autres occasions, il est fort probable qu'elle ne sera pas résolue de sitôt.

2° Visites chez les particuliers soupçonnés de fraude.

Ce sont ces visites-là qui constituent, à proprement parler, des exceptions au principe de l'inviolabilité du domicile. Aussi ne sont-elles permises que dans certains cas, et avec l'accomplissement de formalités qui garantissent les particuliers contre les procédés violents et contre les fantaisies arbitraires des agents subalternes. Elles sont prévues et réglées par l'article 237 de la loi du 18 avril 1816. Cet article est ainsi conçu :

« En cas de soupçon de fraude à l'égard des particuliers non sujets à l'exercice, les employés pourront faire des visites dans l'intérieur de leurs habitations, en se faisant assister du juge de paix, du maire, de son adjoint ou du commissaire de police, lesquels seront tenus de déférer à la réquisition qui leur en sera faite, et qui sera transcrite en tête du procès-verbal. Ces visites ne pourront avoir lieu que d'après l'ordre d'un employé supérieur, du grade de contrôleur au moins, qui rendra compte des motifs au directeur du département. — Les marchandises transportées en fraude, qui, au moment d'être saisies. seraient introduites dans une habitation pour les soustraire aux employés, pourront y être suivies par eux, sans qu'ils soient tenus, dans ce cas, d'observer les formalités ci-dessus prescrites. »

Cet article prévoit deux cas bien distincts qui sont le simple soupçon de fraude et la poursuite de marchandises transportées en fraude. Dans le premier cas, l'entrée des préposés dans le domicile est soumis à l'accomplissement de deux formalités que la loi n'exige pas dans le second :

a) En cas de soupçon de fraude, les agents ne peuvent s'introduire dans le domicile du particulier soupçonné qu'en présence du juge de paix ou de l'un des fonctionnaires énumérés à l'article 237 de la loi de 1816. Il y a lieu, sur ce point, de s'en référer à ce qui a été dit plus haut à propos des perquisitions opérées par les gardes champêtres ou les gardes forestiers. C'est une garantie établie dans l'intérêt des particuliers et à laquelle ceux-ci peuvent renoncer. Faustin Hélie (1) exige que cette renonciation soit expresse et consignée au procès-verbal. La jurisprudence, au contraire, admet que le simple défaut d'opposition de la part de l'habitant fait présumer son consentement et que ce consentement peut ne pas être expressément constaté dans le procès-verbal (2).

b) Dans le même cas de soupçon de fraude, les agents ne peuvent s'introduire dans le domicile d'un particulier que sur l'ordre d'un employé supérieur, du grade de contrôleur au moins. D'après les auteurs et la jurisprudence, cette formalité diffère absolument de la précédente par sa nature. Alors que le consentement du particulier couvre le vice d'une visite faite sans la présence d'un officier public, ce même consentement ne peut suppléer à l'ordre émané d'un employé supérieur. Cet ordre, dit Faustin Hélie, « est le titre qui attribue aux préposés

---

(1) F. HÉLIE, *Op. cit.*, t. III, n° 1314.
(2) Cass. 10 avril 1823 *(Lebarbier)*. — *Rec. gen. des Lois et des Arrêts*, 1822-1824, 1re partie, p. 225.

— 131 —

inférieurs le caractère légal nécessaire pour qu'ils puissent remplir cette mission ». Il touche donc à la compétence même du préposé. Les termes de la loi sont absolus : « Ces visites *ne pourront avoir lieu que* sur l'ordre... » Il s'ensuit, dit un arrêt, « que de simples employés auxquels le législateur n'a pas voulu s'en rapporter absolument pour les visites de cette espèce, sont sans qualité comme sans caractère, s'ils n'ont pas reçu l'ordre impérieusement commandé par la loi, et que, dès lors, le défaut d'opposition d'un citoyen non soumis à l'exercice, à leur entrée dans son domicile ne peut couvrir le vice de leurs opérations ni les légitimer » (1).

La jurisprudence veut que cet ordre d'un employé supérieur soit donné par écrit et que cet écrit soit exhibé au particulier chez qui se fait la visite. Toutefois, la présence dûment constatée de cet employé à la perquisition équivaut à l'ordre exigé (2). Faustin Hélie semble regretter que la Cour de Cassation admette cette équivalence. Cependant, la loi n'ayant parlé que d'un *ordre*, et non pas d'un ordre écrit, et la présence effective d'un employé supérieur suffisant à écarter les inconvénients que présenterait un simple ordre verbal, nous ne croyons pas qu'il faille exiger davantage.

Comme le dit expressément le second paragraphe de l'article 237, les agents des contributions indirectes ne

<hr/>

(1) C. de cass. 4 décembre 1818. — *Rec. gén. des Lois et des Arrêts*, 1815-1818, 1ʳᵉ partie, p. 556. — Voir aussi l'arrêt précité du 10 avril 1823, et Faustin HÉLIE, III, n° 1316.

(2) Cass. crim. 22 février 1889 *(Baron* — D. P. 90. 1. 47*)* ; voir aussi D. S. Vᵒ Impôts indirects, n° 51.

sont soumis à aucune de ces deux formalités (présence d'un officier public et ordre d'un employé supérieur) pour s'introduire chez un particulier en *poursuivant à vue* des marchandises introduites en fraude dans son habitation.

Impôts sur le Tabac et sur les Allumettes.

Nous réunissons sous une même rubrique ces deux impôts, qui ont un caractère commun. Ils résultent l'un et l'autre de la monopolisation par l'Etat d'une industrie lucrative. L'impôt des tabacs était un des *droits réunis,* et faisait l'objet du chapitre Ier du titre V de la loi des 5-15 ventôse an XII ; le monopole de l'achat des tabacs en feuilles, de la fabrication et de la vente des tabacs fabriqués remonte au décret du 29 décembre 1810. Ce décret est, avec la loi du 28 avril 1816, le Code de la matière. — L'impôt sur les allumettes date de la loi des 4-16 septembre 1871 ; le monopole de l'achat, de la vente et de la fabrication a été attribué par la loi du 2 août 1872 à l'Etat qui, après en avoir concédé l'exploitation à une compagnie fermière, l'a reprise à son compte depuis le 1er janvier 1890.

L'Administration des Contributions indirectes est chargée du recouvrement de la valeur des tabacs et des allumettes chimiques et de la surveillance de la fraude.

Le fonctionnement de ces deux branches très importantes du budget des recettes intéresse la respectabilité du domicile, car il suppose des restrictions à la liberté des particuliers en matière de culture, de fabrication ou de détention, et par conséquent un contrôle effectif de la part des employés du fisc. Le mode de constater les contraventions est le même, qu'il s'agisse de tabac ou d'allumettes, mais les éléments constitutifs des contraventions étant différents pour chacun de ces deux impôts, nous les étudierons séparément.

Tabacs. — La loi déclare illicites : 1º La *culture* du tabac sans autorisation. Cette culture non autorisée est frappée d'une amende de 50 francs par cent pieds de tabac si la plantation est faite sur un terrain ouvert, et de 150 francs *si le terrain est clos de murs;* la loi a cherché à contrebalancer ainsi, par l'aggravation de l'amende, la facilité plus grande qu'offre à la fraude un lieu clos (loi du 28 avril 1816, art. 180) ; 2º la fabrication et la détention : des tabacs en feuilles, sauf pour les cultivateurs autorisés ; — des tabacs français en quantité supérieure à 10 kilogrammes à moins qu'ils ne soient revêtus des marques et vignettes de la régie ; — des tabacs étrangers en quantité même minime ; — des tabacs de cantine en certaine quantité et hors de certaines zônes (loi de 1816, art. 217, 219). Enfin, sont considérés et punis comme fabricants frauduleux, dit l'article 221 de la même loi, « les particuliers chez lesquels il sera trouvé des ustensiles, machines ou mécaniques propres à la fabrication ou à la pulvérisation, et *en même temps* des tabacs en feuilles ou en préparation, quelle qu'en soit la quantité, ou plus de 10 kilogrammes de tabac fabriqué, non revêtu des marques de la régie ». Il y a lieu de rappeler ici le principe, général en matière d'impôts, que le propriétaire ou le simple locataire des lieux où sont trouvés les objets de contravention, est, de plein droit, *réputé* l'auteur du délit, et que c'est à lui à prouver qu'il y est étranger (1).

Allumettes. — Sous l'empire de la loi du 4 septembre 1871, alors que le monopole n'existait pas, la surveillance de l'Administration devait se borner à faire payer les droits sur toutes les allumettes fabriquées ou consommées en France. Quand la loi du 2 août 1872 eut attribué à l'Etat le monopole de l'achat, de la fabrication et de la vente des allumettes chimiques, il fut tout naturel d'entourer la perception de cet impôt des mêmes garanties que celle de l'impôt des tabacs. La détention d'allumettes fabriquées par l'Etat est interdite en qualité supérieure à un kilogramme, à moins qu'elles soient revêtues des marques légales (L. du 28 juillet 1875, art 1). La détention d'allumettes de fraude, c'est-à-dire de celles qui ne proviennent pas des boites et paquets de l'Etat, est prohibée quelle qu'en soit la quantité, même inférieure à un kilogramme. Est également interdite « la détention des ustensiles, instruments ou mécaniques affectés à la fabrication des allumettes chimiques, et, *en même temps*, des matières nécessaires pour cette fabrication, ou la détention des pâtes phosphorées propres à la fabrication des allumettes chimiques ». (L. du 28 juillet 1875, art. 3).

Constatations. — Les agents de l'Administration peuvent s'introduire dans le domicile d'un particulier dans les cas, et avec l'accomplissement des formalités, prévus

(1) D. R. Vᵉ Impôts indirects, nº 577 et s.

par l'article 237 de la loi du 28 avril 1816 ; nous avons donné plus haut, à propos des droits sur les boissons, le texte intégral de cet article, ainsi que le commentaire rapide des questions qu'il soulève. Il est inutile d'y revenir. L'article 237 est applicable à l'impôt sur les tabacs, lorsqu'il s'agit de visites domiciliaires. C'est ce qui résulte d'un arrêt fortement motivé de la Cour de Nancy (1). Cet arrêt précise et limite les cas, prévus par l'article 223 de la loi de 1816, où les contraventions et les fraudes relatives aux tabacs peuvent être constatées non pas seulement par les employés des contributions indirectes, mais par ceux des douanes, des octrois, par les gendarmes, les préposés forestiers, les gardes champêtres et généralement par tout employé assermenté. Il résulte du même arrêt que tous ces employés « n'ont le droit de constater la fraude sur le tabac que lorsqu'ils opèrent en dehors du domicile des simples particuliers, ou lorsqu'ils procèdent à des visites domiciliaires, non pas directement en vertu de cet article 223, mais par suite et en exécution des lois qui régissent leurs professions spéciales... » L'arrêt cite des exemples. En dehors de ces circonstances, les visites domiciliaires ne peuvent être faites, en cas de soupçon de fraude, qu'avec la double formalité prévue par l'article 237 de la loi de 1816 : l'ordre d'un employé supérieur et la présence d'un officier public ; on doit suivre en effet le droit commun tel qu'il est établi par la loi de 1816 dans son titre VII dont fait partie l'article 237.

Tout ce qui vient d'être dit sur la constatation des

_____

(1) Nancy 10 mars 1837. D. R. V° Impôts indirects, n° 592.

fraudes en matière de tabacs, s'applique également aux fraudes relatives à l'impôt sur les allumettes chimiques. (V. Lois des 4 septembre 1871, art. 8; — 2 août 1872, art. 6; — 28 janvier 1875, art. 3; et 28 juillet 1875, art. 1er.)

Douanes.

L'établissement des douanes répond à deux besoins différents : elles assurent la protection de l'industrie et de l'agriculture nationales, et constituent pour l'Etat un instrument de revenu. C'est à ce dernier titre que nous faisons figurer le produit des douanes parmi les impôts indirects.

La nécessité de réprimer la fraude qui, en matière de douanes s'appelle communément *contrebande*, a conduit le législateur à permettre dans certains cas l'entrée des agents de l'Administration dans le domicile des particuliers. Mais il ne leur a concédé ce droit qu'avec des distinctions qui rendent son étude assez complexe. D'abord la loi n'a permis les perquisitions dans une habitation que lorsque la contrebande a été surprise en flagrant délit (1) par les agents, au moment même où elle pénétrait dans cette habitation. (L. des 6-22 août 1791, titre XIII, art. 35 et s.) Elle n'admet donc pas les visites

---

(1) En matière de douanes « les perquisitions domiciliaires ne sont point un moyen de recherche, mais seulement un moyen de saisie ; elles n'ont pas pour but de vérifier une contravention présumée, mais de mettre la main, *quand la contravention est certaine*, sur les marchandises frauduleusement introduites. » (Faustin HÉLIE : *Instr. crim.*, III, n° 1321).

sur simple soupçon de fraude (1), comme en matière de boissons, de tabacs et d'allumettes, sauf cependant lorsqu'il s'agit d'un *entrepôt frauduleux* (loi de 1791, *eod. tit.* art. 39) (2).

A l'intérieur du rayon-frontière de terre, les visites peuvent avoir pour objet de découvrir non seulement les marchandises prohibées, mais même celles qui sont simplement taxées ou tarifées (3). Hors du rayon-frontière, les visites et saisies ne sont justifiées qu'à l'égard des marchandises prohibées d'une manière absolue. Toutefois on admet couramment, par interprétation de l'article 41 de la loi du 28 avril 1816, que les marchandises tarifées à 20 francs et au-dessus par 100 kilogr. sont des marchandises *prohibées ;* cet article considère en effet leur introduction comme délictueuse, et les assimile aux marchandises prohibées. (D. R. V° Douanes, n° 827.)

Dans le rayon-frontière, comme dans le reste du territoire, les employés des douanes ne peuvent procéder à des visites domiciliaires qu'en observant les trois conditions suivantes : il faut 1° qu'ils aient vu les fraudeurs franchir soit la ligne frontière, soit la limite du rayon, suivant le cas ; 2° qu'ils ne les aient pas perdus de vue (eux ou la voiture qui porte la contrebande) ; 3° qu'ils arrivent au moment même de l'introduction de la marchandise dans la maison. Cela résulte de la com-

(1) Cass. crim., 2 décembre 1824.

(2) Pour la définition des entrepôts frauduleux, voir D. R. V° Douanes, n° 801.

(3) On appelle *rayon-frontière* une zône de territoire, située en deçà de la frontière, et ayant une largeur de 2 myriamètres. (Voir D. R. V° Douanes, n° 158 et suiv.)

binaison de la loi des 6-22 août 1791, titre XIII, art. 35 et 36, avec la loi du 28 avril 1816 (section des douanes) article 39.

La seconde de ces trois conditions donne lieu à une remarque. Les fraudeurs peuvent arriver à se soustraire pendant quelques instants à la vue de ceux qui les poursuivent. Il est la plupart du temps impossible qu'il en soit autrement. La jurisprudence a décidé qu'il suffit en ce cas que les employés s'occupent uniquement et exclusivement de leur poursuite sans se livrer à aucune autre opération (Cass. 23 oct. 1807).

L'article 36 de la loi du 6 août 1791, titre XIII, prévoit le cas où l'habitant chez qui l'on veut faire une visite refuse d'ouvrir sa porte. Les préposés pourront la faire ouvrir « en présence d'un juge ou d'un officier munici-pal du lieu qui, dans tous les cas, devra être appelé pour assister au procès-verbal ». La présence de cet officier public étant exigée pour protéger l'inviolabilité du domicile et non pas pour augmenter la compétence des agents, il s'ensuit qu'elle n'est pas nécessaire si l'habitant ne s'oppose pas à ce qu'on pénètre chez lui. La jurisprudence est ici la même qu'en matière de contributions indirectes proprement dites. Faustin Hélie (1) voudrait que le consentement de l'habitant fût exprès, et consigné au procès-verbal.

Si l'officier public dont l'assistance est requise refuse de prêter son concours, ce refus aura-t-il pour effet d'em-pêcher la visite domiciliaire ? Cette question qui se pose dans tous les cas où la loi prescrit la présence d'une

(1) *Tr. de l'instr. cr.*, t. III, n° 1323.

autorité à une visite domiciliaire, est ici tranchée par un texte. Un avis du Conseil d'Etat, approuvé par un décret du 20 septembre 1809, décide que ce refus ne saurait empêcher les agents des douanes de pénétrer dans le domicile ; mais leur procès-verbal devra en faire mention.

Lorsque les préposés accomplissent leur visite, ont-ils le droit de saisir, outre les marchandises frauduleuses, les papiers, la correspondance et les registres de l'habitant ? La jurisprudence (1) le leur refuse, aucun texte ne permettant d'étendre aux perquisitions faites en matières de douanes un droit que le Code d'instruction criminelle n'a accordé au procureur de la République qu'en cas de flagrant délit et seulement si le fait est de nature à entraîner une peine afflictive ou infamante (art. 32, 36, 37, C. Ins. cr.).

Un arrêt de la Cour de Douai (2) déclare applicable en matière de douanes la disposition du § 2 de l'article 237 de la loi du 28 avril 1816 (titre V : Tabacs). Ce texte a été cité plus haut, à propos de l'impôt sur les tabacs. Nous le reproduisons :

« Les marchandises transportées en fraude, qui, au moment d'être saisies, seraient introduites dans une habitation pour les soustraire aux employés, pourront y être suivies par eux, sans qu'ils soient tenus, dans ce cas, d'observer les formalités ci-dessus prescrites. »

Rappelons que ces formalités sont : la présence d'un officier public et l'ordre d'un employé supérieur. La

---

(1) Besançon, 18 juillet 1828 ; Nancy, 19 juin 1830. — Ces deux arrêts sont cités au Répertoire de DALLOZ. Vº Douanes, nº 828.

(2) Douai, 17 novembre 1852. (D. P. 56. 2. 78.)

première seule nous intéresse en matière de douanes. La jurisprudence de la Cour de Douai en dispense dans les cas prévus par le texte que nous venons de citer.

La loi du 28 avril 1816 (Douanes) prévoyait, dans ses articles 59 et 60, divers cas où les préposés pouvaient procéder à des visites domiciliaires *hors le cas de flagrant délit.* Ces dispositions avaient pour but de protéger l'industrie nationale en matière de cotons et de laines filés ou tissés. Elles ont été rapportées par la loi du 16 mai 1863, article 31.

SECTION QUATRIÈME

EXCEPTIONS APPORTÉES PAR DIVERSES LOIS SPÉCIALES A L'INVIOLABILITÉ DU DOMICILE

Cette section sera consacrée à passer en revue un certain nombre de cas dans lesquels des lois spéciales permettent à divers fonctionnaires ou agents de pénétrer dans le domicile des particuliers. Ces cas se rattachent aux matières les plus variées et il est impossible d'en dégager une théorie d'ensemble. D'ailleurs aucun d'eux n'offre de difficultés ou de questions intéressantes à résoudre. Nous allons nous borner à relever pour chacun les particularités qui le font entrer dans le cadre de notre étude.

Occupations temporaires.

La nécessité d'assurer l'étude et l'exécution des projets de travaux publics a porté le législateur à imposer au droit de propriété et à l'inviolabilité du domicile certaines restrictions L'une d'elles porte, dans les lois administratives, le nom d'occupation temporaire. Elle est régie par les dispositions de la loi du 29 décembre 1892 (1).

Cette loi permet aux agents de l'administration :

1° De « pénétrer dans les propriétés privées pour y exécuter les opérations nécessaires à l'*étude* des projets de travaux publics, civils ou militaires, exécutés pour le compte de l'Etat, des départements ou des communes » ;

2° D'*occuper* temporairement des terrains privés lorsque l'exécution d'un travail public rend cette occupation nécessaire, et même d'en *extraire des matériaux*, après l'accomplissement de certaines formalités et moyennant indemnité.

Si la simple *étude préalable* d'un projet peut déjà causer une gêne sensible aux particuliers, notamment parce qu'elle permet chez eux l'introduction des agents de l'administration, la faculté d'occuper, même temporairement, les terrains, et surtout celle d'en extraire des matériaux, constituent des servitudes autrement plus lourdes, puisqu'elles aboutissent à une véritable expropriation. La loi a donc mis à l'exercice de ce droit des entraves plus importantes qu'à l'exercice du droit de faire des études.

(1) SIREY, *Lois annotées*, 1893, p. 505.

Etudes. — Lorsqu'il s'agit d'exécuter les opérations nécessaires à l'étude des projets de travaux publics, les agents de l'Administration peuvent pénétrer partout, sauf à l'intérieur des maisons d'habitation. Ils peuvent s'introduire dans les propriétés, alors même qu'elles sont closes et attenantes à une maison d'habitation et qu'elles participent ainsi au caractère d'inviolabilité du domicile. Mais ils doivent observer certaines condi- tions énumérées par l'article 1er de la loi.

Il faut que l'introduction des agents sur les propriétés privées soit autorisée par un arrêté préfectoral indi- quant les communes sur le territoire desquelles des études doivent être faites. « L'arrêté est affiché à la mairie de ces communes au moins dix jours avant et doit être représenté à toute réquisition ». S'il s'agit d'en- trer dans des propriétés closes, l'arrêté doit en outre être notifié, au moins cinq jours auparavant, au pro- priétaire, ou, en son absence, au gardien de la pro- priété. « A défaut de gardien connu demeurant dans la commune, le délai ne court qu'à partir de la notification au propriétaire, faite en la mairie ; ce délai expiré, si personne ne se présente pour permettre l'accès, lesdits agents ou particuliers peuvent entrer avec l'assistance du juge de paix ».

Occupations temporaires ayant un autre objet que celui de faire des études. — Extractions. — D'après l'article 2 de la loi de 1892, « aucune occupa- tion temporaire de terrain ne peut être autorisée à l'in- térieur des propriétés attenant aux habitations et closes par des murs ou par des clôtures équivalentes, suivant les usages du pays ». Nous avons dit que le caractère particulièrement onéreux de cette servitude avait empêché de l'étendre aux enclos qui entourent les habitations et qui ont ainsi le caractère de domicile.

Lignes télégraphiques et téléphoniques.

« Pour le fonctionnement et l'extension de son réseau électrique, devenu aujourd'hui l'un des organes essentiels de la vie nationale, l'Etat se trouve en contact quotidien avec les propriétés privées. Il est souvent indispensable, en effet, que les agents de l'Administration prennent des points d'appui sur les constructions privées et pénètrent même au besoin dans les propriétés pour y pratiquer des travaux de divers genres, en vue de l'étude préalable des lignes, de leur établissement, ou plus simplement encore de leur entretien. »

C'est en ces termes que M. Cochery, ministre des Postes et Télégraphes, justifiait le dépôt d'un projet qui est devenu, après quelques modifications, la loi du 28 juillet 1885 (1). Il importait de régler par une loi des questions qui s'étaient posées dans la pratique et avaient donné lieu à diverses décisions judiciaires (2). Les préfets s'étaient attribué le droit d'autoriser les agents de l'Administration des télégraphes à pénétrer dans les propriétés closes pour procéder aux études préalables et à l'établissement des lignes. La Cour de Cassation leur refusait ce droit ; dans le même sens, le Tribunal des conflits décidait qu'en l'absence de toute disposition

---

(1) SIREY : *Lois annotées*, 1886, p. 8.
(2) Cass. 17 avr. 1885 (D. 85. 1. 265. — S. 86. 1. 438).
  Cons. d'Et. 23 janv. 1885 *(Castang.* — D. 85. 3. 33).
  Trib. des confl. 13 déc. 1884 (D. 85. 3. 33. — S. 86. 3. 42).

de loi ou de règlement, un arrêté du préfet ne peut créer une servitude de ce genre, et qu'on ne saurait reconnaître à un arrêté de cette nature le caractère d'acte administratif, rentrant dans le cercle des attributions préfectorales.

La loi nouvelle ne vise dans ses dispositions que les lignes télégraphiques et téléphoniques appartenant à l'Etat. Le gouvernement voulait l'étendre à toute application de l'électricité, comme par exemple aux canalisations électriques destinées à l'éclairage ou au transport de la force motrice. La Chambre avait adopté l'article 1er du projet, rédigé en ce sens. Mais le Sénat, par respect pour la propriété privée, restreignit ces dispositions aux lignes télégraphiques et téléphoniques. La même préoccupation a fait laisser en dehors des prévisions de la loi les lignes télégraphiques et téléphoniques que des particuliers peuvent être autorisés à exécuter.

En ce qui concerne les *études* préalables à l'établissement des lignes, l'article 5 de la loi porte que lorsque l'introduction des agents de l'Administration dans les propriétés privées sera nécessaire, elle sera autorisée par un arrêté préfectoral.

L'expression « propriétés privées » semblerait s'appliquer, à cause de son caractère général, à toutes les *zónes* du domicile. Il nous paraît cependant que l'intention du législateur n'a pas été d'autoriser l'introduction des agents à l'intérieur des maisons d'habitation : il y aurait lieu de faire sur ce point une distinction analogue à celle que porte l'article 1er de la loi du 29 décembre 1892 sur les occupations temporaires.

En ce qui concerne *l'établissement des lignes*, la pose des conduits et des supports, les droits de l'administration sur les propriétés privées sont beaucoup moins étendus que lorsqu'il s'agit de procéder à de simples études préalables. Les droits de l'Etat se bornent à établir : 1° « des supports, soit à l'extérieur des murs ou façades donnant sur la voie publique, soit même sur les toits et terrasses des bâtiments, *à la condition qu'on y puisse accéder par l'extérieur.* » 2° « Des conduits ou supports sur le sol ou sous le sol des propriétés *non bâties qui ne sont pas fermées de murs* ou autre clôture équivalente. » (Art. 3 de la loi de 1885).

Avant de finir sur ce point, il faut signaler le décret du 15 mai 1888 *relatif aux installations de l'électricité* (1). Ce décret vise l'installation des conducteurs destinés au transport de la force ou à la production de la lumière. Les articles 1, 2, 8, 11 et suivants intéressent la pose et l'entretien des fils à l'intérieur des maisons, ainsi que la surveillance nécessaire pour assurer l'observation de ces prescriptions.

Inspection du travail.

Alors même qu'il s'exerce hors des grandes usines, dans de petits ateliers ou dans des habitations particulières, le travail peut donner lieu à des abus ; des lois sont intervenues pour protéger les travailleurs, et des inspecteurs ont été chargés d'en assurer l'exécution.

(1) SIREY : *Lois annotées*, 1888, p. 358.

Nous sommes sur ce point en France sous l'empire de la loi du 2 novembre 1892 (1).

Sous l'ancien régime, alors qu'existaient les Corporations, des ordonnances royales intervenaient souvent pour fixer les conditions du travail dans chaque métier et pour déterminer les droits et les devoirs des apprentis, des compagnons et des maitres. Mais ce qui correspondait alors à notre inspection du travail avait pour but la protection de la corporation bien plus peut-être que celle de l'ouvrier (2). Nos lois économiques actuelles, basées sur la liberté du commerce et de l'industrie, n'interviennent au contraire que pour protéger les travailleurs faibles : enfants, filles et femmes contre les dangers ou la durée du travail.

A quels établissements s'appliquent les dispositions de la loi de 1892 ? L'article 1er répond :

« Le travail des enfants, des filles mineures et des femmes dans les usines, manufactures, mines, minières et carrières, chantiers, ateliers *et leurs dépendances*, de quelque nature

(1) SIREY : *Lois annotées*, 1893, p. 521.

(2) Roland, inspecteur général des manufactures, et depuis ministre de Louis XVI, écrivait : « L'exécution des règlements entraîne nécessairement la violation du domicile ; elle fournit le prétexte de fouiller dans les ateliers, d'y tout bouleverser, de dévoiler, de s'approprier les procédés secrets qui font quelquefois la fortune de ceux qui les exercent, de suspendre le travail, de connaître l'état des affaires et d'exposer le crédit des particuliers ». Et plus loin : « J'ai vu faire des descentes chez des fabricants avec une bande de satellites, bouleverser leur atelier, répandre l'effroi dans leurs familles, couper des chaines sur les métiers, les enlever, les saisir..... » (Cité par BAUDRILLART, *Man. d'Econ. polit.*, 1878, p. 93). Si l'on considère qu'autrefois, plus encore qu'aujourd'hui, le travail se faisait en famille, et que l'atelier se confondait avec le domicile, on voit combien cet état de choses était contraire à la respectabilité du foyer domestique.

que ce soit, publics ou privés, laïcs ou religieux, même lorsque ces établissements ont un caractère d'enseignement
professionnel ou de bienfaisance, est soumis aux obligations
déterminées par la présente loi.....

« Sont exceptés les travaux effectués dans les établissements où ne sont employés que les membres de la famille
sous l'autorité soit du père, soit de la mère, soit du tuteur.

« Néanmoins, si le travail s'y fait à l'aide de chaudière à
vapeur ou de moteur mécanique, ou si l'industrie exercée est
classée au nombre des établissements dangereux ou insalubres, l'inspecteur aura le droit de prescrire les mesures de
sécurité et de salubrité à prendre..... »

On voit que les termes de cet article sont des plus
généraux. Ainsi que le faisait remarquer M. Waddington (2) : « la protection des pouvoirs publics couvre
le travail des femmes, des filles mineures et des enfants
partout où il s'exerce. Sont seuls exceptés le travail des
champs... et le travail de l'atelier domestique, dans
lequel l'inspecteur ne saurait pénétrer qu'en violant les
principes de notre droit commun ».

Mais l'atelier domestique, ou atelier de famille, perd
son immunité par le seul fait que des femmes, des
jeunes filles ou des enfants étrangers à la famille y sont
employés. Il est alors soumis aux prescriptions de la
loi et aux visites des inspecteurs. Car les inspecteurs et
les inspectrices du travail, chargés par l'article 17
d'exécuter les prescriptions de la présente loi ont, en
vertu de l'article 20, entrée dans tous les établissements
visés par l'article 1er.

Parmi ces établissements il en est qui ont très certainement le caractère de domicile La présence, dans

_____

(1) Rapport à la Chambre des députés, déposé le 10 juin 1890.
Journ. off., Chambre : *Docum. parlem.* Septembre 1890, p. 1082.

un appartement d'ouvrier, d'un apprenti étranger à la famille, ou bien l'usage qu'on y fait d'un petit moteur mécanique, n'ôte pas à cet appartement son caractère de domicile privé. Mais la présence de cet enfant ou l'usage de ce moteur enlève à ce domicile son caractère d'inviolabilité et le soumet aux inspections. La loi est même allée plus loin en soumettant à l'inspection non seulement l'atelier, mais encore ses *dépendances*. Et le rapport de M. Waddington ne nous laisse aucun doute sur le sens de ce mot. On a voulu ainsi atteindre les locaux où les enfants sont logés par leurs patrons. Avant 1892, les inspecteurs avaient pu se rendre compte que, dans la petite industrie, le couchage des enfants était établi dans des conditions déplorables au point de vue de l'hygiène et de la morale. « Mais, disait l'un d'eux, aucun texte ne nous autorise à pénétrer dans les locaux où couchent les enfants, et c'est en surprenant pour ainsi dire, la bonne foi des patrons, que nous avons pu voir comment les choses se passent. » C'est ce qui explique l'addition du mot *dépendances* au texte de l'article 1er de la loi de 1892.

Il faut donc voir, dans les dispositions de cette loi, une dérogation formelle au principe de l'inviolabilité du domicile Et quand le législateur a laissé en dehors de ses prescriptions l'atelier de famille, il y a été déterminé surtout par le désir de respecter en lui ce cachet d'intimité où l'on reconnaît dans toute sa force le caractère de domicile : nous trouvons l'écho de cette pensée dans les quelques mots du rapport Waddington que nous avons cités plus haut. Il s'est d'ailleurs senti pleinement rassuré sur le sort d'enfants qui travaillent sous la direction exclusive de leurs parents. L'affection de ces derniers est une garantie que ne pourront jamais remplacer les inspections les mieux organisées.

Logements militaires.

La loi du 3 juillet 1877, relative aux réquisitions militaires, est en quelque sorte le code de la matière (1). Son titre III (articles 8 à 18) est consacré au logement et au cantonnement des troupes. L'article 8 porte définition du logement et du cantonnement :

« Le *logement* des troupes, en station ou en marche, chez l'habitant, est l'installation, faute de casernement spécial, des hommes, des animaux et du matériel dans les parties des maisons, écuries, remises ou abris des particuliers reconnues, à la suite d'un recensement, comme pouvant être affectées à cet usage, et fixées en proportion des ressources de chaque particulier ; les conditions d'installation afférentes aux militaires de chaque grade, aux animaux et au matériel étant d'ailleurs déterminées par les règlements en vigueur.

« Le *cantonnement* des troupes, en station ou en marche, est l'installation des hommes, des animaux et du matériel dans les maisons, établissements, écuries, bâtiments ou abris de toute nature appartenant soit aux particuliers, soit aux communes ou aux départements, soit à l'Etat, sans qu'il soit tenu compte des conditions d'installation attribuées, en ce qui concerne le logement défini ci-dessus, aux militaires de chaque grade, aux animaux et au matériel, mais en utilisant, dans la mesure du nécessaire, la contenance des locaux, sous la réserve toutefois, que les propriétaires ou détenteurs conservent toujours le logement qui leur est indispensable. »

De cet article et des suivants, il faut retenir au point de vue de l'inviolabilité du domicile :

(1) SIREY : *Lois annotées*, 1877, p. 249.

1° Que dans certains cas (art. 1 à 4 de la loi), des militaires pourront être envoyés en logement ou en cantonnement chez des particuliers, et que ceux-ci seront tenus de les recevoir, sur présentation d'un billet de logement délivré par la municipalité. On pourra aussi requérir chez l'habitant les locaux nécessaires pour abriter les chevaux, mulets et bestiaux, ainsi que le personnel et le matériel des services de toute nature qui dépendent de l'armée.

2° Que « seront néanmoins dispensés de fournir le logement *dans leur domicile* les détenteurs de caisses publiques déposées dans ledit domicile, les filles et veuves vivant seules et les communautés religieuses de femmes ». Mais ces personnes doivent y suppléer en fournissant le logement en nature chez d'autres habitants (art. 12 § 2). Un avis du Conseil d'Etat du 1er février 1881 porte que les mêmes personnes sont dispensées du cantonnement des troupes dans le logement même qu'elles occupent, mais que ce cantonnement pourrait être requis dans toutes les dépendances dudit logement.

3° Que les habitants ne seront jamais délogés de la chambre et du lit où ils ont l'habitude de coucher (art. 13 § 2).

4° Que, hors le cas de mobilisation, le maire ne pourra pas envahir le domicile des absents; il devra loger ailleurs à leur frais (art. 13 § 3).

Etat de siège.

On désigne ainsi un ensemble de mesures exceptionnelles que peuvent prendre les pouvoirs publics lorsque l'ordre social est menacé par une guerre étrangère ou par une insurrection à main armée. Nous n'avons pas à examiner ici comment et par qui l'état de siège peut être déclaré ou levé sous la Constitution qui nous régit. Cette question a fait l'objet de la loi du 3 avril 1878 (1). Nous voulons seulement examiner les effets de cette déclaration au point de vue spécial qui nous occupe. Ces effets sont prévus et réglés par la loi du 9 août 1849 (2) qui est la loi organique en la matière.

La raison d'être de la législation relative à l'état de siège est dans ce principe que des circonstances extraordinaires nécessitent l'emploi de mesures extraordinaires (3). Or il faut que la loi prévoie elle-même ces circonstances en définissant d'avance le régime légal ex-

---

(1) SIREY : *Lois annotées*, 1878, p. 326.

(2) SIREY : *Lois annotées*, 1849, p. 105. — DALLOZ, périod. 49. 4. 135.

(3) « L'état de siège est une mesure exceptionnelle. Quand l'action ordinaire des lois, exercée par leurs organes habituels, ne suffit pas pour assurer la paix publique et le respect de tous les droits ; quand le gouvernement et la société sont attaqués, et qu'une défense énergique est nécessaire pour les sauver, les pouvoirs sociaux, les droits et les garanties du citoyen sont un instant suspendus ; le commandement et la force militaire, qui seule doit agir dans ces moments suprêmes, sont concentrés dans les mêmes mains. Chacun est obligé de faire abnégation de soi-même dans l'intérêt du salut commun, afin de rendre plus libre et plus vigoureuse la défense générale. Dans ces circonstances graves, refuser de sacrifier la jouissance des droits et des garanties politiques établis par la Constitution pour les temps réguliers et paisibles, c'est méconnaître ses devoirs de citoyens ; les revendiquer pour s'en faire une arme dans la lutte qui agite la société, c'est trahir le pays et se rendre indigne des libertés mêmes dont on abuse. » (Rapport de M. le conseiller d'Etat BOUDET sur la préparation du projet de loi de 1849. Reproduit *in extenso* dans SIREY, *Lois annotées*, 1849, p. 105, note 1.)

ceptionnel qui doit alors fonctionner. A défaut d'une telle législation, les lois normales seraient fatalement violées par les décrets gouvernementaux que dicterait la nécessité du moment. Et ces décrets seraient alors des actes entièrement arbitraires.

Les troubles qui agitèrent la France en 1849, notamment au mois de juin, avaient fait toucher du doigt le besoin de prévoir et de déterminer par une loi les mesures extrêmes auxquelles l'autorité pourra recourir dans les moments où l'ordre social est menacé. Si la société, disait en substance M. Dufaure, n'a dans de pareils moments que des moyens de droit commun pour se défendre, il arrivera de deux choses l'une : ou bien elle se contentera de ces moyens, elle risque alors de sombrer dans le désordre; ou bien elle se verra acculée à la nécessité d'improviser une répression énergique, et dans l'ardeur de la défense, elle sera peut-être tentée d'aller trop loin. C'est pour ces motifs qu'il importe de déterminer d'avance, avec toute la précision possible, les moyens extraordinaires qui pourront être employés.

Les effets de la déclaration d'état de siège sont prévus par le chapitre III (articles 7 à 11) de la loi du 9 août 1849. Ces effets sont de conférer à l'autorité militaire : tous les pouvoirs dont l'autorité civile est revêtue pour le maintien de l'ordre et de la police intérieure; une juridiction spéciale pour la répression des crimes et des délits; enfin le pouvoir de prendre un certain nombre de mesures énumérées par l'article 9, ainsi conçu :

« L'autorité militaire a le droit :

1° De faire des perquisitions de jour et de nuit dans le domicile des citoyens ;

2° D'éloigner les repris de justice et les individus qui n'ont pas leur domicile dans les lieux soumis à l'état de siège ;

3° D'ordonner la remise des armes et munitions et de procéder à leur recherche et à leur enlèvement ;

4° D'interdire les publications et les réunions qu'elle juge de nature à exciter ou à entretenir le désordre. »

L'exercice du droit de perquisition confié à l'autorité militaire n'a été soumis par la loi à aucune formalité spéciale. Il n'a d'autres limites que la responsabilité du commandant de l'état de siège. Cela ressort de la discussion de la loi devant l'Assemblée nationale législative. M. Soubies voulait faire spécifier que « les perquisitions devront être commandées par un officier ». Le ministre de l'intérieur, M. Dufaure, s'y opposa : « Il y a, dit-il, un commandant de l'état de siège. C'est lui qui est responsable de tout ; c'est lui qui donne des ordres à tout le monde ; c'est lui qui répond de tous ses subordonnés ; vous n'avez pas à craindre qu'un caporal, en faisant une patrouille, entre dans le domicile des citoyens s'il n'a pas reçu sa délégation du droit qui est commis au commandant militaire ». L'amendement de M. Soubies fut rejeté (1).

Lois de police.

La loi des 19-22 juillet 1791, tit. Ier, art. 8, permet aux officiers municipaux, commissaires ou officiers de

---

(1) *Moniteur* du 10 août 1849, p. 2655. — Sirey, *Lois annotées*, 1849, p. 111, note 1. — Dalloz, *Period.*, 49. 4. 143, note 4.

police municipale, de pénétrer dans les demeures des citoyens pour la confection des *états de recensement* ordonnés par les trois premiers articles de la même loi et pour la *vérifications des registres des logeurs*. Cette obligation, imposée aux logeurs par l'article 5 de la loi de 1791, de tenir note sur un registre des personnes auxquelles ils donnent l'hospitalité et de le présenter à toute réquisition, leur a été renouvelée par l'article 183 de l'ordonnance du 29 octobre 1820 sur le service de la gendarmerie. Elle est sanctionnée par l'article 475 § 2 du Code pénal.

Les articles 9 et 10 de la même loi des 19-22 juillet 1791 permettent aux officiers de police d'entrer dans les lieux où tout le monde est admis indistinctement, tels que cafés, cabarets, boutiques et autres « soit pour prendre connaissance des désordres ou contraventions aux règlements, soit pour vérifier les poids et mesures, le titre des matières d'or et d'argent, la salubrité des comestibles et médicaments ». Nous avons vu déjà que cette faculté s'étend non seulement au temps de jour, mais aussi au temps de nuit tant que ces lieux sont ouverts au public.

Les mêmes articles permettent aussi aux officiers de police « d'entrer en tout temps dans les maisons où l'on donne habituellement à jouer des jeux de hasard, mais seulement sur la désignation qui leur en aurait été donnée par deux citoyens domiciliés ».

La loi du 21 germinal an XI, article 29, et le décret du 23 mars 1859, article 1er, veulent que les officines des pharmaciens et des droguistes soient inspectées au moins une fois par an.

Enfin la loi du 5 avril 1884 met au nombre des attributions du maire : « l'inspection sur la fidélité du débit des denrées, qui se vendent au poids ou à la mesure, et sur la salubrité des comestibles exposés en vente » (article 97 § 5).

DEUXIÈME PARTIE

DE LA LIBERTÉ DES ACTES
QUI PEUVENT ÊTRE ACCOMPLIS DANS LE DOMICILE

Dès l'abord de cette étude, nous avons annoncé qu'elle serait divisée en deux parties. La première a été consacrée à examiner la respectabilité du domicile sous la forme de son inviolabilité. Après avoir posé en principe que la demeure du particulier doit être protégée par les lois contre toute intrusion, nous avons remarqué cependant que l'intérêt général de la société et le bon fonctionnement des services publics rendent nécessaires certaines dérogations à ce principe. Nous suivrons le même ordre dans la deuxième partie.

S'il est un endroit où l'individu doit être plus particulièrement libre d'agir à sa guise, c'est bien certes dans sa demeure. Cette liberté serait même illimitée si l'effet des actes qui y sont accomplis devait s'arrêter au seuil de la maison, aux murailles de l'enclos et y rester enfermé. Mais il n'en est pas ainsi. Une propriété privée a beau être située dans un lieu solitaire et écarté, ses limites ont beau être étendues, il n'en est pas moins certain que des actes peuvent se produire dans son intérieur qui auront une répercussion au dehors. C'est sur ces actes que les pouvoirs publics ont un droit de surveillance et de réglementation.

Au point de vue de la liberté du citoyen dans son domicile, il faut donc distinguer tout d'abord les actes qui ont un contre-coup au dehors et ceux qui n'en ont pas. Ceux-ci sont absolument libres, et vouloir les réglementer serait, de la part de l'autorité, une prétention injustifiée et tyrannique. Ceux-là, au contraire, tombent sous le contrôle des pouvoirs publics (1).

Ce droit de contrôle n'est pas confié au bon plaisir et à l'arbitraire des autorités : il est circonscrit et limité par des textes. La loi pouvait l'exercer de deux façons : en et déterminant elle-même, directement, les circonstances les conditions dans lesquelles sera restreinte la liberté des particuliers dans leur domicile, ou bien, par voie de délégation, en chargeant certaines autorités de pourvoir à ce soin.

C'est à cette seconde alternative que le législateur s'est le plus souvent arrêté. Les cas les plus nombreux, et, semble-t-il, les plus importants où la liberté des particuliers à l'intérieur de leur domicile doit subir

(1) Certains faits accomplis dans l'intérieur du domicile sont cependant entourés d'une publicité qui peut suffire à les rendre illicites. Ainsi une cérémonie religieuse, célébrée en haut d'une tour élevée sur une éminence, dans une propriété privée qui borde la voie publique, constitue une manifestation extérieure du culte essentiellement publique, lorsqu'elle a eu lieu en vue du public et en présence d'une foule convoquée à l'avance, provoquée à se réunir pour cet objet, et encombrant les rues avoisinantes; elle constitue dès lors une infraction à l'arrêté municipal qui interdit toute manifestation extérieure du culte. (Cr. rej., 26 mai 1882. — D. 82. 1. 382; — S. 83. 1. 391)

des restrictions dans l'intérêt public, ont été placés dans la compétence des autorités locales. Ces autorités exercent leurs attributions en cette matière par la voie des règlements de police. Ce sera l'objet du premier chapitre de cette seconde partie.

On verra, dans le second chapitre, comment le pouvoir législatif a réglé lui-même directement l'exercice de certaines libertés à l'intérieur du domicile. (1). L'étude des textes relatifs aux chapelles domestiques et aux oratoires particuliers arrêtera spécialement notre attention; nous ajouterons quelques remarques au sujet de l'influence du domicile sur le droit d'association.

Nous avons donné à cette seconde partie un développement qui peut paraître excessif si l'on considère son importance relativement à l'ensemble de notre travail. On voudra bien tenir compte de ce que les deux questions qui vont y être examinées n'ont pas encore été — à notre connaissance — l'objet d'une étude d'ensemble.

C'est là ce qui nous a fait insister sur ces matières plus nouvelles et peut-être, à cause de cela, plus intéressantes.

----

(1) Ce n'est pas ici le lieu de traiter de certaines prohibitions qui ne sont pas à proprement parler des atteintes à la liberté, et qui se comprennent aussi bien à l'intérieur qu'au dehors du domicile. Personne ne songerait à soutenir, par exemple, qu'un meurtre, un viol ou une séquestration peuvent être commis impunément dans le domicile. La loi morale, bien plus que la loi positive, suffit à interdire une semblable distinction.

CHAPITRE PREMIER

Des arrêtés réglementaires ou de police qui apportent des restrictions à la liberté du citoyen dans son domicile.

Sous la législation administrative antérieure à la loi du 5 avril 1884, les pouvoirs du maire en matière de règlements municipaux étaient régis par les lois de l'époque révolutionnaire et par la loi du 18 juillet

1837 (1). Ces dispositions ont été refondues dans la législation actuelle. Mais nous ne pouvions nous dispenser de les rappeler, car elles ont inspiré une jurisprudence à laquelle nous ferons, dans le cours de cette étude, de larges emprunts.

Le *maire* est, dans sa commune, chargé de la police municipale et de la police rurale (loi du 5 avril 1884, article 91). « La police municipale a pour objet d'assurer le bon ordre, la sûreté et la salubrité publiques » (même loi, article 97). La police rurale a fait l'objet d'une série de lois qui confèrent au maire des pouvoirs très étendus (2).

A Paris, les pouvoirs de police sont confiés au *préfet de police* qui les exerce sous les mêmes conditions que les maires dans les autres communes. Il faut cependant faire réserve des pouvoirs de police que le décret du 10 octobre 1859 a expressément conférés au préfet de la Seine, et de l'application de la loi du 10 juin 1853, en ce qui concerne les pouvoirs des maires des communes suburbaines.

Le *préfet* a lui-même, en ce qui concerne le maintien

(1) Nous citerons notamment : L. 16-24 août 1790, tit. XI, art. 3. Décr. 19-22 juil. 1791, tit. I (police municipale). Décr. 28 sept.-6 oct. 1791, tit. II, art. 9 et 10 (police rurale). L. 18 juill. 1837, art. 10 et 11.

(2) Ces lois sont refondues par la loi toute récente du 21 juin 1898. Cette loi forme, dans le projet du Code rural, un titre spécial consacré à la police rurale. — Son article 1ᵉʳ est ainsi conçu : « Les maires sont chargés, sous la surveillance de l'administration supérieure, d'assurer, conformément à la loi du 5 avril 1884, le maintien du bon ordre, de la sécurité et de la salubrité publiques, sauf dans le cas où cette attribution appartient aux préfets. Ils sont également chargés de l'exécution des actes de l'autorité supérieure relatifs à la police rurale ».

de la salubrité, de la sûreté et de la tranquillité publiques, le droit de prendre des mesures applicables soit à toutes les communes de son département, soit à plusieurs, soit même à une seule d'entre elles, suivant les distinctions portées par la loi du 5 avril 1884, dans son article 99 ainsi conçu :

« Les pouvoirs qui appartiennent au maire en vertu de l'article 91 ne font pas obstacle au droit du préfet de prendre, pour toutes les communes du département ou plusieurs d'entre elles, et dans tous les cas où il n'y aurait pas été prévu, toutes les mesures relatives au maintien de la salubrité, de la sûreté et de la tranquillité publiques.

« Ce droit ne pourra être exercé par le préfet à l'égard d'une seule commune qu'après une mise en demeure au maire restée sans résultat (1) ».

Ces autorités locales, le maire surtout, ont, en raison même de leurs pouvoirs de police, un droit de réglementation qui s'exerce sous le contrôle de l'Administration supérieure. Cette garantie est nécessaire pour contenir dans de justes bornes un droit qui, précisément à cause de son caractère local, peut devenir tracassier et même tyrannique. En effet, l'autorité du maire en matière de police, pour répondre à sa fin, c'est-à-dire pour maintenir le bon ordre, la sûreté, la salubrité publiques, et protéger les intérêts ruraux, doit descendre dans une foule de détails et étendre sa surveillance jusque sur des actes que les particuliers peuvent accomplir dans leur domicile ou dans ses

(1) Cet article a donné lieu, soit à la Chambre, soit au Sénat, à de vives discussions. Il s'agissait de délimiter autant que possible les attributions respectives des préfets et des maires en matière de police municipale (Voir SIREY, *Lois annotées*, 1884, p. 576).

dépendances. Il y aura donc bien des occasions de conflit entre le droit nécessaire de l'autorité, d'une part, et, d'autre part, les droits individuels qui, pour le bien même de la société, doivent être respectés.

Le législateur pouvait-il, par des dispositions prévoyantes et minutieuses, tirer une ligne de démarcation bien nette entre ces deux droits, et diminuer les occasions où ils peuvent entrer en contact? Non, faut-il répondre : les lois ont dû se borner à poser des principes généraux sans chercher à prévoir les cas indéfiniment variés qui se présentent dans la pratique. Cette action modératrice, ce rôle d'arbitre que le législateur ne peut pas exercer, reviennent tout naturellement aux diverses juridictions contentieuses. C'est à elles qu'il appartiendra de trancher les nombreux différents et de dire, pour chaque cas particulier, jusqu'où peut aller le droit de surveillance et de réglementation de l'autorité administrative à l'encontre de la liberté du citoyen dans son domicile. De l'ensemble de ces décisions d'espèces nous essaierons de dégager, sinon une théorie générale, du moins des indications sur l'étendue respective des droits de l'autorité et des droits individuels.

Mais avant d'aborder cette étude, nous rappellerons quelques principes du contentieux administratif qui doivent nous guider dans la recherche et dans l'examen de ces décisions.

A quelles juridictions faut-il demander les solutions qui ont tranché les difficultés dont nous allons nous occuper? Ou bien — et cela revient au même — à quel contrôle ayant un caractère contentieux sont soumis les actes réglementaires des autorités locales ? A un contrôle direct de la part du Conseil d'Etat ; à un contrôle indirect de la part de la Cour de cassation et des juridictions répressives qui y ressortissent : tribunaux de police et tribunaux correctionnels (1).

CONTRÔLE EXERCÉ PAR LE CONSEIL D'ETAT. — Lorsqu'un particulier se croit lésé dans ses droits par un acte réglementaire qui émane d'une autorité comprise dans la hiérarchie administrative, il peut déférer cet acte au Conseil d'Etat par la voie du *recours pour excès de pouvoir*.

Si cet acte est entaché de certains vices (incompétence, vice de forme, violation de la loi et des droits acquis, détournement de pouvoir), le Conseil d'Etat l'annule purement et simplement ; et cette annulation produit son effet *erga omnes*. L'acte n'existe plus, et l'inobservation des prescriptions qu'il portait ne pourra désormais donner lieu à aucune poursuite.

CONTRÔLE EXERCÉ PAR LES TRIBUNAUX RÉPRESSIFS. — La plupart du temps, les particuliers, tout en suspectant la validité d'un acte réglementaire qui leur fait grief, négligent de le déférer au Conseil d'Etat et reculent devant les démarches et les frais que suppose un

---

(1) Nous ne parlerons pas ici du recours hiérarchique ou gracieux, toujours ouvert devant l'Administration supérieure ou même devant l'autorité dont émane l'acte lésif et qui peut évidemment le rapporter ou le modifier. L'admission ou le rejet d'un semblable recours, précisément à cause de son caractère gracieux, ne peut pas nous fixer sur les limites des deux droits opposés.

pourvoi devant cette juridiction. Chacun se soucie assez peu, d'ailleurs, de prendre l'initiative d'un pourvoi qui, s'il aboutit, servira à tout le monde, et qui au contraire, s'il est rejeté, pèsera sur celui-là seul qui s'est mis en avant et tournera à sa confusion. Il ne faut pas oublier non plus que, dans une petite commune surtout, c'est toujours une grave démarche pour un administré que d'attaquer les actes d'une autorité municipale. Avant de le faire on hésite longtemps, et le délai du pourvoi se passe. Un jour vient cependant où un particulier enfreint les prescriptions de l'arrêté. Il est cité pour ce fait devant les tribunaux répressifs, ordinairement devant le juge de paix pris en qualité de juge de police. Le tribunal saisi a toujours le droit, et même le devoir, d'examiner si les dispositions règlementaires qu'il est appelé à sanctionner par l'application d'une peine ont été prises, par l'autorité qui les a portées, dans les limites légales de sa compétence.

Si les conditions exigées pour la validité de l'acte font défaut, le contrevenant sera relaxé des poursuites exercées contre lui. Mais, au contraire d'une annulation directement prononcée par le Conseil d'Etat, le jugement qui refuse de sanctionner un acte qu'il considère comme illégal, ne produit pas ses effets *erga omnes*, mais seulement *inter partes litis*. D'où il suit que de nouvelles infractions à l'acte déclaré illégal par le juge répressif pourraient donner lieu à de nouvelles poursuites.

On sait d'ailleurs que ni le Conseil d'Etat ni les tribunaux répressifs n'ont le droit de *réformer* les actes qu'ils ont à examiner. Le Conseil d'Etat *annule* l'acte purement et simplement ou au contraire rejette le recours formé. Le juge répressif condamne ou acquitte le prévenu selon qu'il considère l'acte enfreint comme valable ou comme vicié. Cependant si l'arrêté attaqué contient plusieurs dispositions distinctes, le Conseil d'Etat peut annuler les unes tout en laissant subsister les autres (1).

C'est donc aux arrêts du Conseil d'Etat et de la Cour de cassation, aux jugements des tribunaux de simple police et correctionnels, qu'il faut chercher la délimitation entre les pouvoirs de police de l'autorité administrative et l'exercice de la liberté du citoyen dans son domicile.

Le principe de cette délimitation apparait dans deux arrêts combinés de la Cour suprême.

« Attendu, dit l'un d'eux, que l'autorité municipale a, d'une manière générale, aux termes des dispositions légales précitées (2), le soin de garantir la sûreté et la salubrité publiques, et que, si les actes qui les menacent s'accomplissent dans des maisons particulières, *ces actes n'échappent pas*, en principe, d'une manière absolue, *à son pouvoir de réglementation* pourvu qu'elle concilie l'exercice de son droit avec le respect dû au domicile des citoyens (3)... »

On lit dans un autre arrêt : « Attendu que, si les offi-

(1) On peut citer comme exemple un arrêt du Conseil d'Etat du 25 mars 1887 (Syndicat des propriétaires de bains de Paris, SIREY, 89. 3. 7). Voir aussi LAFERRIÈRE : *Tr. de la jurid. admin. et des rec. contentieux*, 1896, t. II, p. 568 et 569,

(2) Loi des 16-24 août 1790, titre XI, art. 3. Loi des 19-22 juillet 1791, titre Iᵉʳ, art. 8 et 9.

(3) Cass. 7 nov. 1885 (S. 87. 1. 398).

ciers municipaux ont les pouvoirs de procéder par voie
de règlement sur les objets de police confiés à leur
autorité et à leur vigilance par les articles 94 et suivants
de la loi du 5 avril 1884, c'est à la condition que les
mesures par eux prises ne sortent pas de la sphère de
leurs attributions et qu'elles ne portent notamment aucune atteinte, soit à la liberté du commerce et de l'industrie, soit au droit de propriété des citoyens et au
respect dû à leur domicile... » (1).

Voilà le principe. Il faut bien reconnaître qu'il est posé
en termes assez vagues. Aussi son application ne lais-
sera pas d'être fort délicate. Nous croyons, quant à
nous, que la question est double. Le juge chargé d'apprécier la validité d'un arrêté de police intéressant la
liberté des particuliers dans leur domicile devra examiner si cet acte satisfait à deux conditions :

1° L'arrêté dont il s'agit a-t-il vraiment pour objet une
des matières mises par la loi au nombre des attributions
de l'autorité dont il émane? Si c'est par exemple un arrêté
de police municipale il faudra se demander si son
exécution intéresse réellement le bon ordre, la sûreté ou
la salubrité publiques, et notamment s'il est indemne
de ce qu'on nomme en droit administratif le *détournement
de pouvoir ;*

2° Peut-on dire de cet arrêté qu'il concilie équi-

(1) Cour de Cass. 14 mai 1887 (S. 87. 1. 400).
Voir aussi en ce qui concerne spécialement :
la liberté du commerce et de l'industrie : Cass. 20 nov. 1885
(S. 87. 1. 91). Cass. 5 mars 1887 (S. 87, 1. 192).
le Droit de propriété : Cass. 16 déc. 1881 (S. 84. 1. 94). Cass. 19
août 1882 (S. 83. 1. 336).
l'Inviolabilité du domicile : Cass. 14 mars 1866 (S. 66. 1. 416).

tablement l'intérêt général et les droits individuels et qu'il n'est pas entaché du vice que la jurisprudence du Conseil d'Etat a désigné sous le nom de *violation de la loi et des droits acquis ?*

C'est à ce double point de vue que nous allons examiner quelques-uns des cas les plus fréquents où l'intérêt général peut dicter des mesures qui atteignent la liberté des citoyens dans leur propriété ou dans leur domicile.

1° L'arrêté de police doit avoir réellement pour objet une des matières mises par la loi au nombre des attributions de l'autorité dont il émane.

L'objet de la police municipale a été défini par la loi du 5 avril 1884 dans son article 97. Il consiste à assurer le bon ordre, la sûreté et la salubrité publiques. Les arrêtés pris par le maire en matière de police ne seront donc légaux que s'ils ont pour but réel de sauvegarder l'un de ces trois intérêts. Nous disons : pour but *réel ;* il ne faut pas que, sous le prétexte apparent d'exercer les pouvoirs de la police municipale, l'autorité administrative puisse poursuivre une fin qui leur est étrangère. Elle commettrait alors un *détournement de pouvoir.* On appelle ainsi « le fait d'un agent de l'Administration qui, tout en faisant des actes de sa compétence et en suivant les formes prescrites par la législation, use de son pouvoir discrétionnaire pour des cas et pour des motifs autres que ceux en vue desquels ce pouvoir lui a été attribué » (1).

___
(1) Cette définition est de M. Aucoc (citée par Laferrière : *Traité de la jurid. adm.*, t. II, page 548).

Le détournement de pouvoir est, par définition même, un acte d'arbitraire conscient. Il réside tout entier dans l'*intention* de son auteur et c'est cette intention que doit scruter le juge auquel l'acte est déféré. Nous en trouvons un exemple dans une espèce qui a fait l'objet d'un arrêt de la Cour de Cassation du 13 janvier 1844 (1). Un maire avait pris, relativement au nombre et à la hauteur des étages que devait avoir chacune des maisons construites sur telle rue ou sur telle place, des dispositions qui n'intéressaient que l'agrément et la beauté symétrique de leurs façades. La Cour statua en ces termes : « Attendu, en droit, que les numéros 1 et 5 de l'article 3, titre 11, de la loi des 16-24 août 1790, autorisent l'autorité municipale à fixer dans chaque ville la hauteur des maisons d'après la largeur des rues, cette mesure ayant pour objet d'assurer la sûreté et la salubrité de la cité, et de rendre les secours en cas d'incendie plus prompts et plus faciles, mais qu'il ne s'ensuit point de ces dispositions qu'elle puisse également astreindre les citoyens à n'entreprendre que des constructions absolument conformes au plan qu'elle aurait cru devoir adopter uniquement dans des vues d'embellissement et de décoration, et qu'aucune loi spéciale ne lui confère d'ailleurs ce pouvoir... » (2)

Serait encore entaché de détournement de pouvoir l'arrêté de police qui, sous prétexte d'assurer la sûreté

(1) SIREY, 44. 1. 638.
(2) Les dispositions de la loi des 16-24 août 1790 visées par cet arrêt ont été reproduites presque textuellement par l'article 97 de la loi du 5 avril 1884. La jurisprudence de 1844 sur cette matière ne saurait donc être modifiée par notre loi municipale actuelle.

ou la salubrité publiques, aurait en réalité pour but de favoriser les intérêts pécuniaires de la commune du département, de l'Etat, ou même de simples particuliers. A défaut d'une espèce qui reproduise identiquement ce cas, l'affaire *Laumonnier-Carriol* en présente un absolument analogue et nous la citerons à titre d'exemple. La seule différence est que dans cette affaire il s'agit, non pas d'un arrêté de police municipale, mais d'un arrêté pris par un préfet en vertu des pouvoirs que la loi lui confère pour la surveillance et la règlementation des établissements insalubres.

On sait que la loi du 2 août 1872, en attribuant à l'Etat le monopole de la fabrication et de la vente des allumettes, a décidé que les fabriques alors existantes seraient expropriées. Dans le but d'alléger les charges qui incombaient de ce chef au Trésor, le ministre des finances prescrivit aux préfets de n'exproprier que les usines qui fonctionnaient en vertu d'une autorisation régulière et de fermer les autres par mesure administrative. En conséquence, le préfet de Maine-et-Loire prononça la fermeture de la fabrique du sieur Laumonnier-Carriol en alléguant ses droits de police sur les établissements dangereux, insalubres ou incommodes, et sans faire mention dans son arrêté des raisons d'ordre financier qui étaient le véritable motif de cette mesure. Le Conseil d'Etat prononça néanmoins la nullité de cet arrêté préfectoral :

« Considérant qu'il est établi par l'instruction que le préfet, en ordonnant la fermeture de la fabrique d'allumettes du sieur..., en vertu des pouvoirs de police qu'il tenait des lois et règlements sur les établissements dangereux, incommodes ou insalubres, n'a pas eu pour but les intérêts que ces lois et règlements ont en vue de garantir ; qu'il a agi en exécution d'instructions émanées du ministère des finances à la suite de la loi du 2 août 1872, et dans l'intérêt d'un service financier de l'Etat ; qu'il a ainsi usé des pouvoirs de police qui lui appartenaient sur les établissements dangereux, incommodes ou insalubres pour un objet autre que celui à raison duquel ils lui étaient conférés... (1) »

Il peut arriver que, de bonne foi, l'auteur d'un arrêté de police s'illusionne lui-même sur la véritable portée de ses actes. Il poussera si loin la rigueur de ses prescriptions que la liberté des citoyens et leurs droits privés seront atteints sans aucun profit pour l'intérêt général. Tel serait par exemple le cas où un maire, pour prévenir le danger que fait courir à la salubrité et à la tranquillité publiques un grand rassemblement de volailles ou d'autres animaux de basse-cour dans l'intérieur d'une ville, va jusqu'à interdire la détention d'un seul de ces animaux. C'est l'espèce qui a fait l'objet d'un arrêt de la Cour suprême en date du 14 mai 1887 (S. 87. 1. 400). Elle mérite d'être citée :

Le maire de la commune de Créteil avait pris un arrêté ainsi conçu :

« Il est interdit d'élever et conserver sans autorisation
« des pigeons, paons et autres oiseaux de basse-cour, qui
« peuvent être une cause d'insalubrité et d'incommo-
« dité. — Toute demande en autorisation d'avoir, dans
« les dépendances d'une habitation, *un ou plusieurs* des

(1) Cons. d'Etat, 26 novembre 1875. — S. 77, 2. 311.

« animaux désignés dans les articles précédents, sera
« adressée à la mairie. » Il fut constaté par un procès-
verbal qu'un habitant avait chez lui un paon enfermé
dans une volière, malgré les prescriptions de l'arrêté
que nous venons de citer. Cet habitant, traduit pour ce
fait devant le tribunal de simple police sous la prévention « d'avoir commis une contravention à la tranquillité publique », fut acquitté. La Cour de cassation rejeta
le pourvoi formé contre ce jugement qui déclarait illégal
l'arrêté ci-dessus : « Attendu que si les officiers municipaux ont le pouvoir de procéder par voie de règlement
sur les objets de police confiés à leur autorité et à leur
vigilance par les articles 94 et suivants de la loi du 5
avril 1884, c'est à la condition que les mesures par eux
prises ne sortent pas de la sphère de leurs attributions
et qu'elles ne portent notamment aucune atteinte, soit à
la liberté du commerce et de l'industrie, soit au droit de
propriété des citoyens et au respect dû à leur domicile...
— Attendu que l'arrêté susvisé du maire de Créteil ne
remplit pas ces diverses conditions ; que, d'une part, il
ne se borne pas à prohiber l'agglomération des animaux
de basse-cour dans l'intérieur des maisons, ce qui peut
constituer une cause d'insalubrité ou d'incommodité
légitimant une mesure de police, mais que le règlement
interdit d'élever ou de conserver *un seul* de ces animaux
dans toute la circonscription de la commune sans l'autorisation préalable du maire ; que cette interdiction,
manifestement excessive, ne peut être considérée comme
une prescription de police ayant pour but de faire disparaître les inconvénients pouvant résulter de l'élevage
des oiseaux de basse-cour ; qu'en réalité l'arrêté sup-

prime en principe et sans distinction tous ces animaux même lorsqu'ils ne sont pas réellement une cause d'insalubrité ou de trouble pour la tranquillité générale, et que, dans ces conditions, ce règlement porte atteinte au droit de propriété des citoyens, au respect dû à leur domicile, et à la liberté du commerce et de l'industrie... »

L'arrêté du maire de Créteil — au moins dans celles de ses prescriptions qui nous occupent — ne peut pas être considéré comme entaché de détournement de pouvoir. Il n'a pas sa raison d'être dans des motifs *autres* que ceux en vue desquels la loi a confié au maire ses pouvoirs de police. Son défaut est précisément que plusieurs de ses prescriptions ne sont justifiées par aucun motif, apparent ou caché. Les restrictions apportées par les règlements à la liberté d s citoyens dans leur domicile ne sont légitimées, avons-nous dit, que par la nécessité de sauvegarder l'intérêt général. Ici l'intérêt général n'est nullement affecté par la présence chez un particulier d'un seul oiseau de basse-cour L'atteinte portée aux droits privés n'est donc plus justifiée : elle est par le fait illégale. Voilà pourquoi la Cour de cassation a décidé que le juge de simple police avait bien jugé en se refusant à sanctionner par l'application d'une peine l'arrêté du maire de Créteil. Les tribunaux devant qui sont déférées les infractions à un règlement de police ont en effet plein pouvoir d'appréciation pour juger si ses prescriptions ne portent pas au delà des limites que la loi leur a assignées.

En résumé : si l'arrêté pris par une autorité administrative en vertu de ses pouvoirs de police a véritablement pour objet de sauvegarder la salubrité, la sécurité et la tranquillité publiques, cet arrêté est légal, pourvu toutefois — ainsi qu'on va le voir — qu'il concilie équitablement l'intérêt général avec les droits individuels. Si au contraire son auteur l'a intentionnellement fait dévier du but que le législateur avait en vue, ou s'est involontairement mépris sur sa portée, il est entaché d'un vice qui peut le faire tomber, soit directement en justifiant son annulation, soit indirectement, en interdisant aux tribunaux répressifs de lui donner une sanction.

2° L'arrêté de police doit concilier équitablement l'intérêt général et les droits individuels, respecter la loi et les droits acquis.

Nous abordons maintenant d'une façon plus directe l'examen des cas où le pouvoir réglementaire de l'Administration s'exerce légalement sur les propriétés privées ou sur les actes qui s'y accomplissent. Pour plus de méthode, laissons-nous guider dans cet examen par la division des pouvoirs de la police municipale, telle qu'elle est écrite dans la loi. Ces pouvoirs seront ainsi étudiés successivement dans leurs rapports avec le maintien de la sûreté, du bon ordre et de la tranquillité, enfin de la salubrité publique

Sûreté.

L'autorité administrative doit prendre les mesures nécessaires pour prévenir les incendies, les inondations et les autres accidents (1).

(1) Loi du 5 avril 1884, art. 97-6°.

Mesures de police destinées à prévenir les incendies. —
En ce qui concerne les incendies, les autorités peuvent
prendre diverses dispositions relatives, soit aux matériaux à employer dans les constructions, soit à la distance à laquelle seront tenus les amas de paille ou de
matières inflammables dans les environs des maisons
d'habitation, soit enfin aux précautions que les habitants devront prendre chez eux pour éviter que le feu
n'éclate.

Les droits du préfet en cette matière sont réglés par
l'article 9 de la loi du 21 juin 1898, ainsi conçu ;

« Le préfet, sur l'avis conforme du Conseil général,
peut interdire, dans toute l'étendue du département,
l'emploi de certains matériaux pour la construction
des bâtiments ou celle des toitures, ou prescrire les précautions qui devront être adoptées pour cette construction. »

Cette nouvelle disposition n'empêche pas le maire
d'exercer, dans sa commune, le même droit, qu'il tenait
de la loi des 16-24 août 1790, titre XI, article 3, puis de la
loi du 5 avril 1884, article 97. Le rapport de M. Peaudecerf au Sénat ne laisse aucun doute à ce sujet. La nouvelle loi, par crainte de la négligence des maires, a
voulu permettre aux préfets de se substituer à eux. Au
moment de la discussion du projet au Sénat, nombre
d'arrêtés préfectoraux avaient déjà pris l'initiative de ces
mesures. Mais la validité de ces décisions pouvant être
contestée, le législateur n'a voulu laisser aucun doute
à ce sujet (1).

(1) V. SIREY, *Lois annotées*, 1899, p. 711, note 27.

Le maire peut interdire de faire des constructions en bois, alors même qu'elles seraient provisoires et destinées à disparaître (Cass., 11 mars 1830). Il peut interdire de couvrir les toits en chaume ou en roseaux. Mais ici deux réserves sont nécessaires : Le maire ne peut pas ordonner la démolition d'une maison en bois déjà existante, ni prescrire que les couvertures de chaume seront détruites et remplacées par des tuiles ou des ardoises ; mais il peut dire que les couvertures en chaume ou en roseaux ne seront réparées qu'en tuiles, en ardoises ou en autres matières non combustibles. (Cass., 12 déc. 1835). En second lieu, le maire ne devra pas étendre indistinctement ces prescriptions à toute l'étendue de sa commune et, par exemple, à des maisons isolées. C'est du moins l'opinion exprimée dans le *Répertoire* de Dalloz (1) : « On priverait ainsi l'homme peu aisé du droit de construire la plus modeste cabane, et même l'opulent de la faculté d'établir dans des sites pittoresques ces frêles et élégantes constructions qui rappellent aux souvenirs les chalets suisses ou les huttes des Indiens. » La sûreté publique n'est, en effet, nullement menacée si de semblables maisons se bâtissent dans des lieux isolés.

Un arrêté municipal peut interdire de faire des meules de paille ou des tas de bois à une distance trop rapprochée des habitations et fixer cette distance (2). Il peut fixer la hauteur à donner aux tuyaux de poêle qui sortent, même sur les cours (3).

(1) V° *Commune,* sous le n° 1282.
(2) Loi du 21 juin 1898, art. 11.
(3) Cass., 17 janv. 1845 (D. P. 45. 4. 44.)

La loi du 21 juin 1898, article 10, permet au *préfet*, « sur l'avis du conseil général et des chambres consultatives d'agriculture », de prescrire les précautions nécessaires pour écarter les dangers d'incendie. Nous renverrons sur ce point aux remarques déjà faites au sujet des matériaux de construction.

La loi des 28 sept.-6 oct. 1791, titre II, article 9, donnait au maire un pouvoir que ne lui a pas confirmé l'article 8 de la loi du 21 juin 1898.

Les officiers municipaux, disait l'ancien texte, seront tenus particulièrement, de « faire, au moins une fois par an, la visite des fours et cheminées de toutes maisons et de tous bâtiments éloignés de moins de cent toises d'autres habitations : ces visites seront préalablement annoncées huit jours d'avance. — Après la visite, ils ordonneront la réparation ou la démolition des fours et cheminées qui se trouveront dans un état de délabrement qui pourrait occasionner un incendie ou d'autres accidents... »

Ce texte donnait à l'autorité municipale deux droits distincts : le droit d'entrer dans les maisons des particuliers pour faire les constatations, et le droit d'ordonner les mesures qui auront été jugées nécessaires. Le premier est passé sous silence par la nouvelle loi ; rien en apparence ne permet de dire qu'il est abrogé. Il semblerait au contraire qu'il est maintenu : pour que le maire puisse ordonner des réparations ou des démolitions, il faut qu'il ait pu constater l'état des lieux, que par conséquent il ait pu pénétrer dans les habitations (1).

(1) Il résulte cependant des débats parlementaires qui ont précédé le vote de la loi de 1898, que le maire n'a plus le droit de

Le second de ces droits a été maintenu par l'article 8 de la nouvelle loi. Le maire prescrit que le ramonage des fours et cheminées aura lieu une fois chaque année. Il peut, en observant les formalités prescrites par les articles 4, 5 et 6 de la nouvelle loi, ordonner la réparation et même la démolition des fours et cheminées.

La visite prescrite par la loi de 1791 était, croyons-nous, d'un usage peu répandu. Elle avait cependant son utilité dans les campagnes, où l'imprudence et la négligence des habitants causent si fréquemment de lamentables sinistres.

Bien que la question n'ait plus qu'un intérêt historique, notons en passant un arrêt de la Cour de cassation du 24 mars 1866 (1) duquel il résulte que les particuliers avaient le droit de se refuser à ce que ces visites aient lieu dans leur domicile « sans le concours et la présence du maire, ou, à son défaut, d'un officier municipal... Leur présence à ces opérations, outre qu'elle est un hommage au principe constitutionnel de l'inviolabilité du domicile, a aussi pour but la sûreté des particuliers et la nécessité de les garantir de tous abus pendant ces visites... »

Tels sont les droits du maire pour prévenir les incendies. Ces droits pourraient-ils aller jusqu'à interdire aux particuliers certains actes de la vie ordinaire et courante, comme par exemple de fumer dans les habitations

visite, et que le législateur, en omettant ce droit dans le texte nouveau, a entendu le supprimer. (V. le rapport de M. Peaudecerf au Sénat, séance du 10 mars 1890 ; *Journ. Offic.* du 11. — SIREY, *Lois annotées*, 1899, p. 711.)

(1) S. 66. 1. 416.

ou dans leurs dépendances avec des pipes non fermées,
et de circuler dans leurs maisons avec des lumières
dont la flamme n'est pas protégée par une lanterne ?
La jurisprudence n'est pas très nette à cet égard. Un
arrêt rendu par la Cour suprême le 5 décembre 1833 (1)
dans une espèce où un inculpé avait contrevenu à un
règlement de police par le fait « d'avoir constamment
porté de la lumière sans la renfermer dans une lanterne, dans le service intérieur de sa maison, et notamment pour le transport du foin à son écurie ;
d'avoir souffert que sa femme tint la lumière près
d'une botte de foin , et d'avoir ainsi enflammé les
parties sèches qu'elle rencontra », a bien déclaré obligatoire le règlement de police auquel il était ainsi fait
infraction. Mais les termes de cet arrêt manquent de la
précision nécessaire pour que nous puissions reconnaître en lui une doctrine ferme sur le point spécial qui
nous occupe. Ce point n'est pas, en effet, le seul qui ait
donné lieu à l'arrêt précité. En tous cas, les pouvoirs
qu'il semble reconnaître à l'autorité réglementaire nous
semblent marquer l'extrême limite de ses droits en semblable matière ; elle se borne en général à prescrire les
mesures de précaution touchant le port des lumières
et l'usage des pipes dans les rues ou dans les lieux
publics seulement. Cela explique que nous ne trouvions
qu'un seul arrêt visant un arrêté qui prescrit les mêmes
mesures dans les maisons particulières.

Mesures destinées à prévenir les inondations. — Il est
un autre fléau, moins fréquent que les incendies mais

(1) Cité dans D. R. Vo Commune, sous le no 1037.

plus terrible peut-être, parce qu'il est plus difficile de circonscrire ses ravages : ce sont les inondations. Ici encore l'autorité administrative peut et doit intervenir. Elle doit, lorsque le salut commun l'exige, prescrire aux particuliers certains travaux sur leurs propriétés, notamment le creusement de fossés destinés à détourner d'une commune les eaux qui menacent de l'envahir (Ordonnance en Cons. d'Et. du 23 avril 1818). Ce droit, qui a toujours été reconnu au maire, lui est confirmé par l'article 97-6° de la loi du 5 avril 1884 et par l'article 7 de la loi du 21 juin 1898 sur le Code rural.

Mesures destinées à prévenir la chûte, sur la voie publique, d'édifices menaçant ruine, ou de corps durs. — Le maire a aussi la surveillance des édifices menaçant ruine et il peut en ordonner la réparation ou la démolition. Ce droit lui est conféré par deux textes : la loi du 5 avril 1884, article 97-1° et la loi du 21 juin 1898, articles 3 et suivants. Voici le premier de ces textes :

« La police municipale... comprend notamment : 1° Tout ce qui intéresse la sûreté et la commodité du passage dans les rues, quais, places et voies publiques, ce qui comprend le nettoiement, l'éclairage, l'enlèvement des encombrements, la démolition ou la réparation des édifices menaçant ruine, l'interdiction de rien exposer aux fenêtres ou aux autres parties des édifices qui puisse nuire par sa chûte, ou celle de rien jeter qui puisse endommager les passants ou causer des exhalaisons nuisibles. »

Cette disposition législative a reproduit presque textuellement, avec quelques modifications de détail d'ailleurs insignifiantes, l'article 3 du titre XI de la loi des 16-24 août 1790. Mais une difficulté s'élevait, qui donna lieu à des controverses : sous l'empire de ces textes, l'autorité administrative pouvait-elle ordonner la démolition ou la réparation d'un édifice menaçant ruine alors que cet édifice ne longeait pas la voie publique ? L'affirmative était généralement admise par la jurisprudence et par les auteurs (1). Lorsque le projet de loi sur la police rurale fut discuté au Sénat, l'occasion parut bonne de trancher d'une façon explicite la difficulté. La commission du Sénat était d'avis de donner au maire un droit de surveillance même sur les édifices qui ne longent pas la voie publique. M. Peaudecerf, rapporteur du projet, dit que la commission du Sénat jugeait utile « pour répondre à de justes préoccupations et surtout afin de prévenir de graves accidents, d'étendre les devoirs et les droits conférés aux maires par la loi du 5 avril 1884, et la protection qui en est la conséquence, à tous les bâtiments, qu'ils soient situés dans les bourgs, dans les villages, les hameaux, ou en dehors des agglomérations et ailleurs que longeant la voie publique. »

Ce n'était donc plus seulement la sécurité du passage sur la voie publique qui devait préoccuper les maires ; ils devaient encore, en l'absence de tout danger public, pourvoir à la sécurité des particuliers chez eux et les protéger malgré eux contre leur imprudence ou leur inertie. C'était pousser bien loin la protection.

Aussi, le projet de la Commission fut-il vivement combattu ; M. Le Breton fit observer que l'autorité administrative devait assurer la sécurité publique, mais qu'il

(1) SIREY : *Lois annotées*, 1899, page 706, note 6.

ne fallait pas sortir de ce qui est sécurité publique :
« Il ne faut pas faire de l'autorité administrative la
gardienne de la sécurité individuelle et privée. » Malgré
ces remarques, le Sénat adopta en première délibération
l'article 3 du projet tel que l'avait rédigé la commission.

Ce texte était ainsi conçu : « Le maire peut prescrire
la réparation ou la démolition des murs, bâtiments ou
édifices quelconques, *alors même que ces bâtiments sont
situés en dehors des agglomérations ou ne longent pas la
voie publique, lorsqu'ils menacent...* » Lorsque le projet
revint devant le Sénat en seconde délibération, le membre de phrase qui, malgré une vive opposition, avait été
maintenu dans l'article 3 du projet, avait disparu de
cet article et avait été reporté à l'article 5. La discussion
reprit et, par un de ces revirements fréquents dans nos
annales parlementaires, le projet de la commission fut
repoussé. L'article 3 est donc ainsi conçu :

« Le maire peut prescrire la réparation ou la démolition des
murs, bâtiments ou édifices quelconques, *longeant la voie ou
la place publique*, lorsqu'ils menacent ruine et qu'ils pourraient
par leur effondrement, compromettre la sécurité. »

Il résulte d'ailleurs de la discussion que si un bâti-
ment, sans être absolument limitrophe de la voie publique, pouvait néanmoins l'atteindre en s'effondrant, ou
y projeter des matériaux, le droit de surveillance du
maire s'exercerait légitimement, car la sécurité publique
serait alors en jeu (1).

Cette idée que l'autorité administrative peut prescrire
dans les propriétés toutes mesures destinées à sauvegar-

---

(1) Sur ces travaux préparatoires devant le Sénat, voir SIREY :
Lois annotées, 1899, pages 706 et s., notes 6 et 19.

der la sécurité publique, mais que son droit ne va
pas jusqu'à pouvoir intervenir dans l'intérêt privé, a
guidé la discussion relative à l'article 13 de la loi de
1898. Cet article permet au maire d'ordonner qu'on
mette une clôture suffisante autour des puits et des
excavations « présentant un danger pour la sécurité publique ». Il a été bien entendu au Sénat que le maire ne
pourrait pas prescrire une semblable mesure dans une
propriété close, parce que les puits et les excavations qui
s'y trouvent n'offrent aucun danger pour la sécurité
publique (1).

La loi du 21 juin 1898, dans ses articles 4, 5 et 6, ordonne certaines mesures préalables à la démolition ou
aux réparations des édifices menaçant ruine. Ces mesures ont pour objet de faire savoir au propriétaire ce
qu'on exige de lui, de vaincre sa résistance, de faire
constater l'état des lieux, etc.

Autres mesures de sûreté. — La jurisprudence nous offre encore d'autres exemples de dangers menaçant la sécurité publique et qui peuvent être écartés par la pré-
voyance de l'autorité.

C'est d'abord celui qui résulte du tir des armes à feu
dans l'intérieur des villes. Un maire peut-il défendre
de tirer des pétards, des pièces d'artifice, ou des coups
de fusil dans les propriétés privées ? « Il a été décidé,
que la défense générale, dans un règlement de police,
de tirer des pièces d'artifice et des coups de fusil, soit
sur la voie publique, soit dans les cours et jardins, est

_____

(1) Sirey : *Lois annotées*, 1899, page 712, note 34.

censée comprendre même le fait par un propriétaire d'a-
voir tiré un coup de fusil sur des pigeons et que la contravention à l'arrêté ne saurait être excusée, soit sous
le prétexte que les pigeons détruisaient les semences
du jardin et dégradaient la toiture, soit par le motif
que le règlement n'a eu en vue de défendre que le tir
d'armes à feu sans nécessité et par moyen d'amuse-
ment. » (1) Les pigeons, sans doute, produisent un
dommage ; mais ce dommage n'est pas suffisant pour
justifier une dérogation à une règle posée dans l'intérêt
des autres habitants d'une ville. Il faut toujours s'en
rapporter au principe que les entraves portées à la
liberté individuelle, au droit de propriété, à l'inviolabilité du domicile, ne se justifient que par l'existence
d'un droit collectif plus intéressant que le droit indivi-
duel. Il est, en soi, très licite de tirer des pétards ou des
coups de fusil pour s'amuser, ou de tuer des oiseaux qui
causent des dégâts. Mais cela peut offrir un danger sérieux pour les voisins ; dès lors, entre ces deux droits,
la balance penchera pour le second. Si, au contraire, le
particulier se trouve en présence d'animaux féroces, ou
de malfaiteurs, on ne saurait hésiter entre un mal privé,
mais grave et certain, et un mal collectif très incertain.
Dans ce cas, le particulier aurait le droit de se servir
d'armes à feu. L'arrêté du maire ne saurait lui être op-
posé (2). Mais, malgré l'autorité qui s'attache aux décisions de la Cour suprême, il nous paraît difficile de justifier un arrêt rejetant un pourvoi formé par le ministère

(1) DALLOZ, Rép. V° Commune, n° 1017. Dans le même sens,
l'arrêt du 8 août 1834, cité en note au même endroit.
(2) En ce sens, D. R. V° commune n° 1047.

public contre un jugement du tribunal de police de Gap en date du 2 novembre 1836 (1). Un règlement de police avait défendu de tirer, dans l'intérieur de la ville, des coups de fusil ou de pistolet. Malgré cette défense, dont les termes étaient absolus et ne comportaient aucune distinction, un industriel établit un tir au pistolet dans la ville, y tira et y fit tirer. La Cour suprême jugea ce fait licite, « attendu que l'article 13 du règlement précité n'a pu avoir pour but de défendre le jeu de tir au pistolet qui est en usage dans toutes les villes de France, mais seulement de prévenir les accidents qui pourraient survenir en tirant des coups de feu dans la ville ou dans la maison. »

Pour terminer, en ce qui concerne les pouvoirs de l'autorité administrative en matière de sûreté, disons que son droit s'étend jusqu'à prescrire aux habitants de fermer les portes de leurs maisons à partir d'une certaine heure (2). Cette prescription peut avoir pour but, soit de protéger les citoyens contre leur propre imprudence, en les forçant à se renfermer chez eux pendant la nuit, soit d'empêcher que les escaliers, les cours ou les allées des maisons restées ouvertes ne servent d'embuscade ou d'asile aux malfaiteurs (3).

---

(1) C. de cass., 25 nov. 1836. (D. R. V° commune n° 1048).

(2) Cass. 18 décembre 1840. — S. 41. 1. 80 ; et Cass. 31 mars 1815.

(3) Sur le droit que peut avoir le maire de prescrire aux habitants, dans un but de sûreté, de clore leurs propriétés, v. Cons. d'Etat, 5 mai 1865. (S. 66. 2. 134.)

Bon ordre et tranquillité.

Cette partie des attributions de l'autorité municipale
résulte, du moins en ce qui concerne la surveillance des
actes accomplis à l'intérieur du domicile, de la généralité des termes du premier alinéa de l'article 97 de notre
loi municipale. La loi des 16-24 août 1790 n'entrait pas
dans d'autres détails ; nous sommes donc réduits, en ce
qui concerne l'application du principe, aux seules lumières de la jurisprudence.

Nous distinguerons sous la rubrique : *bon ordre
et tranquillité,* deux ordres d'idées différents : ce
qui concerne le bon ordre proprement dit, c'est-à-
dire la paix générale d'une cité, l'absence de manifestations tumultueuses ; et ensuite, dans un cadre plus
restreint, ce qui concerne le repos et la commodité des
habitants. C'est cette dernière forme de la tranquillité
publique qui est la plus menacée par les actes accomplis
dans les habitations particulières.

Mesures ayant pour objet d'assurer l'ordre dans la rue.
— Les manifestations tumultueuses telles que les rassemblements, les charivaris, les cris et désordres, les
rixes qui ont pour théâtre les réunions publiques, les
cafés et cabarets, ou simplement la rue, ont rarement
pour origine les actes accomplis dans le domicile des habitants. La jurisprudence nous en offre cependant quelques exemples ; nous en citerons deux (1) : l'un a trait

(1) Nous avons cité déjà, dans les considérations générales
sur cette deuxième partie, un arrêt de la Cour suprême, relatif à
la publicité d'une cérémonie religieuse accomplie dans un domicile privé (Cr. rej. 26 mai 1882. — D. 82. 1. 382. — S. 83. 1. 391).

aux *transparents lumineux* et d'une façon plus générale à tous les objets et emblèmes qu'un particulier peut exposer dans sa maison de manière qu'ils soient vus du dehors ; l'autre, à l'éclairage insolite dont un particulier avait pourvu ses appartements Ces deux faits ayant causé des rassemblements et des désordres furent l'objet de prohibitions de la part de l'autorité municipale. La jurisprudence a tranché les deux questions dans des sens différents.

Voici la première espèce : Un journal de Marseille, le *Soleil du Midi*, avait installé des transparents lumineux dans son immeuble, le long du balcon extérieur du premier étage. Sur ces transparents étaient projetées, au fur et à mesure de leur arrivée, les nouvelles politiques qui parvenaient au journal. La foule s'ameuta ; on lança des pierres pour briser les transparents, on jeta même à l'intérieur de l'immeuble des pétards qui déterminèrent un commencement d'incendie. Le balcon où étaient installés les châssis du transparent faisait saillie sur la rue de Noailles qui fait partie de la grande voirie. Le préfet des Bouches-du-Rhône prit un arrêté interdisant les transparents *du balcon*. L'administration du journal, reconnaissant la compétence du préfet en matière de grande voirie, enleva les transparents du balcon du premier étage et les transporta à l'intérieur du rez-de-chaussée, Or, ainsi que le fit remarquer dans son rapport au Conseil d'Etat M. le commissaire du gouvernement Gauwain, « au rez-de-chaussée les rédacteurs du journal étaient chez eux, et non pas sur la rue ; il ne pouvait être question de l'intervention du préfet au nom du domaine public. Le maire se détermina à agir en vertu de son droit de police. Mais, au lieu de se borner à interdire l'apposition de transparents lumineux comme il en avait le droit, à notre avis, il dépassa le but, et interdit aux administrateurs toute espèce d'affichage. Le texte de l'arrêté porte : « Il est interdit jusqu'à nou-« vel ordre aux directeur et gérant du journal dit *le* « *Soleil du Midi* d'exposer publiquement, en quelqu'en-« droit que ce soit, notamment dans les dépendances des « bureaux dudit journal..., aucun emblème, placard, « écrit, affiche ou écrit quelconque de nature à compro-« mettre la tranquillité publique, particulièrement tout « châssis, ou transparent lumineux, ou placard portant « publication de nouvelles politiques ou autres ».

Le Conseil d'Etat a jugé que dans l'arrêté du Maire de Marseille on devait distinguer : une disposition prohibant l'affichage, contrairement à la loi du 29 juillet 1881 sur la liberté de la presse, disposition entachée d'excès de pouvoir ; et une autre prohibition, prise celle-là dans la limite des pouvoirs de police du maire, celle des châssis et transparents lumineux :

« Considérant que... aucune disposition de ladite loi (du 29 juillet 1881) ne faisait obstacle à ce que le maire de Marseille, agissant en vertu des pouvoirs qui lui sont conférés par les articles 91 et 97 de la loi du 5 avril 1884, interdît l'exposition d'emblèmes et de châssis transparents de nature à compromettre la tranquillité publique... » (1)

Un arrêt de la Cour de Cassation du 7 décembre 1889 (S. 90. 1. 361) revient sur cette question des châssis et transparents lumineux ; le rapport de M. le conseiller Sallantin éclaircit sur ce point les doutes que peut lais-

---

(1) Cons. d'Etat 6 juillet 1888. — S. 90. 3. 39.

ser dans l'esprit la comparaison de l'arrêt du Conseil d'Etat avec le rapport de M. Gauwain.

Pour la Cour de Cassation, l'affichage, qu'il soit fait dans la forme ordinaire, ou par le moyen de projections sur des transparents, est toujours un affichage ; il est par conséquent protégé par les lois sur la presse ; et le maire ne saurait interdire de projeter sur des châssis lumineux les nouvelles politiques ou les annonces commerciales.

Mais si ces projections n'ont pas le caractère d'affiches, si elles sont des exhibitions quelconques pouvant nuire au bon ordre et à la tranquillité publique, le pouvoir de police du maire pourra-t-il légitimement les interdire ? La Cour de Cassation ne se prononce pas explicitement sur ce point comme l'avait fait le Conseil d'Etat.

Nous croyons cependant pouvoir résumer ainsi la jurisprudence à laquelle a donné lieu l'arrêté du maire de Marseille sur les transparents : un arrêté de police ne saurait interdire à des particuliers de placer à l'intérieur de leurs bureaux des *affiches* lumineuses ou autres. La loi sur la presse du 29 juillet 1881 garantit la liberté sur ce point. On ne concevrait pas d'ailleurs que l'on ne puisse faire chez soi ce que l'on peut faire dans la rue. Mais si les affiches ou transparents, placés à l'intérieur des bureaux et visibles depuis la rue, contiennent, non pas des nouvelles et des annonces, mais des exhibitions diverses et si, par ce fait, la tranquillité publique est menacée, le maire peut valablement les interdire.

La seconde espèce est plus ancienne, et assez bizarre. Elle a fait l'objet d'un arrêt de Cassation du 27 novembre 1846. Voici comme elle est rapportée dans le recueil de

Sirey (1) : Le maire de Boulogne-sur-Mer avait, malgré les réclamations des propriétaires voisins, autorisé une maison de tolérance dans l'une des rues de la ville.— Afin de neutraliser autant que possible l'effet d'une telle autorisation, le sieur Dupont, l'un des voisins, fit placer sur la façade de son habitation et aux poteaux de sa porte des fanaux allumés qui projetaient une vive lumière sur la porte d'entrée de ce lieu de débauche et devaient retenir ceux qui seraient tentés d'y aller. — Cet éclairage extraordinaire occasionnait des rassemblements dans la rue ; pour les faire cesser désormais, le maire prit un arrêté par lequel, après avoir interdit les réunions et même la circulation dans ladite rue, passé une certaine heure, il enjoignait au sieur Dupont de fermer sa porte à neuf heures du soir, et lui faisait défense d'allumer des feux projetant la lumière sur la voie publique. Celui-ci établit alors une porte à claire-voie et alluma des feux dans l'intérieur de sa maison à trois mètres de la rue. Pour ce fait, le sieur Dupont fut condamné à l'amende par le tribunal de simple police. Il se pourvut en cassation en se basant sur ce que les arrêtés ou règlements municipaux ne peuvent interdire des faits qui se passent dans l'intérieur du domicile des citoyens. La Cour suprême cassa le jugement :

« ..... Attendu qu'on ne peut regarder comme mesure de police comprise dans les cas prévus par les lois des 24 août 1790 et 22 juillet 1791, l'obligation imposée par l'article 3 du même arrêté à Emile Dupont particulièrement, de tenir closes les portes de son domicile à une heure déterminée, ainsi que la défense qui lui est faite d'éclairer l'intérieur de sa

(1) S. 47. 1. 233.

maison en projetant la lumière sur la voie publique *au-delà des besoins de cette maison;* qu'en effet, ces dispositions sont relatives non à des faits de nature à pouvoir naître et se produire *sur la voie publique,* ou *dans les lieux publics,* mais bien à des *actes privés,* s'accomplissant *dans l'intérieur du domicile,* actes non interdits par la loi, et sur lesquels l'œil ou la main de la police ne pourrait se porter, sans attenter aux principes qui garantissent aux citoyens leur liberté et qui protègent l'intérieur du domicile... »

Cet arrêt inspire deux remarques : D'abord, en ce qui concerne l'obligation de fermer les portes extérieures des maisons, il est bien de jurisprudence qu'elle peut être imposée par l'autorité municipale dans l'intérêt de la *sûreté* publique. Mais, outre que ce n'est pas le cas dans notre espèce, où il ne s'agit que de la tranquilité, ce qui nous y frappe le plus et ce qui a surtout attiré l'attention de la Cour suprême, c'est le fait de l'éclairage ; c'est ce point qui nous intéresse. Ensuite, si l'on met en comparaison l'arrêt de 1846 avec la jurisprudence récente relative aux châssis et transparents lumineux, on doit reconnaitre que l'ancienne jurisprudence était bien plus libérale. Nous ne croyons pas cependant qu'il faille attribuer cette différence à la loi du 5 avril 1884, qui, en cette matière, reproduit presque textuellement les lois de la période révolutionnaire.

Mesures destinées à assurer le repos et la commodité des habitants. — Si, après s'être occupé des mesures de police destinées à assurer la paix publique et le calme d'une cité, on veut passer à celles qui concernent simplement le repos et la commodité des habitants, il devient plus facile de trouver des cas où le pouvoir de po-

lice du maire peut s'exercer, et, à cet égard, la jurisprudence offre des espèces en nombre suffisant.
Presque toutes ont rapport aux divers bruits qui peuvent prendre naissance dans les maisons particulières,
et qui, par leur fréquence ou leur intensité, peuvent
constituer pour les voisins une grave incommodité.

Pour assurer le repos et la tranquillité des habitants,
un arrêté municipal interdisait dans la ville de Sedan
les chenils et les meutes de chiens ; cet arrêté a été reconnu légal par un arrêt de la Cour suprême du 21 décembre 1889 (1). Notons en passant qu'un des griefs qu'on
faisait valoir contre l'arrêté du maire de Sedan était que
cet arrêté créait ainsi une nouvelle catégorie d'établissements dangereux, insalubres ou incommodes. Nous
reviendrons sur cette question qui se pose aussi pour la
réglementation du travail dans les professions bruyantes. Disons tout de suite que si le classement et la surveillance des établissements incommodes sont dans le
ressort de la compétence d'un décret ou d'un arrêté du
préfet ou du sous-préfet, le maire n'en conserve pas
moins un certain droit de contrôle sur les ateliers et
professions dont l'exercice entraîne des inconvénients
pour le voisinage. C'est ainsi que la jurisprudence a
reconnu valables des arrêtés qui interdisaient aux habitants de *teiller du lin* dans l'enceinte d'une ville avant
ou après une heure déterminée (2). Sont également valables des règlements municipaux fixant les heures pendant lesquelles un arrêt dans l'exercice de leur profes-

(1) S. 90. 1. 143.
(2) Cass. 12 novembre 1812. — D. R. V° Commune, n° 1043,
note 3.

sion est imposé aux *chocolatiers* qui broient le cacao
(Cass. 16 avril 1825), aux *chaudronniers* et *ferblantiers*
(3 mars 1842), et à tous ceux qui exercent des *professions*
à marteau (1). La généralité des termes de ces arrêts permet de dire que ce droit de police appartient au maire
pour l'exercice de toutes les *professions bruyantes.*

Mais, à défaut d'arrêté interdisant ces sortes de travaux
pendant la nuit, les industriels qui les exercent ne peuvent pas être condamnés pour tapage injurieux ou
nocturne en vertu de l'article 479-8° du Code pénal (2).

Disons, pour résumer sur ce point l'avis des auteurs
et la jurisprudence, que les bruits nocturnes qui sont
l'*effet inévitable* de l'exercice d'une profession ne rentrent
pas dans la classe des bruits ou tapages prohibés. Mais
ils peuvent devenir illicites par le fait d'un arrêté de
police qui, dans l'intérêt de la tranquillité publique, fixe
les heures où ces professions doivent chômer (3).

On trouve une juste application de ces principes dans
l'espèce suivante : Un arrêté du maire d'Agen avait
défendu aux boulangers de pousser, en pétrissant la
pâte pendant la nuit, « des cris bizarres et d'affreux
hurlements » qui troublaient la tranquillité publique et
le repos des habitants. La Cour de Cassation a décidé
que les ouvriers qui avaient contrevenu à cette défense
tombaient sous le coup de l'article 479-8° du Code pénal
qui défend les tapages injurieux ou nocturnes. Pourquoi
la Cour n'a-t-elle pas visé plutôt l'article 471-15° qui

---

(1) Cass. 18 mars 1847. (S. 47. 1. 743.)
(2) Cass. 16 avril 1825. — D. R. V° *Commune*, n° 1044, note 4.
(3) Voir à ce sujet la note de M. P. Gilbert sous un arrêt de
Cassation du 21 août 1857. SIREY, 1857. 1. 785.

13

punit les infractions aux arrêtés municipaux? Nous pensons que la Cour, tenant compte de la déclaration faite par les inculpés eux-mêmes que ces cris et ces hurlements ne sont pas nécessaires à la fabrication du pain, a voulu voir dans ces bruits des faits absolument indépendants de l'exercice régulier et normal d'une profession et constituant dès lors un tapage pur et simple. L'arrêté du maire d'Agen n'avait ainsi d'autre effet que de rappeler les prescriptions de la loi ; c'est à la loi et non pas à l'arrêté qu'il avait été fait contravention (1).

Le jeu des *instruments de musique* peut être lui-même un trouble à la tranquillité publique. Certains instruments, comme le cor, dit trompe de chasse, ont un éclat et une sonorité qui les rendent particulièrement incommodes. Aussi son usage a-t-il été réglementé dans nombre de villes. Une ordonnance du préfet de police du 30 novembre 1837 porte défense « de sonner du cor, dit trompe de chasse, dans Paris, à quelque heure et *dans quelque lieu* que ce soit ». Le jeu d'autres instruments à sons notoirement éclatants peut également être interdit dans les maisons particulières. C'est du moins ce qui résulte *a contrario* d'un arrêt de cassation du 4 mars 1882 (S. 83. 1. 95). Mais un autre arrêt refuse à l'autorité municipale le droit d'interdire dans les maisons particulières le jeu *de tout instrument bruyant ou incommode*, même pendant la nuit (Cass. 11 juin 1887).

La note qui se trouve sous cet arrêt dans le recueil de Sirey (2), laisse entendre qu'une semblable prohibition

---

(1) Cass. 21 novembre 1828. — D. R. V° *Boulanger*, n° 28 dans la note.

(2) S. 88. 1. 136.

équivaudrait à l'interdiction de jouer de n'importe quel instrument. Il est en effet des instruments qui, sans faire beaucoup de bruit, sont cependant très incommodes pour les voisins immédiats de l'exécutant. Le piano est du nombre ; il a même fourni par ce fait aux auteurs de monologues comiques un thème inépuisable pour leurs compositions. Or, un arrêté municipal ne saurait, pour la plus grande commodité des voisins, priver un particulier d'exercer chez lui un droit légitime, tel que celui de faire de la musique.

On peut en dire autant de la danse et des bals. Voici à ce sujet un extrait d'un arrêt de la Cour suprême du 28 avril 1859 (S. 59. 1. 777) :

« ... Attendu que si des bruits ou tapages nocturnes de nature à troubler la tranquillité des habitants peuvent constituer la contravention prévue par l'article 479 n° 8, du Code pénal, lors même qu'ils ont eu lieu dans l'intérieur d'une maison, dès qu'ils sont entendus au dehors, ce n'est toutefois que lorsque ces bruits ou tapages ne sont pas le simple exercice d'un droit légitime ; que tous les citoyens ont le droit d'avoir dans leurs maisons des réunions privées ou des bals, et que, dès lors, les bruits qui peuvent en résulter ne tombent pas sous l'application des termes de l'article 479 n° 8... »

Nous terminerons, en ce qui concerne la tranquillité publique, par quelques mots sur le droit de surveillance du maire sur les *auberges, cafés, cabarets, etc.* Ce droit lui avait été conféré par la loi des 16-24 août 1790, titre XI, article 3. Il lui a été confirmé par la loi du 5 avril 1884, article 97, 3°. On dira peut-être que cette matière ne rentre pas dans notre sujet, les cafés et cabarets ne pouvant être considérés comme des lieux privés. Nous répondrons que ces établissements sont des propriétés

privées, et que très souvent, dans les campagnes surtout, ils sont une dépendance tellement immédiate du
domicile de leurs tenanciers que la même pièce réunit
les deux caractères ; la chambre qui protège pendant la
nuit le repos du cabaretier ou des siens devient pendant
le jour une salle d'estaminet. Ce caractère de lieu public
qu'elle a par intermittence suffit pour la dépouiller d'une
partie des immunités qui protègent le domicile. Indépendamment du droit de visite qu'ont les officiers de
police dans les lieux où tout le monde est admis indistinctement (L. des 19-22 juillet 1791, art. 9 et 10), le maire
a sur ces lieux un droit de surveillance ; chargé par la
loi d'assurer l'ordre et la tranquillité dans sa commune,
il doit particulièrement porter son attention sur les
lieux où des désordres peuvent facilement se produire.
L'article 97 de la loi du 5 avril 1884 met au nombre des
objets de la police municipale : « le maintien du bon
ordre dans les endroits où il se fait de grands rassemblements d'hommes, tels que les … cafés … et autres
lieux publics ». Le maire a donc le droit de fixer l'heure
de la fermeture des cafés, cabarets, auberges, jeux et
bals publics, c'est-à-dire l'heure après laquelle il est
défendu aux cafetiers, taverniers et limonadiers de donner à boire ou à manger. Et s'ils ont contrevenu à cet
arrêté, les tenanciers de ces établissements doivent être
condamnés, alors même qu'ils auraient, dès l'heure de
la fermeture, fait passer les consommateurs dans une
pièce où le public n'est pas ordinairement admis, comme
par exemple dans leur chambre à coucher. Les contraventions à ces sortes d'arrêtés seront constatées par les
visites que les officiers de police sont autorisés à faire

même la nuit dans les lieux ouverts au public, en vertu de la loi des 19-22 juillet 1791 (1).

Ainsi que nous l'avons vu déjà, le pouvoir du maire ne va pas jusqu'à autoriser ces visites dans les cafés, cabarets et autres lieux publics à toutes les heures de la nuit. Ces lieux ne sont soumis à sa surveillance que pendant la durée du temps où ils sont ouverts au public (2).

Salubrité.

Nous croyons pouvoir affirmer que l'hygiène publique fait aujourd'hui, plus qu'autrefois, l'objet des constantes préoccupations de tous ceux qui veillent à la sauvegarde des intérêts collectifs. Ce fait nous apparaît d'une évidence telle que nous ne voulons en prendre pour preuve dans le domaine législatif que la loi toute récente du 21 juin 1898. Les articles 18 à 64 de cette loi font figurer dans notre futur Code rural un grand nombre de prescriptions qui ont trait à la police sanitaire des hommes et des animaux. Tout en respectant, et même en approuvant la sollicitude du législateur à l'égard de l'hygiène et de la salubrité publiques, ne peut-on pas observer cependant que cette loi présente deux sortes d'inconvénients : d'abord le luxe de détails où elle entre et la surabondance de précautions qu'elle prescrit resteront peut-être, en partie du moins, lettre morte : les meilleures lois, celles qu'on observe le plus,

(1) V. plus haut, page 40.
(2) Crim. rej. 13 nov. 1841, cité en note dans D. R. V° Règlement administratif n° 116.

ne sont pas toujours les plus longues ni les plus minutieuses. En second lieu, cette loi nous paraît créer une
certaine confusion entre les attributions des diverses autorités chargées de l'exécuter : telle mesure à
prendre dans une commune sera de la compétence du
maire, telle autre appartiendra au préfet. Dans certains
cas on devra prendre l'avis du conseil d'hygiène et le
suivre ; dans d'autres, cet avis ne liera point l'administrateur. On nous pardonnera de signaler ces défauts,
sans y insister davantage.

La loi des 16-24 août 1790, dont le titre XI éta-
blissait les pouvoirs de l'autorité municipale en matière
de police, n'a qu'un mot relatif à la salubrité publique.
Elle charge les corps municipaux de prévenir par les
précautions convenables et de faire cesser les accidents
et fléaux calamiteux tels que les épidémies et les épi-
zooties. — Le décret des 28 sept - 6 oct. 1791 (titre II,
art. 9) porte que « les officiers municipaux veilleront
généralement à la tranquillité, à la *salubrité* des campagnes ». La loi du 5 avril 1884, article 97, se borne
à mentionner la salubrité publique au nombre des
objets de la police municipale, sans entrer autrement
dans les détails. Aussi pour connaître d'une façon
précise l'étendue et les limites du pouvoir municipal
en matière de salubrité, nous devons consulter la jurisprudence, même antérieure à 1884.

Il résulte de cette jurisprudence que le maire a le
droit de prendre des arrêtés pour éloigner des propriétés
particulières certaines matières qui pourraient compromettre la salubrité publique.

Il a d'une façon générale le droit d'interdire dans les

agglomérations la réunion d'un trop grand nombre d'animaux, les cloaques, les dépôts d'immondices, les mares et les fosses à purin. Il peut ordonner l'établissement de fosses d'aisance, le curage des fossés, la suppression des mares, le dessèchement des caves après une inondation, la désinfection des locaux après une maladie contagieuse, en un mot les mesures propres à sauvegarder la salubrité publique.

En ce qui concerne les *agglomérations d'animaux,* la jurisprudence nous offre une espèce peu banale ; le maire de Neuilly avait pris un arrêté ainsi conçu : « Il est interdit d'élever et d'entretenir à Neuilly, dans l'intérieur des habitations, un nombre de chiens et de chats tel que la sûreté et la salubrité des habitations voisines se trouvent compromises. » Cette prohibition fut enfreinte par une demoiselle Lavergne de la Barrière et un procès-verbal du commissaire de police constata chez elle la présence de dix-huit chiens et de cinquante chats. Condamnée pour ce fait en simple police, puis en appel, la contrevenante se pourvut en cassation. La Cour suprême décida que le maire de Neuilly avait « le droit et le devoir d'interdire l'agglomération, dans une habitation privée, d'un nombre de chats et de chiens, tel que la sécurité et la salubrité des maisons voisines en fussent compromises » (1).

Un autre arrêt, déjà cité, reconnaît en principe à l'autorité municipale le droit d'interdire dans les maisons l'agglomération de paons, de pigeons et autres oiseaux de basse-cour qui peut nuire à la salubrité pu-

(1) Cass. 7 janvier 1882 (S. 83. 1. 143.)

blique (1). De même la Cour suprême a reconnu la validité d'un arrêté municipal ainsi conçu : « Il est défendu de nourrir des porcs, lapins ou volailles dans l'intérieur de la ville » (2).

Mais il en est tout autrement d'un arrêté qui interdirait à un particulier de garder chez lui un cheval, c'est-à-dire qui supprimerait une *écurie*. Un arrêt (3) refuse au maire le droit de prendre un semblable arrêté. A cela rien de surprenant : la présence d'un seul cheval ne peut pas être une cause sérieuse d'insalubrité.

Le Conseil d'Etat, dans son arrêt du 12 mai 1882, allait beaucoup plus loin ; voici l'espèce : Le maire de Corte avait ordonné la suppression dans l'agglomération urbaine, et le transfert hors de la ville, d'une écurie servant aux chevaux de poste et appartenant à un sieur Palazzi. L'arrêté portait pour motifs que cette écurie, située sur une promenade très fréquentée de la ville, était un foyer d'infection et d'insalubrité, et qu'elle contribuait « pour une large part à l'entretien des fièvres dont les habitants étaient affligés annuellement ». M. Palazzi forma contre cet arrêté un recours pour excès de pouvoir devant le Conseil d'Etat. Arrêt :

« Le Conseil d'Etat... Considérant que, s'il appartenait au maire de Corte, agissant en vertu des pouvoirs de police qu'il tient des lois susvisées (4), d'enjoindre au sieur Palazzi d'avoir à faire disparaître toute cause d'insalubrité pouvant

(1) Cass. 14 mai 1887. (S. 87. 1. 400.)
(2) Cass. 7 novembre 1885. (S. 87. 1. 398).
(3) Cass. 26 mars 1887. (S. 87. 1. 399.)
(4) Lois des 16-24 août 1790 ; des 19-22 juillet 1791 ; du 18 juillet 1837.

provenir des écuries établies par ledit sieur Palazzi au centre de la ville, et notamment de supprimer le dépôt et la stagnation des eaux et matières insalubres au droit de cette propriété, aucune disposition de loi ne l'autorisait à déterminer lui-même la nature et l'importance des travaux à effectuer, et qu'il lui appartenait encore moins d'ordonner la suppression des écuries dont il s'agit...» (du 12 mai 1882. — S. 84. 3. 37).

Ainsi donc la jurisprudence fait une différence entre le droit d'interdire une écurie dans l'intérieur d'une ville et celui d'y interdire l'agglomération de volailles ou de lapins. Elle refuse le premier, elle accorde le second à l'autorité municipale. Pourquoi cette différence? Il ne nous semble pas très facile d'en donner les raisons. On dira peut-être, avec l'arrêt précité du Conseil d'Etat, que le maire doit pourvoir à la salubrité publique en ordonnant au propriétaire d'une écurie de prendre les mesures nécessaires pour sauvegarder cette salubrité ; le choix des moyens restant au propriétaire. Mais la même distinction ne pourrait-elle pas s'appliquer au cas des chenils, des volailles et des lapins? Pourquoi le propriétaire de ces animaux n'aurait-il pas lui aussi le droit de continuer à les garder et à les élever à la condition de pourvoir par tels moyens qu'il trouvera suffisants à ce que leur présence ne nuise pas à la salubrité ou à la tranquillité? Nous indiquons là, sans insister, ce qui paraît être une anomalie ; il y aura lieu de revenir sur cette question et d'examiner plus à fond la théorie émise par le Conseil d'Etat dans cette affaire Palazzi. Il ne faut pas s'étonner outre mesure de ces apparentes fluctuations de la jurisprudence dans des espèces où la question de fait a nécessairement une place prépondérante.

Dans la série des arrêtés pris par le maire pour éloigner des propriétés particulières certaines matières qui pourraient compromettre la salubrité, nous citerons encore :

L'arrêté interdisant de jeter des ordures et des immondices dans les cours des habitations : un semblable arrêté oblige les propriétaire de la cour, alors même que cette cour est absolument privée et fermée au public. (Cass. 21 juillet 1838. — D. R. V° *Commune*, n° 689.)

Un arrêté du maire de Lyon du 22 janvier 1898, ainsi conçu : « Les propriétaires des maisons qui ont été inondées par le Rhône sont tenus de faire épuiser les eaux qui séjournent dans leurs sous-sols et dans leurs caves. Il leur est enjoint en outre de faire enlever, après désinfection préalable, la boue, les dépôts et immondices de toute nature qui peuvent s'y trouver ; de recouvrir le sol des caves et des corridors en dépendant avec du sable sec et de maintenir constamment les soupiraux ouverts. »

Un autre arrêté qui, en vue de prévenir une épidémie, enjoint aux propriétaires ou locataires de faire disparaître à des époques déterminées de leurs maisons, cours, jardins, ruelles ou dépendances, tous les fumiers, immondices et autres matières de nature à répandre des exhalaisons infectes ou malsaines (1). Un semblable arrêté n'interdit pas radicalement le simple dépôt de ces matières ; il prescrit leur enlèvement à des époques déterminées, par exemple au moment des grandes chaleurs, ou encore il veut éviter

(1) Cass., 9 mars 1867. — S. 68. 1. 46.

que leur séjour prolongé ne produise des fermentations qui rendraient leur voisinage plus gênant.

La loi du 21 juin 1898, article 19, est plus sévère : elle va jusqu'à permettre au maire d'interdire d'une façon absolue les dépôts de certaines matières plus particulièrement insalubres. Sur l'avis du conseil d'hygiène et de salubrité de l'arrondissement, le maire « peut interdire les dépôts de vidange ou de gadoue qui seraient de nature à compromettre la salubrité publique. » Des explications données par le rapporteur du projet de loi au Sénat, il résulte que ce texte n'est nullement applicable aux fumiers de ferme « qui ne donnent aucune odeur et ne peuvent être une cause d'insalubrité dans les conditions ordinaires de fabrication ou de conservation. » Il s'applique seulement aux *vidanges*, c'est-à-dire aux excréments humains, et aux *gadoues*, c'est-à-dire aux détritus des ménages et aux ordures de toutes sortes qui sont ramassés chaque matin dans les rues des villes et portés dans la banlieue. Les dépôts de ces matières sont considérés par les hygiénistes comme extrêmement insalubres (1).

Le même article 19 de la loi du 21 juin 1898 permet au maire d'ordonner la suppression des fosses à purin non étanches et des puisards d'absorption. Mais il faut que l'insalubrité en ait été constatée par le conseil d'hygiène de l'arrondissement.

Nous arrivons ici à une question délicate, tranchée en principe par un grand nombre d'arrêts de l'ordre ju-

---

(1) Sirey : *Lois annotées*, 1899, p. 714, note 52.

diciaire ou administratif, mais qui, dans la pratique, présente de grandes difficultés. La jurisprudence du Conseil d'Etat met au nombre des moyens d'annulation des actes administratifs attaqués pour excès de pouvoir la *violation de la loi et des droits acquis*. C'est en vertu de ce moyen qu'ont été annulés « des arrêtés prescrivant à des propriétaires d'exécuter dans leurs immeubles des travaux de salubrité qui excèdent leurs obligations légales (1). »

En principe, le maire doit pourvoir dans sa commune à la salubrité publique. La loi lui en donne le droit et lui en impose le devoir. Mais jusqu'où va, en cette matière, le pouvoir du maire ? Peut-il prescrire toutes les mesures qui lui semblent le plus conformes au but qu'il se propose, ou bien doit-il se borner à ordonner l'assainissement, à indiquer les précautions générales qui doivent être prises par les particuliers, sans entrer dans le détail des moyens à employer ? C'est cette dernière solution qui est adoptée par la jurisprudence du Conseil d'Etat et de la Cour de cassation. L'arrêt qui nous paraît le mieux l'exposer est celui du 18 juin 1887 (2) :

« Attendu que l'arrêté du maire de Toulon, en date du 15 septembre 1886, pris à l'occasion d'une épidémie de petite vérole régnante, a enjoint au sieur Beillon et à plusieurs autres propriétaires de la ville de faire immédiatement nettoyer, désinfecter et blanchir au lait de chaux l'intérieur de leurs maisons ; — que le sieur Beillon n'ayant pas fait blanchir au lait de chaux les appartements de sa maison, a été cité devant le

---

(1) LAFERRIÈRE : *Traité de la jurid. adm.*, 2ᵐᵉ édit, tome II, page 539.
(2) Cass. 18 juin 1887. (S. 88. 1. 396).

tribunal de simple police pour n'avoir pas exécuté les travaux d'assainissement prescrits par ledit arrêté, et qu'il a été condamné à 1 franc d'amende par application de l'article 471, n° 15, C. pén.; — Attendu que, si la loi de 1884 ci-dessus visée, a chargé les maires de prévenir, par des précautions convenables, les accidents et les fléaux, les maladies épidémiques ou contagieuses, elle s'est bornée à reproduire les dispositions de l'article 3, titre XI de la loi des 16-24 août 1790 et n'a aucunement entendu déroger aux dispositions de la loi du 13 avril 1850, en permettant aux maires, en dehors des formes et délais qui y sont prescrits, d'ordonner toutes les mesures qu'ils croient utiles pour l'assainissement des logements insalubres ; — Attendu qu'il appartient, sans doute, au maire de prescrire, tant à l'intérieur qu'en dehors des habitations, les mesures de police que peuvent exiger les intérêts de la salubrité publique, mais que ces mesures ne sauraient aller jusqu'à porter atteinte au droit de propriété, à lui permettre de déterminer lui-même la nature et l'importance des travaux qui doivent être effectués, et de prescrire un moyen exclusivement obligatoire pour faire disparaître les causes d'insalubrité, lorsqu'il peut en exister d'autres aussi efficaces et moins contraires à l'intérêt et aux convenances des propriétaires ; d'où il suit qu'en condamnant le demandeur à l'amende pour avoir refusé de blanchir au lait de chaux les appartements de sa maison, ainsi que le prescrivait l'arrêté du 15 septembre 1886, le tribunal de police a faussement appliqué les dispositions de la loi susvisée ; — Casse..., etc. »

Un arrêt du Conseil d'Etat du 12 mai 1882 (affaire Palazzi), avait déjà établi le même principe. Nous avons cité plus haut (p. 200), le considérant principal de son arrêt qui résume les observations présentées dans cette affaire au Conseil d'Etat par M. le Ministre de l'intérieur. Nous avons dit alors qu'il ne faut pas trop s'étonner, ni se scandaliser des anomalies que l'on constate dans la jurisprudence relative à ces matières. La question de fait y domine de telle façon qu'il est possible aux tri-

bunaux, tout en admettant les mêmes théories juridiques, de rendre des décisions absolument différentes.
Nous en trouvons un exemple frappant dans deux décisions, l'une du Conseil d'Etat, l'autre de la Cour de
cassation, visant le même arrêté municipal, se basant
sur les mêmes principes juridiques, — ceux qui ont
été affirmés dans les affaires Beillon et Palazzi précitées — et aboutissant à des conclusions en apparence
contradictoires (1).

(1) MM. Beaujour et de Biéville étaient propriétaires, à Caen,
de terrains placés en contre-bas des voies publiques, et au centre
desquels existaient deux puisards destinés à absorber les eaux
pluviales et ménagères. Une épidémie de fièvre typhoïde ayant
éclaté dans le quartier environnant au mois de septembre 1884,
la commission d'hygiène municipale exprima l'avis que cette
maladie provenait de ce que les eaux insalubres reçues par les
puisards se mélangeaient par infiltration avec les eaux des sour-
ces servant à l'usage des habitants. Le maire prit alors deux
arrêtés, l'un à l'égard de M. de Biéville, l'autre à l'égard de
M. Beaujour, enjoignant à ces propriétaires de supprimer leurs
puisards.
On voit que jusqu'ici la situation de MM. Beaujour et de Biéville est identique. C'est maintenant que leurs sorts vont se sé-
parer : M. de Biéville, ayant contrevenu à l'arrêté le concernant,
fut poursuivi devant le tribunal de police et acquitté par jugement du 26 décembre 1884 ; le ministère public se pourvut en
cassation contre ce jugement. D'autre part, M. Beaujour forma
contre l'arrêté qui le visait un recours pour excès de pouvoir par
devant le Conseil d'Etat. Voilà donc deux juridictions, la Cour
de cassation et le Conseil d'Etat, saisies toutes deux de la
même question : en enjoignant à un particulier de supprimer le
puits absorbant qui se trouve sur sa propriété, le maire de Caen
a-t-il excédé ses pouvoirs ? La Cour de cassation répond : oui.
Le Conseil d'Etat, répond : non. En d'autres termes, la première
rejette le pourvoi formé par le ministère public, le second rejette
le recours formé par le sieur Beaujour. — Cass. 25 juillet 1885.
(S. 88. 1. 88). — Conseil d'Etat, 7 mai 1886. (S. 88. 3. 11).
Et cependant les deux arrêts sont, en ce qui concerne le point

La doctrine renfermée dans ces deux arrêts se trouve déjà très nettement exposée, non seulement dans les affaires Beillcn et Palazzi, mais dans des arrêts bien antérieurs (1), rendus dans des circonstances analogues : il existe dans une propriété privée un fossé, un puisard ou une mare dont les eaux sont stagnantes et d'où s'exhalent des émanations insalubres. Le maire a le droit de prescrire aux propriétaires de faire disparaître les causes d'insalubrité, mais non pas celui de

de droit, motivés de même façon. Pour tous les deux, l'article 97 de la loi municipale, en chargeant les maires de prévenir par des précautions convenables les maladies épidémiques et contagieuses, ne les a pas autorisés à déterminer eux-mêmes la nature et l'importance des travaux qui doivent être effectués, ni à prescrire un moyen exclusivement obligatoire pour faire disparaître les causes d'insalubrité alors qu'il peut en exister d'autres aussi efficaces et moins opposés à l'intérêt et aux convenances des propriétaires. D'où peut donc provenir la divergence des deux arrêts ? Tout simplement de la façon différente dont l'un et l'autre traduisent l'arrêté Pour la Cour de cassation, le maire de Caen a voulu dire ceci : Le puisard qui existe dans votre propriété est un foyer d'insalubrité dont les infiltrations corrompent les eaux du voisinage ; sa suppression est nécessaire ; il n'y a pas lieu d'examiner si des réparations suffiraient.— Le Conseil d'Etat lit tout autrement l'arrêté municipal : Ce puisard, tel qu'il est actuellement, constitue un foyer d'infection qui doit être supprimé ; prenez pour cela tel moyen que vous jugerez convenable ; empêchez les infiltrations, par des saignées, par des murs en ciment ; si vous le préférez, supprimez le puisard ou rendez-le absolument étanche : ce que je vous demande, c'est de prendre les mesures nécessaires pour qu'il ne constitue plus un foyer d'infection. Ce qui doit disparaître, ce n'est pas nécessairement le puisard, c'est l'insalubrité qui provient de la façon dont il se comporte actuellement. Cette distinction faite par le Conseil d'Etat est certainement très juridique. Le maire de Caen y avait-il pensé en rédigeant son arrêté ? C'est possible, ce n'est pas certain.

(1) Cass. 23 juillet 1864 (S. 65. 1. 470) ; — 16 mars 1867 (S. 67. 1. 416). Cons. d'Et. 5 mai 1865 (S. 66. 2. 134) ; — 20 nov. 1885 (S. 87. 3. 31).

leur imposer dans ce but tel ou tel moyen, notamment la suppression de la mare ou du fossé.

La doctrine est la même, quand les mesures doivent être prises dans l'intérieur d'une maison. C'est ainsi qu'un arrêt du Conseil d'Etat(1) ayant à apprécier la validité d'un arrêté du préfet de la Seine, relatif aux cabinets d'aisance établis dans les maisons particulières et aux appareils destinés à assurer leur propreté et leur salubrité, lui a refusé le droit « de fixer uniformément le nombre des cabinets d'aisance qui devront être établis dans tout immeuble à construire ; d'imposer l'usage des eaux de la ville à ceux qui en auraient à leur disposition ; de prescrire l'emploi de systèmes d'appareils déterminés d'avance ou soumis à une approbation préalable ; d'ordonner le comblement des fosses après leur désinfection ; d'interdire l'emploi de matériaux autres que ceux indiqués ou admis ultérieurement par l'administration. »

De toute cette jurisprudence, faut-il déduire que l'autorité administrative n'a pas le droit de prescrire l'établissement de fosses d'aisance dans les maisons où il n'en existe pas et dans celles qui seront construites à l'avenir ? Nous croyons que ce serait là une interprétation erronée. Un arrêt de la Cour suprême du 15 juillet 1864 (2), reconnaît au contraire ce droit au maire. Or, il faut remarquer que cet arrêt est absolument contemporain de celui du 23 juillet 1864 que nous avons cité parmi ceux qui posent la théorie relative au

(1) Cons. d'Et. 1er mai 1896 (S. 98. 3. 67).
(2) S. 65. 1. 292.

choix des mesures à prendre pour l'assainissement des mares. Ces deux arrêts ont été rendus à huit jours de distance par la Chambre criminelle, et il est hors de doute que les magistrats ne voyaient entre eux aucune contradiction. On peut en conclure que l'établissement de fosses d'aisance peut être imposé par l'autorité administrative.

Cette question nous amène à celle du curage et de la vidange de ces fosses et aux mesures que peut prendre le maire pour que ces opérations se fassent en temps opportun et avec les précautions convenables. On peut envisager ces mesures à deux points de vue différents : 1° Défense aux particuliers de procéder eux-mêmes à la vidange de leurs fosses et d'y faire procéder par des ouvriers de leur choix, et obligation de recourir pour cette opération aux offices d'un entrepreneur reconnu par l'autorité municipale ; 2° précautions à prendre pour sauvegarder la salubrité ; manière dont la vidange doit être effectuée ; mode de fermeture des voitures destiné s au transport des matières.

En ce qui concerne les personnes qui peuvent opérer la vidange des fosses, la jurisprudence a varié.

Avant 1838, elle reconnaissait au maire le droit de désigner une ou plusieurs personnes qui auraient le privilège exclusif de vider les fosses. Des personnes qui, malgré un arrêté municipal, avaient procédé à cette opération, soit par elles-mêmes, soit par le moyen d'ouvriers de leur choix, ont été condamnées par les tribunaux de police (1).

---

(1) Trib. de police de Tours, 25 frimaire an XII. C. de Cass. 20 pluviôse suivant (dans le *Recueil des Lois et des Arrêts*, à sa date).

La Cour suprême, par arrêt du 19 juillet 1833 (1), a reconnu la validité d'un arrêté ainsi conçu : Le maire de Soissons, « informé que des ouvriers maçons et autres se permettent d'ouvrir et de vider des fosses d'aisance et s'exposent à périr victimes de leur imprudence, a jugé devoir, afin de prévenir de pareils accidents, défendre *à tous individus quelconques*, autres que le sieur Huot, entrepreneur de vidanges, de faire l'ouverture et la vidange des fosses d'aisance, soit pour l'extraction des matières fécales, soit pour la recherche des objets qu'on aurait pu y laisser tomber. » Le propriétaire ou le locataire d'une maison qui voulait faire procéder chez lui aux opérations indiquées dans l'arrêté, devait donc forcément avoir recours à l'individu désigné par le maire.

Cette jurisprudence avait deux graves défauts : Elle portait atteinte à la liberté du commerce et de l'industrie : c'est ce qu'on lui a surtout reproché depuis ; ensuite elle portait atteinte à la liberté du citoyen qui doit pouvoir faire exécuter par des agents de son choix les travaux à accomplir dans l'intérieur de son domicile. « En effet, dit Dalloz (Rép. V° Commune n° 943), tout ce que l'administration peut faire en cette matière, c'est de prescrire des conditions aussi sévères qu'elle le jugera convenable dans l'intérêt de la sûreté et de la salubrité publiques, mais ce préalable rempli, elle doit laisser à la liberté des citoyens le soin d'exploiter chaque branche d'industrie. »

Un arrêt de cassation du 18 janvier 1838 (S. 38. 1. 319) marque le point de départ d'une jurisprudence nouvelle :

(1) S. 33. 1. 896.

« ...Attendu que l'article 1er et l'article 33 de l'arrêté du maire de Bordeaux, du 28 mars 1834, confèrent aux sieurs Legoné et Salmon, adjudicataires, le droit exclusif d'opérer la vidange des fosses d'aisance de la ville de Bordeaux, et défendent à tous autres d'exercer cette profession, et même aux propriétaires et principaux locataires de faire opérer par d'autres la vidange des fosses d'aisance de leurs maisons respectives — Et que, pour prix de cette attribution de droits exclusifs, la ville de Bordeaux retire des adjudicataires le montant de son adjudication — Attendu que ces dispositions ne constituent pas simplement la surveillance qui appartenait au maire d'après l'article 50 de la loi du 14 déc. 1789, et le titre 11 de celle des 16-24 août 1790, mais établissent un véritable monopole..... Attendu que les dispositions précitées de l'arrêté municipal de Bordeaux étaient prises en dehors des attributions légales du maire... » (1).

Mais si le maire n'a pas le droit d'établir un monopole au profit de tel particulier ou de telle compagnie, il peut et il doit, nous l'avons déjà dit, prescrire les précautions nécessaires pour sauvegarder la salubrité. Il réglemente les heures auxquelles doit se faire la vidange des fosses, le genre d'ustensiles qui doivent être employés, le mode de fermeture des voitures destinées à transporter les matières (2).

(1) Il faut signaler en passant une notable différence entre cet arrêté et le précédent. La jurisprudence actuelle du Conseil d'Etat aurait certainement relevé dans l'arrêté du maire de Bordeaux un détournement de pouvoir. L'arrêté du maire de Soissons nous paraît exempt de ce vice ; il ne semble pas dicté par une pensée autre que celle d'assurer la sécurité publique : c'est pour éviter les accidents qu'il ne permet certains travaux qu'à des gens expérimentés qu'il désigne. Cette réglementation est excessive sans doute ; mais on n'aperçoit pas dans les motifs qui l'ont dictée les préoccupations d'ordre pécuniaire que la Cour de cassation a relevées dans l'arrêté du maire de Bordeaux.

(2) Cass. 23 avril 1841. — D. R. V° *Commune* note sous n° 945.

Pour terminer sur cette question de salubrité, nous citerons un arrêt récent du Conseil d'Etat (1). Une demoiselle Noualhier, propriétaire à Limoges, recevait et soignait gratuitement des malades dans un immeuble lui appartenant. Un arrêté municipal, se basant sur les droits du maire en matière de salubrité, lui fit défense de recevoir chez elle, à partir du 1er octobre 1897, aucune personne atteinte de tuberculose ou d'autre maladie réputée contagieuse. Cet arrêté fut l'objet d'un recours pour excès de pouvoir devant le Conseil d'Etat. La requête était basée sur les moyens suivants :

« Attendu... que les hôpitaux ou maisons de santé ne sont point au nombre des établissements soumis à des règles spéciales au point de vue de la sécurité et de la commodité publiques ; que la loi du 13 avril 1850, sur les logements insalubres, relative aux seuls locaux loués ou occupés par d'autres que le titulaire du droit de jouissance, n'est pas applicable en l'espèce ; qu'en effet, la demoiselle Noualhier habite elle-même sa maison et n'a chez elle ni locataires ni pensionnaires, mais seulement des hôtes reçus et soignés par elle gratuitement ; qu'enfin l'arrêté attaqué excède les pouvoirs de police attribués au maire par l'article 97 de la loi du 5 avril 1884 ; que si le maire peut enjoindre aux habitants de s'abstenir de certains faits dangereux pour la salubrité publique, même s'ils sont accomplis dans les habitations privées, il ne peut pas, par des mesures individuelles, porter atteinte au droit de propriété et à la liberté des citoyens... »

L'arrêté du maire de Limoges fut annulé pour les motifs suivants :

Le Conseil d'Etat... Considérant que s'il appartient au maire d'user des pouvoirs de police qui lui sont confiés par la loi du 5 avril 1884, dans le cas où la requérante aurait négligé

(1) 18 mars 1898. — *Noualhier*. — Rec. de Lebon, 1898, p. 235.

de prendre des mesures de précaution rendues nécessaires par la présence de malades soignés à l'intérieur de son habitation, il n'a pu, sans porter atteinte au droit de propriété de la demoiselle Noualhier, lui interdire de recevoir chez elle aucune personne affectée de tuberculose ou d'autre maladie réputée contagieuse ; qu'ainsi l'arrêté attaqué est entaché d'excès de pouvoir....

Les prescriptions du maire ordonnant aux particuliers d'exécuter chez eux, dans un délai déterminé, les travaux propres à faire disparaître toute cause d'insalubrité, peuvent être, à l'expiration du délai, insuffisamment exécutées, ou même totalement omises. A part les pénalités qui seront appliquées par les tribunaux répressifs en vertu de l'article 471 C. pén., et qui sont par conséquent bien minimes, n'y a-t-il pas pour l'administration un moyen de vaincre les résistances des particuliers, et de faire exécuter les travaux ? M. le Ministre de l'intérieur, dans les observations présentées au Conseil d'Etat dans l'affaire Palazzi (12 mai 1882), émettait l'avis que l'autorité judiciaire, devant laquelle le contrevenant serait cité, pourrait le condamner « non seulement à l'amende édictée par l'article 471 C. pén., mais encore à exécuter d'office à ses frais les travaux qu'exige l'intérêt de la salubrité publique ». Et le ministre se référait à deux arrêts, l'un du Conseil d'Etat du 5 mai 1865 (1), l'autre de la Cour de cassation du 27 juin 1879 (2). Nous avouons n'avoir pas su trouver dans ces arrêts, dans le second surtout, la doctrine qu'y voyait M. le Ministre de l'intérieur. On aperçoit cependant quelque chose d'analogue dans l'arrêt du Conseil d'Etat :

(1) Affaire de Montailleur. — S. 66. 2. 134.
(2) S. 80. 1. 90.

« Considérant que, par son arrêté en date du 5 nov. 1863...,
le maire de la commune d'Enghien a enjoint à la dame de
Montailleur de prendre, dans le délai d'un mois, les mesures
convenables pour l'entier assainissement d'un fossé existant
à l'intérieur de sa propriété, et décidé que, faute par elle de
se conformer à cette injonction, il y serait pourvu d'office à
ses frais...; Considérant que... cet arrêté rentre dans les
mesures de police qu'il appartient à l'autorité municipale de
prescrire, aux termes de l'article 3 du titre XI de la loi des
16-24 août 1790, et n'est point susceptible de Nous être déféré
par la voie contentieuse... »

Selon nous, le Conseil d'Etat, en déclarant valable
dans son ensemble l'arrêté du maire d'Enghien, a reconnu au maire le droit de décider *d'avance* que, faute
par les particuliers d'exécuter dans tel délai les
travaux prescrits, il y serait pourvu d'office et
à leurs frais. Il y aurait là, de la part de l'autorité municipale, une mesure analogue à la mise en régie en
matière des travaux publics. Mais, si le maire n'a pas
prévu le cas de l'insuffisance ou de l'omission des mesures prescrites, on est en dehors des termes de l'arrêt
du Conseil d'Etat précité, et nous ne voyons pas comment le Ministre a pu s'y rapporter.

Il faut pourtant que force reste à la loi et que l'arrêté
s'exécute. Aussi, croyons-nous, comme le ministre de
l'intérieur, mais sans baser notre opinion sur les arrêts
qu'il invoque, que l'autorité judiciaire pourra ordonner
l'exécution des travaux nécessaires. Si le particulier
s'obstine dans son inaction, l'administration fera procéder d'office aux travaux.

APPENDICE

**Des droits de l'autorité administrative
sur les ateliers établis à domicile, et présentant les caractères
d'établissements dangereux, insalubres ou incommodes.**

Il a été question plus haut (V. p. 192) des droits de
surveillance et de contrôle de l'Administration sur les
petits ateliers, dont l'exploitation peut offrir des inconvénients pour la sécurité et la tranquillité publiques,
mais qui ne sont cependant pas classés parmi les établissements dangereux et ne sont pas susceptibles de
l'être. Il y a lieu, semble-t-il, de revenir ici sur une
question analogue, et de dire quelques mots des droits
de l'Administration sur les établissements classés ou
susceptibles d'être classés parmi les ateliers dangereux,
insalubres ou incommodes. Ces droits touchent par
plus d'un point à la liberté du citoyen dans son domicile ou dans ses dépendances ; bon nombre de petites
industries sont installées et exploitées dans les locaux
même où habite l'artisan avec sa famille. Nous expose-
rons donc les droits de l'Administration sur les ateliers
qui peuvent être pour le voisinage une cause d'insalubrité ou d'incommodité.

La réglementation des établissements dangereux, insalubres, ou incommodes, est écrite, au moins quant aux
principes, dans le décret du 15 octobre 1810 et dans l'ordonnance du 14 janvier 1815 ; les détails ont subi de nom-

breuses modifications. Ces établissements sont divisés en
trois classes d'après la gravité des inconvénients qu'offre
leur voisinage, et ils sont soumis à une autorisation
préalable qui est donnée, suivant la classe, par le préfet
ou par le sous-préfet. On a dressé de ces ateliers une
nomenclature, modifiée depuis à plusieurs reprises, et
refondue par le décret du 3 mai 1886 auquel d'autres
décrets plus récents ont déjà fait des additions. Mais
ce tableau, si complet qu'il soit, ne peut pas cependant
prévoir toutes les exploitations nuisibles à la sécurité
ou à la salubrité. De nos jours surtout, les inventions
et les nouveaux procédés de fabrication se succèdent si
rapidement que l'on voit se fonder de plus en plus
nombreux des établissements qui pourraient par leur
nature être rangés dans la catégorie des ateliers dangereux. Il peut y avoir de graves inconvénients pour
l'intérêt public à attendre qu'un décret, rendu après de
nombreuses formalités, les ajoute à la nomenclature.
L'article 5 de l'ordonnance du 14 janvier 1815 autorise
le préfet à suspendre provisoirement leur formation
ou leur exercice. De son côté, le maire tient de la loi
du 5 avril 1884 le droit de veiller à ce que la salubrité
et la sécurité publiques ne soient point compromises.
Quelles seront, en ces matières, les limites des droits
du préfet et du maire ? Question délicate qui ne peut être
étudiée qu'en distinguant les établissements *classés*,
c'est-à-dire portés dans la nomenclature officielle comme devant faire l'objet de précautions spéciales, et les
établissements *non classés*, mais susceptibles de l'être.
C'est par ces derniers que nous commencerons.

Limites des droits respectifs des préfets et des maires sur les établissements **non classés**. — « Les préfets sont autorisés à faire suspendre la fondation ou l'exercice des établissements nouveaux, qui, n'ayant pu être compris dans la nomenclature précitée, seraient cependant de nature à y être placés... » (Ord. du 14 janvier 1815, art. 5.)

En ce qui concerne la signification précise des mots « *établissements nouveaux* », nous adopterons le sens que leur a toujours implicitement donné la Cour de cassation (1). L'établissement nouveau est celui qui se fonde, sans qu'il y ait à distinguer si l'industrie qu'on y exerce est ou n'est pas nouvelle. La jurisprudence du Conseil d'Etat n'est pas ferme sur ce point (2).

Si les droits du préfet relatifs aux établissements nouveaux sont déterminés par un texte, il n'en est pas de même de ceux du maire, et la jurisprudence est elle-même fort indécise.

Une théorie consacrée par un arrêt de Cassation du 4 août 1853 (3) et reprise par M. le conseiller Tanon dans un rapport suivi d'un arrêt de la Cour suprême du 17 avril 1886 (4), peut être ainsi formulée : Un texte spécial, le décret du 15 octobre 1810, ayant accordé au préfet le droit d'empêcher la formation, ou de suspendre l'exercice des établissements non classés mais de nature à l'être, il s'ensuit que l'autorité municipale ne peut pas prendre une mesure semblable. Le maire excé-

---

(1) V. notamment 17 avril 1886. — S. 86. 1. 387.

(2) Cons. d'Et., 8 mars 1866, *Yvôse* (Lebon, p. 215); 12 février 1875, *Japuis*. (Lebon, p. 127.)

(3) S. 53. 1. 796.

(4) S. 86. 1. 387.

derait donc ses pouvoirs en ordonnant la suppression ou même le simple déplacement d'un de ses ateliers ; le déplacement constitue en effet « une suppression de l'établissement dans certains lieux et entraîne une suspension momentanée de son exercice ».

Un arrêt de la Cour suprême du 21 décembre 1848 (1) avait adopté une théorie toute différente. D'après lui, les droits conférés au préfet par la législation spéciale aux établissements dangereux ne sont pas exclusifs des droits généraux de police confiés au maire. Celui-ci pourrait donc ordonner le déplacement d'un établissement nouveau qui menacerait la salubrité publique.

Un autre arrêt de la même Cour, du 15 juin 1883 (2), refuse au maire le droit d'ordonner la suppression d'un dépôt de corbeilles en jonc parce que, un semblable établissement n'étant pas classé, le préfet peut seul prendre cette mesure, en vertu de l'ordonnance de 1815. Mais cet arrêt reconnaît au maire le droit de « régler la distance qui devait exister entre le dépôt de *canastes* et les habitations ».

On voit qu'il régnait dans la jurisprudence une certaine confusion. M. le conseiller Tanon la souligne dans le rapport que nous venons de citer. L'arrêt rendu par la Cour dans cette affaire nous paraît avoir fait une juste délimitation des pouvoirs du maire en matière d'établissements insalubres non classés :

« Attendu que, par arrêté du 25 juin 1884, le maire de Grasse a ordonné que les dépôts en grand de cocons de vers à soie devraient être transportés hors de la ville ; — Attendu

(1) S. 49. 1. 359.
(2) S. 85. 1. 520.

que le jugement attaqué a condamné Cavallier à l'amende pour infraction à ladite disposition et ordonné la translation hors la ville du dépôt de cocons lui appartenant ; — Mais attendu que les dépôts de cocons ne sont pas compris dans la nomenclature des établissements que concerne le décret du 15 octobre 1810, et que l'article 5 de l'ordonnance du 14 janvier 1815 n'accorde qu'au préfet le droit de faire suspendre la formation ou l'exercice des établissements nouveaux qui, quoiqu'ils ne figurent pas dans cette nomenclature, leur paraissent de nature à y être placés ; — Attendu que le maire de Grasse pouvait, sans doute, en vertu des pouvoirs généraux confiés à l'autorité municipale, prendre toutes les mesures que lui paraissait commander la salubrité publique, soit quant aux précautions à prendre pour neutraliser les effets de l'accumulation, dans un même lieu, des approvisionnements de Cavallier, soit même quant à la réduction de ces approvisionnements ; — Mais qu'il a excédé ses pouvoirs en ordonnant le transport hors de la ville, et par suite la suppression intégrale, d'un dépôt de marchandises qui constituait un établissement commercial, et qui, non classé par la loi parmi les établissements insalubres, incommodes ou dangereux, avait pu être installé sans autorisation, sauf le droit accordé à l'autorité préfectorale par l'article 5 de l'ordonnance du 14 janvier 1815, précité ; qu'il suit de là que l'arrêté du maire de Grasse n'était pas obligatoire dans cette partie ; que le refus fait par Cavallier ne constituait pas une contravention légalement punissable..... » (1)

D'après cette jurisprudence, les attributions respectives du maire et du préfet, en ce qui concerne les établissements non classés mais susceptibles de l'être, sont ainsi réparties : Toute mesure qui constitue une suspension, une suppression, ou, ce qui revient au même, un déplacement, appartient de droit au préfet ; toutes autres mesures, n'ayant pas été retirées au maire par un texte spécial, restent de sa compétence.

(1) Cass. 17 avril 1886. — (S. 86. 1. 387.)

Limites des droits respectifs des préfets et des maires sur les établissements **classés.** — Si maintenant nous étudions les droits du maire sur les établissements compris dans la nomenclature officielle, nous sommes amenés à distinguer : d'une part, les ateliers qui se sont fondés dans les conditions prévues par la loi et se sont offerts dès le principe à la surveillance et au contrôle de l'Administration ; d'autre part, ceux qui se sont établis sans l'accomplissement des formalités légales et qui fonctionnent pour ainsi dire en contrebande. Les premiers sont les établissements dangereux classés et autorisés ; les autres sont classés et non autorisés.

La charte d'un établissement *classé et autorisé*, l'acte qui règle les conditions de son existence et les précautions dont il doit s'entourer, est l'arrêté du préfet ou du sous-préfet qui l'autorise. C'est à cet acte qu'il faut se reporter pour connaître l'ensemble des règles de police auxquelles est assujetti l'atelier autorisé. Il suit de là que le maire ne peut pas arbitrairement modifier cette charte ; il ne peut pas aggraver pour une manufacture insalubre les conditions sous lesquelles le préfet (ou le sous-préfet) a cru devoir permettre son établissement. (1) Mais il ne faut pas en conclure que, par le seul fait qu'une manufacture a été autorisée par l'Administration supérieure, le maire perd sur elle tout droit de surveillance et de contrôle. Il peut toujours prendre à son égard des mesures de police sur les objets dont le règlement lui est confié, pourvu que ces mesures

(1) En ce sens : Cass. 1er juin 1855 (S. 55. 1. 612).

n'aient pas pour effet de modifier les prescriptions de l'autorité supérieure, c'est-à-dire pourvu qu'elles n'apportent aucun empêchement réel à l'exploitation des établissements autorisés dans les conditions où ils ont été autorisés (1).

Quant aux manufactures et ateliers *classés et non autorisés*, leur situation irrégulière ne leur assure pas, contre les abus d'autorité, les garanties dont jouissent les établissements autorisés. Ils pourront être supprimés ou déplacés non seulement par le préfet ou le sous-préfet, mais encore par le maire ; l'autorité municipale jouit vis-à-vis d'eux de la plénitude de ses pouvoirs de police. Ce droit de suppression est reconnu au maire par un arrêt de cassation du 16 août 1884 (2). Cet arrêt offre, à un point de vue différent, une solution intéressante au point de vue de la compétence, et que nous résumons brièvement : La question de savoir si tel ou tel atelier constitue un établissement dangereux et rentre ainsi dans la nomenclature, ne peut être tranchée que par l'Administration. Ainsi, par exemple, un particulier est traduit devant le tribunal de police ou, en appel, devant le tribunal correctionnel, pour avoir ouvert et fait fonctionner un atelier insalubre ; s'il invoque pour excuse cette raison que l'atelier ouvert n'offre pas les caractères

---

(1) Nous citerons en ce sens un arrêt de rejet de la Cour suprême du 1er août 1862 (S. 63. 1. 107) et un arrêt de cassation du 7 février 1863. Sous ce dernier arrêt, le Recueil de Sirey (63. 1. 217) contient une note qui nous paraît résumer et apprécier très exactement toute la jurisprudence relative à cette matière. (Dans le même sens, Conseil d'Etat, 28 janvier 1887 — S. 88. 3. 55).

(2) S. 85. 1. 391.

légaux d'un établissement insalubre, le tribunal répressif doit surseoir à statuer jusqu'à ce que la question ait été tranchée par l'autorité administrative compétente.

Il faut noter, en terminant, que, si le maire peut ordonner la fermeture ou le déplacement d'un atelier insalubre classé et non autorisé, il possède aussi et à plus forte raison, le droit d'édicter simplement des mesures pour sauvegarder la salubrité et la tranquillité du voisinage.

CHAPITRE II

Restrictions à la liberté des citoyens dans leur domicile en fait de chapelles domestiques et d'oratoires particuliers.

I

Exposé général de la législation relative aux chapelles domestiques et aux oratoires particuliers.

Une législation spéciale, datant du premier Empire, a apporté en matière de cultes, une nouvelle et importante restriction au principe de la liberté du citoyen dans son domicile. Le fondement de cette législation est l'article 44 de la loi du 18 germinal an X, ainsi conçu :

« Les chapelles domestiques, les oratoires particuliers, ne pourront être établis sans une permission expresse du Gouvernement, accordée sur la demande de l'Evêque. »

Un texte postérieur, le décret du 22 décembre 1812, détermine les formes à suivre et les conditions à remplir pour obtenir cette permission. Tous les articles de ce décret (sauf peut-être l'art. 7) ont trait à des restrictions à la liberté du culte dans le domicile des particuliers. Mais les articles 3 à 7 ne visant que des cas spéciaux qui rentrent moins directement dans le cadre de notre sujet, il nous suffira de retenir les textes suivants :

Art. 1. — « Les chapelles domestiques et oratoires particuliers, dont est mention en l'article 44 de la loi du 18 germinal an X, et qui n'ont pas encore été autorisés par un décret aux termes dudit article, ne seront autorisés que conformément aux dispositions suivantes.

Art. 2. — « Les demandes d'oratoires particuliers pour les hospices, les prisons, les maisons de détention et de travail, les écoles secondaires ecclésiastiques, les congrégations religieuses, les lycées et collèges, et des chapelles et oratoires domestiques, à la ville ou à la campagne, pour les individus ou les grands établissements de fabriques et manufactures, seront accordées par nous, en notre Conseil, sur la demande des évêques. A cette demande seront jointes les délibérations prises, à cet effet, par les administrateurs des établissements publics, et l'avis des maires et des préfets.

Art. 8. — « Tous les oratoires ou chapelles où le propriétaire voudrait faire exercer le culte, et pour lesquels il ne présenterait pas, dans le délai de six mois, l'autorisation énoncée dans l'article 1er, seront fermés, à la diligence de nos procureurs près nos cours et tribunaux, et des préfets, maires et autres officiers de police » (1).

Il faut citer enfin, sur la même matière, l'article 294 du Code pénal :

« Tout individu qui, sans la permission de l'autorité municipale, aura accordé ou consenti l'usage de sa maison ou de son appartement, en tout ou en partie, pour la réunion des membres d'une association même autorisée, ou pour l'exercice d'un culte, sera puni d'une amende de 16 francs à 200 fr. »

Notons en passant que ce dernier texte s'applique seulement à ceux qui ont *accordé ou consenti* l'usage de leur appartement. Il ne serait donc pas applicable à un prêtre qui aurait installé chez lui, dans la maison dont il est propriétaire, une chapelle où il célébrerait la messe. Nous aurons à revenir sur ce point à propos de la sanction pénale qui garantit l'observation des formalités relatives aux chapelles domestiques. L'article 294 du Code pénal présente d'ailleurs une notable différence avec le décret de 1812 ; il parle d'une permission de l'autorité municipale ; le décret fait allusion à une autorisation du gouvernement.

_____

(1) Décret du 26 juin 1813, art. 1er : « Le délai accordé par l'art. 8 du décret du 22 décembre 1812 concernant les oratoires particuliers et les oratoires et chapelles domestiques est prorogé de quatre mois. »

La loi du 18 germinal an X et le décret de 1812 ne peuvent s'appliquer qu'au culte catholique. Des dispositions spéciales règlementent l'exercice des cultes israélite et protestants ; ce sont pour le premier l'article 63 de l'ordonnance du 25 mai 1844, et pour ceux-ci l'article 1er du décret du 19 mars 1859. Voici ces deux textes :

Ordonnance du 25 mai 1844, art. 63 : « Tout chef de famille peut, en rapportant l'avis favorable du consistoire départemental, obtenir l'autorisation d'ouvrir un oratoire chez lui et à ses frais. Cette autorisation sera donnée par nous sur le rapport de notre ministre des cultes. »

Décret du 19 mars 1859, article 1er : « L'autorisation pour l'ouverture de nouveaux temples, chapelles ou oratoires, destinés à l'exercice public des cultes protestants organisés par la loi du 18 germinal an X, sera, sur la demande des consistoires, donnée par nous, en notre Conseil d'Etat sur le rapport de notre ministre des cultes. »

Il faut observer qu'il n'y a pas symétrie entre ces deux textes. L'ordonnance de 1844 s'applique aux oratoires *privés*, c'est-à-dire analogues aux chapelles domestiques du culte catholique. Le décret de 1859 parle au contraire des oratoires protestants « destinés à l'exercice *public* » du culte.

II

Ce que désignent les expressions « chapelles domestiques » et « oratoires particuliers ».

Quelle est la portée des expressions : *Chapelles domestiques et oratoires particuliers ?* Dalloz (1) en donne les dé-

---

(1) Code des lois polit. et adm., V° Cultes, n° 2374.

finitions suivantes : « Les *chapelles domestiques* sont les
chapelles attachées à une habitation privée et établies
par un particulier pour son usage personnel et le service
de sa maison. Les *oratoires particuliers* sont les chapelles destinées au service religieux d'établissements
publics, tels que les hospices, les prisons, les collèges,
les communautés religieuses régulières ou séculières ;
l'usage en est propre et exclusif aux personnes de l'établissement et le public ne doit pas être y être admis.
(Circ. minist. du 25 février 1819). »

Ces définitions font ressortir que ces chapelles sont
des lieux clos et privés, compris dans l'enceinte d'une
habitation, et auxquels s'étend ainsi le caractère de
domicile tel que nous l'avons défini au début de cette
étude. Ce caractère de privauté est non seulement reconnu mais exigé par la jurisprudence administrative
la plus récente. D'après elle, l'accès de l'oratoire particulier ne doit jamais être permis « qu'au personnel de
l'établissement ou de la maison particulière en vue duquel l'autorisation a été accordée » (1).

Il semble que ce cachet d'intimité que revêt l'oratoire
établi par un particulier dans son domicile aurait dû le
soustraire à la surveillance et au contrôle de l'Administration. Il semble qu'un citoyen devrait pouvoir, sans
être inquiété, consacrer une pièce de son habitation à
l'exercice de son culte, et y dresser un autel avec la
même liberté qui lui permet d'y établir un billard ou un
piano. Le législateur qui lui a enlevé cette faculté, ou du
moins qui l'a soumise à une autorisation, c'est-à-dire à

---

(1) V. notamment Circul. du min. des Cultes, 8 oct. 1880 ; et
Dalloz, Code des lois polit. et admin., V° Cultes n° 2411.

l'arbitraire, a dû être poussé à cela, ou bien par un profond mépris des droits individuels, ou bien par des raisons d'une haute gravité. Ces raisons, peut-on les trouver dans les circonstances politiques au milieu desquelles ont été promulgués les articles organiques ? La question vaut la peine d'être étudiée.

I I I

Origine et raison d'être de l'article 44 de la loi du 18 germinal an X, et du décret de 1812.

Au moment où fut édictée la loi du 18 germinal an X, et, plus tard, lorsque le décret de 1812 vint organiser la surveillance des chapelles domestiques, divers ordres de préoccupations ont pu inspirer à Napoléon les précautions qu'il prit en ces matières. Portalis les énonce dans son rapport sur les articles organiques, à propos de l'article 44 : « Le Souverain, dit-il, a doublement inspection sur les oratoires particuliers et sur les chapelles domestiques. Comme protecteur, il doit empêcher que les fidèles ne soient arbitrairement distraits des offices de leurs paroisses. Comme magistrat politique, et chargé, en cette qualité, de veiller au maintien de la police, il a droit d'empêcher qu'il ne se fasse, sans son consentement, aucun rassemblement de citoyens ou de fidèles hors des lieux publiquement et régulièrement consacrés au culte. »

Si l'on en croit ce rapport, l'intervention du gouvernement en matière de chapelles et d'oratoires se justifie donc par le double rôle de *protection* et de *surveillance* qui lui incombe.

Au moment du Concordat, l'établissement et le fonctionnement du culte dans des oratoires privés pouvaient offrir des inconvénients ; c'était pour les sectateurs de la *Petite Eglise* un moyen d'entretenir et de perpétuer leur résistance. Lorsque le Concordat fut promulgué en France, beaucoup de catholiques refusèrent de s'y soumettre : les uns réprouvaient les concessions que le Pape avait consenties ; les autres pensaient qu'elles lui avait été arrachées par surprise ou par violence. Ces catholiques refusèrent l'obéissance aux évêques et aux prêtres nommés en exécution du Concordat et tinrent des réunions où le culte était célébré par des ministres qui avaient leur confiance (1). C'est ce qui constituait la *Petite Eglise.*

Dans un autre camp, et obéissant à des préoccupations d'un ordre différent, les prêtres assermentés opposèrent une vive résistance à l'exécution du Concordat. Ils voyaient avec déplaisir se renouer entre l'Eglise de Rome et l'Etat français des relations que leur serment avait rompues : le nouvel état de choses ne pouvait que leur préjudicier. Un schisme était possible. Il aurait été singulièrement facilité par des réunions tenues pour la célébration du culte en dehors des édifices officiellement reconnus et consacrés.

Cette opposition au Concordat, qu'elle vint de la Petite Eglise ou des prêtres constitutionnels, allait contre les vues de l'autorité civile. Elle peut donc expliquer

(1) Jauffret : *Mémoires ecclésiastiques*, tome 1, page 394.

que des mesures aient été prises pour empêcher ces
réunions de fidèles anticoncordataires qui nuisaient au
rétablissement de l'ordre et de la paix religieuse en
France.

Outre une pensée de protection, Portalis signalait
aussi un désir de surveillance dans les motifs qui ont
dicté l'article 44 des Organiques. Il n'est pas besoin
d'approfondir beaucoup le caractère et la politique de
Napoléon pour se rendre compte que cette idée a dû
gravement influer sur sa détermination. L'Empereur
avait pour principe que rien de ce qui se passait dans
l'Empire ne devait échapper à sa surveillance et à sa
domination. Cet esprit qu'il apportait en toute matière,
il aurait dû, ce semble, s'en départir pour ce qui concerne le culte dans des lieux privés. Mais, restaura-
teur de la religion catholique en France, Napoléon
croyait pouvoir fixer à son gré les conditions de son
exercice (1).

Il n'est pas téméraire de croire que, de ces deux idées
de protection et de surveillance, la seconde surtout a
été, en fait, la vraie raison d'être de l'article 44.

L'autorité ecclésiastique n'a jamais accepté sans protes-
ter cette prétendue protection qu'on voulait lui imposer :
si l'article 44 n'a pas été de sa part l'objet d'une réproba-

---

(1) L'incident des *Cardinaux noirs* n'est pas sans doute étranger aux motifs qui ont fait édicter le décret de 1812. Ces treize
cardinaux, auxquels Napoléon avait interdit le port des insignes
cardinalices et qu'il avait relégués sur divers points du territoire, étaient reçus par des particuliers dans des chapelles
privées où ils pouvaient officier revêtus de leurs insignes. L'empereur voulut leur ôter jusqu'à cette liberté.

tion spéciale, nous savons du moins que l'ensemble des articles organiques a été répudié par le Saint-Siège (1).

D'autre part, le pouvoir civil, en France, a parfois reproché aux évêques leur force et leur indépendance, mais jamais leur faiblesse. Un autre motif encore donne à croire que l'idée de protéger le culte catholique a tenu peu de place dans les préoccupations de Bonaparte lorsqu'il édictait l'article 44 des Organiques et, plus tard, le décret de 1812 : c'est la façon même dont est organisée la surveillance des chapelles domestiques. La nécessité d'une autorisation gouvernementale aurait pour but, d'après Portalis, « d'empêcher que les fidèles ne soient arbitrairement distraits des offices de leurs paroisses ». Or, d'après le décret de 1812, article 2, l'autorisation d'ouvrir une chapelle domestique ou un oratoire particulier n'est accordée à un particulier que *sur la demande des Evêques*. Ceux-ci sont évidemment les meilleurs juges pour apprécier le tort que l'établissement d'une chapelle privée peut causer au culte paroissial. S'ils estiment que, dans un cas donné, ce préjudice est à craindre, ils ont pour l'écarter un moyen très simple : s'abstenir d'adresser au gouvernement la demande prévue par le décret de 1812. La « protec-

---

(1) Le cardinal Caprara, nonce à Paris, avait, par lettre du 18 août 1803, protesté auprès de M. de Talleyrand contre « la partie de la loi du 18 germinal, que l'on a désignée sous le nom d'articles organiques ». C'est à cette lettre que Portalis, chargé des affaires concernant le culte, répondit le 22 septembre 1803 (5e jour complémentaire, an XI) par une longue note dans laquelle il prend la défense des articles organiques. Le passage cité plus haut est tiré de cette note (Cf. Emile Ollivier. *Nouveau Manuel de droit ecclésiastique*, p. 134).

tion » du gouvernement semble donc bien inutile ; et cette idée ne saurait justifier l'intervention de l'Etat dans ces matières. Si c'est vraiment d'une protection qu'il s'agit, pourquoi ne pas écrire ainsi l'article 2 : Les chapelles et oratoires particuliers *pourront être fermés par le gouvernement à la demande des Evêques ?* Notons d'ailleurs qu'en fait les Evêques auraient rarement à user de ce procédé : ils puisent dans leur seul pouvoir spirituel des moyens très efficaces d'empêcher la célébration du culte dans les chapelles, en interdisant par exemple à tout prêtre d'y exercer son ministère ; c'est ce qui constitue la « mise en interdit ».

Il faut conclure, croyons-nous, que l'idée de protection doit être écartée du nombre des motifs qui peuvent justifier la législation relative aux chapelles domestiques.

Quant aux pouvoirs de police du Souverain, ils lui donnent, dit Portalis, le droit « d'empêcher qu'il ne se fasse sans son consentement, aucun rassemblement de citoyens ou de fidèles hors des lieux publiquement et régulièrement consacrés au culte ». Ici l'on peut se demander en quoi l'ordre public serait troublé par le fait que les habitants d'un château, les pensionnaires d'un établissement hospitalier suivent les offices de leur culte dans une chapelle privée ? On répondra peut-être : à cause des réunions et rassemblements dont les exercices du culte seront le prétexte C'est oublier que, d'après une jurisprudence administrative constante, les chapelles domestiques et les oratoires particuliers ne peuvent pas être ouverts au public. C'est oublier que l'Administration tire un pouvoir suffisant, pour empêcher ces réunions et ces rassemblements, des articles 291 et suivants du Code pénal.

Nous ne sommes pas les premiers à formuler ces critiques sur la législation qui a sa base dans l'article 44 de la loi du 18 germinal (1).

Ils ne sont pas les seuls que l'on puisse faire à la législation qui nous occupe. Outre qu'elle est inutile et tracassière, elle est mal définie et fort difficile à appliquer dans la pratique. C'est dire qu'elle laisse la porte ouverte à l'arbitraire.

Elle est mal définie : à quelles chapelles, à quels oratoires s'étend la prohibition? A quels exercices du culte? Se bornera-t-on à interdire la présence d'un autel et la célébration de la Messe? Faudra-t-il considérer comme oratoires particuliers certains monuments

(1) GAUDRY (*Traité de la législation des cultes*, 1856, tome I, p. 238) l'apprécie en ces termes :
« On conçoit parfaitement la loi et ses motifs lorsqu'il s'agit de chapelles et d'oratoires destinés à des réunions publiques. On ne les comprend pas aussi bien, quand il est question d'une chapelle privée, destinée seulement à l'usage des personnes habitant la maison. La liberté d'agir à son gré, dans son intérieur, pourvu que l'on n'offense ni la morale publique ni l'intérêt de la société, semblerait devoir assurer aux individus le droit de faire célébrer le culte dans leur domicile, sous la simple autorisation de l'Evêque. »
Et plus loin le même auteur ajoute à propos de cette législation :
« Il serait convenable qu'elle fût modifiée et que les évêques eussent la faculté d'apprécier les motifs de ces demandes en autorisation d'oratoires privés, car leur existence touche seulement à l'intérêt religieux de ceux qui la sollicitent. Tant que cette modification n'aura pas été apportée, les évêques ne pourront pas accorder les autorisations demandées sans se compromettre, et sans s'exposer à un recours pour abus. »

religieux que des personnes pieuses font établir dans leurs propriétés comme *ex-voto* ou comme souvenirs ? D'après le Tribunal des conflits (1), tant qu'une ancienne chapelle, où le culte était célébré sans autorisation et qui a été fermée par mesure administrative, n'a pas été complètement désaffectée et continue à être *garnie des objets mobiliers du culte catholique*, l'immeuble conserve son caractère de chapelle. Suivant cette jurisprudence les oratoires tombent sous la prohibition de la loi alors même que le culte n'y est pas célébré.

En pratique, l'application de toutes ces prohibitions est très difficile. Comment l'Administration peut-elle s'assurer qu'une maison renferme un oratoire ? Comment peut-elle connaître la nature des actes du culte qui y sont accomplis ? Voilà pour la constatation des infractions ; on verra plus loin que leur sanction offre bien plus de difficultés encore.

IV

L'article 44 de la loi du 18 germinal et le décret de 1812 sont-ils toujours en vigueur ?

L'utilité que l'ordre public peut retirer de ces restrictions portées à la liberté par l'article 44 de la loi du 18 germinal et par le décret du 22 décembre est manifestement hors de proportion avec les inconvénients qu'elles entraînent. Le plus grave à nos yeux est l'atteinte qu'elles constituent à la liberté religieuse et à l'invio-

(1) Arrêt du 25 novembre 1882 (D. P. 84. 3. 38).

labilité du domicile. Cette législation, œuvre d'un régime despotique, est tellement en opposition avec nos idées et nos mœurs actuelles que l'on a pu soutenir qu'elle n'est plus en vigueur. Cette thèse a été développée par M. Brac de la Perrière et par M. Albert Desplagnes (1). Nous en résumons les principaux arguments.

1° La législation qui nous occupe a été édictée en vue de combattre une situation de fait qui était sa seule raison d'être. Cette situation a complètement disparu depuis 1814. Il n'est plus question depuis fort longtemps d'une *Petite Eglise* opposée au Concordat, ni de prêtres assermentés, ni de *cardinaux noirs*. L'article 44 de la loi de germinal et le décret de 1812 ne correspondent plus à l'état de notre esprit religieux.

2° Les principes du droit public sont aujourd'hui complètement différents de ce qu'ils étaient sous le premier Empire. Leur caractère dominant consistait alors dans le pouvoir personnel et absolu de l'Empereur. La liberté des cultes était étouffée sous le poids du despotisme impérial. Les Chartes de 1814 et de 1830 sont venues au contraire proclamer la liberté de conscience et celle des cultes. Ces deux libertés ont fait dans les idées de constants progrès et sont arrivées à leur complet épanouissement avec la Constitution de 1848.

Mais le gouvernement du second Empire remit en vigueur les principes du droit public antérieur à 1814. Quand on pèse les termes du décret du 6 mars 1859, re-

---

(1) *Revue catholique des Institutions et du Droit* (année 1886, tome 26, pages 383 et s. ; 440 et s.)

latif aux autorisations nécessaires pour l'ouverture de nouveaux temples, et surtout ceux du rapport du ministre des cultes qui précède ce décret, on demeure convaincu que, dans la période qui a séparé les deux Empires, l'article 44 de la loi de germinal et le décret de 1812 ont été considérés comme supprimés (1). La meilleure preuve en est, qu'en rétablissant cette législation, le décret a spécifié que ce rétablissement n'aurait pas d'effet rétroactif : c'était bien reconnaître qu'on inaugurait un état de choses qui n'existait ni en fait ni même en droit.

Après le 4 septembre 1870, les principes qui dirigeaient les gouvernements impériaux furent remplacés par d'autres, tout différents. Mais la Constitution de 1875 passe sous silence la liberté des cultes, comme d'ailleurs l'inviolabilité du domicile. Doit-on considérer comme subsistant à cet égard les doctrines des gouvernements impériaux, ou au contraire appliquer les prin-

---

(1) Le passage suivant du rapport semble en effet très significatif : « Votre Majesté, Sire, entend que le décret actuel n'apporte aucun trouble dans les faits religieux qui se sont consommés sous les yeux et avec le consentement tacite de l'administration départementale. Ainsi, partout où des réunions se sont formées et ont vécu publiquement sans opposition de la part de l'autorité suffisamment informée, partout où des temples et oratoires ont été fréquentés dans les mêmes conditions, l'état de choses reste acquis, et il n'y a pas lieu de demander l'autorisation exigée par le présent décret. Il ne statue que pour l'avenir et respecte ce qui peut se prévaloir d'une possession tranquille et notoire. » (DUVERGIER, *Rec. des lois*, 1859, p. 91). — Le gouvernement du second Empire, s'autorisant de ce qu'avait fait le premier, a donc remis en vigueur la nécessité de l'autorisation administrative pour l'ouverture de nouvelles chapelles domestiques et de nouveaux oratoires.

cipes de la Constitution de 1848 qui offre avec la nôtre de remarquables affinités ?

Cette dernière alternative parait seule raisonnable. Or l'article 7 de la Constitution de 1848 est ainsi conçu : « Chacun professe librement sa religion et reçoit de l'Etat, pour l'exercice de son culte, une égale protec-tion. » Ce texte est manifestement incompatible avec les restrictions apportées au droit d'ouvrir des chapelles et des oratoires particuliers. Il les a donc abrogées.

3° Si l'on objecte que l'abrogation de l'article 44 de la loi de germinal et du décret de 1812 n'a jamais été prononcée par aucun texte, on répond que bien des dis-positions légales sont considérées comme abrogées qui ne l'ont jamais été formellement. Qui songerait à appli-quer aujourd'hui le décret du 3 mars 1810 qui permettait d'enfermer et de détenir les suspects dans des prisons d'Etat sans les faire passer en jugement; ou bien les décrets et les lois révolutionnaires de 1793 à 1800 sur la spoliation et la guillotine ? Il est de toute évidence que ces lois sont abrogées implicitement comme étant en contradiction absolue avec notre législation actuelle ; cependant elles n'ont jamais été explicitement suppri-mées. Il en est de même en ce qui concerne la législation relative aux chapelles domestiques.

Cette opinion, émise et soutenue par MM. Brac de la Perrière et Desplagnes, nous parait basée sur de sérieux arguments. Elle n'a pas été examinée par les tribunaux dont les décisions en cette matière datent presque toutes des années 1880 et 1881, et sont par conséquent bien antérieures à la publication des deux articles dont nous venons de donner un aperçu. Telle qu'elle se présente

aujourd'hui, elle semble devoir justifier tout au moins
un doute grave sur la valeur légale de l'article 44 des
Organiques (1).

V

Comment sont réprimées les infractions
à l'article 44 des Organiques et au décret de 18.2 ?

Malgré ce qu'il peut y avoir de fondé dans l'opinion
qui considère comme supprimés l'article 44 de la loi du
18 germinal an X et le décret de 1812, nous allons poursuivre l'étude de cette législation.

(1) Une chose paraît certaine, c'est que pendant la période qui
s'est écoulée entre 1814 et le décret de 1859, et, après la chûte du
second Empire, jusqu'en 1880, la législation relative aux chapelles domestiques et oratoires particuliers était tombée en dé
suétude. On peut constater, entre 1814 et 1880, d'une part le grand
nombre des chapelles domestiques où le culte est célébré, et,
d'autre part, le nombre extraordinairement restreint des décisions
gouvernementales qui en permettent l'ouverture et l'exercice.
Des recherches faites dans le « Bulletin des Lois » pour en
trouver quelques-unes, ont abouti à nous en faire découvrir deux
seulement. Elles sont fort anciennes, l'une et l'autre portant la
date du 23 septembre 1818 (*Bulletin des Lois*, 7ᵉ série, nᵒˢ 5797 et
579.). Voici en quels termes la première est mentionnée au Bulletin : « *Ordonnance du Roi qui autorise l'établissement de la
chapelle domestique dépendant du château de la baronne de Metz,
situé à Condemisne, canton de Mâcon, département de Saône-et-
Loire, tant que le service curial n'en souffrira point* ».
Il faut signaler toutefois une note qui se trouve dans Dalloz,
sous l'arrêt de Nancy précité (D. P. 80. 2. 177), et qui tend à faire
croire que d'autres décisions analogues ont été rendues depuis
1818 : « De loin en loin, à raison de faits particuliers, le plus
souvent pour faciliter l'exécution de dispositions testamentaires,
des projets de décrets tendant à autoriser des chapelles et oratoires, sont soumis à l'examen du Conseil d'Etat... »

Supposons qu'une chapelle domestique ou qu'un oratoire particulier a été ouvert sans l'autorisation gouvernementale exigée par l'article 44 de la loi du 18 germinal. Quelles sont les mesures que pourra prendre l'autorité publique en vue d'assurer l'exécution de la loi ? En d'autres termes, existe-t-il une sanction aux dispositions de l'article 44 des Organiques et au décret du 22 décembre 1812, et quelle est la nature de cette sanction ?

On peut en imaginer de deux sortes : 1° la *fermeture* de l'oratoire indûment ouvert ; 2° l'application d'une *pénalité* au délinquant.

Il y aura lieu de se demander, en examinant chacune de ces deux sanctions, si elles ont un fondement légal, et de quelle façon elles peuvent être appliquées.

A. — Fermeture des chapelles et oratoires.

La fermeture des chapelles domestiques et des oratoires particuliers est prévue par l'article 8 du décret du 22 décembre 1812. Cette expression de *fermeture* peut être entendue dans deux sens. Elle peut désigner un acte matériel, mettant obstacle à l'accès physique de la chapelle ; cet acte sera le plus souvent une apposition de scellés. Elle peut encore désigner une décision par laquelle l'autorité compétente interdit de continuer à exercer le culte dans le local qui lui est indûment affecté.

Le premier de ces deux sens est celui qui se présente le plus naturellement à l'esprit. La fermeture ainsi comprise a été effectuée dans les nombreuses espèces sur lesquelles les tribunaux ont eu à statuer en 1880 et en

1881. Un fonctionnaire — préfet, sous-préfet, maire ou commissaire de police — se transporte au domicile de la personne ou de l'association chez qui le culte est exercé sans autorisation et appose les scellés sur la porte de la chapelle. Cette exécution offre deux inconvénients : d'abord elle exige nécessairement l'entrée d'un ou de plusieurs fonctionnaires dans un domicile privé ; en second lieu l'apposition des scellés a pour effet, tant que le propriétaire (ou le locataire) n'en a pas obtenu main-levée, de lui interdire l'entrée et l'usage des locaux fermés.

Entendue dans le second sens, la fermeture, prononcée par un préfet ou par un maire, est une décision administrative, tout à fait analogue, par sa nature, à celles que prend l'autorité préfectorale pour suspendre l'exercice des établissements dangereux, insalubres ou incommodes (ord. du 14 janv. 1815, art 5) ; le préfet pouvait ainsi, sous l'empire du décret du 29 décembre 1851 (art. 2) faire fermer les débits de boisson, et sous l'empire de la loi du 15 mars 1850 (art. 29) faire fermer une école tenue par un instituteur privé.

Ceci posé, nous allons examiner ce que l'on peut appeler le *contentieux des chapelles domestiques* ; nous étudierons quelles sont les réclamations que les particuliers peuvent élever contre les actes de l'autorité relatifs à la fermeture des oratoires et des chapelles, et devant quelles juridictions devront être portées ces réclamations.

Il faut distinguer dans la fermeture deux phases : d'abord la fermeture proprement dite — physique ou idéale, voie de fait ou simple décision — qui, pour l'avenir, interdit au culte l'usage d'un appartement privé ; ensuite l'état qui suit cet acte ou cette décision. On verra plus loin que cette distinction n'est pas arbitraire et qu'il n'est peut-être pas indifférent, au point de vue de la compétence du juge, que la réclamation contentieuse soit dirigée contre l'*acte* de fermeture ou contre l'*état* qui en est la conséquence.

A quel ordre de pouvoirs, à quelles catégories de fonctionnaires, la loi a-t-elle confié le soin de provoquer et d'effectuer la fermeture des chapelles non autorisées ? L'article 8 du décret de 1812 répond que ces chapelles et oratoires « seront fermés à la diligence de nos *procureurs près nos cours et tribunaux, et des préfets, maires, et autres officiers de police* ». L'exécution de ce décret est donc confiée concurremment à des magistrats de l'ordre judiciaire, que nous appelons aujourd'hui les procureurs généraux et les procureurs de la République, et à des fonctionnaires de l'ordre administratif, les préfets et les maires.

La nature des attributions conférées aux magistrats du ministère public ne donne lieu à aucune difficulté. Ils pourront, soit poursuivre une pénalité (dans le cas de l'article 294 du Code pénal), soit demander aux tribunaux d'ordonner la fermeture des chapelles.

Mais le rôle des préfets et des maires, tel qu'il résulte du décret de 1812, retient à bon droit l'attention et mérite un sérieux examen. On sait que l'article 9 du Code d'instruction criminelle place les maires au nombre des officiers de police judiciaire et que l'article 10 confère aux préfets des attributions analogues. Or c'est un principe reconnu et consacré (1) que lorsque les maires et les préfets agissent comme officiers de police judiciaire, la surveillance et le contrôle de leurs actes appartiennent à l'autorité judiciaire. Il y a donc lieu de se demander si l'exécution du décret de 1812 constitue un acte de police judiciaire ou si, au contraire, elle rentre dans les attributions administratives des préfets et des maires.

Deux systèmes sont en présence :

1er Système : Les actes accomplis par les préfets et les maires en exécution de l'article 44 de la loi du 18 germinal an X et de l'article 8 du décret du 22 décembre 1812, sont des actes de police judiciaire et sont, comme tels, soumis au contrôle des tribunaux judiciaires.

Ce système est basé sur les termes de l'article 8 du décret de 1812. Ce texte confond dans la même énumération les procureurs près les cours et tribunaux, les préfets, les maires, puis il clôt cette énumération par ces mots : et les *autres* officiers de police. N'était-il pas tout naturel d'en conclure que tous les fonctionnaires visés par l'article 8 sont pris en leur qualité d'officiers de police, et de police *judiciaire,* et que dès lors les actes qu'ils accomplissent en exécution de cette législation sont des actes de police judiciaire ?

Peu importe alors le caractère habituel des fonctions du préfet et du maire. Il est universellement admis que la compétence des tribunaux administratifs ne s'exerce qu'à l'égard des actes qui sont, par leur nature, admi-

(1) LAFERRIÈRE, *Traité de la jurid. administ.,* tome I, p. 486 et suivantes.

nistratifs, ou de ceux qu'un texte spécial et précis leur a déférés. En la matière ce texte n'existe pas. D'autre part, les actes confiés aux préfets par le décret de 1812 ne sont pas administratifs par leur nature, puisqu'ils rentrent dans les attributions judiciaires de ces agents. Ils relèvent donc de la compétence des tribunaux judiciaires.

2ᵐᵉ *Système :* Les attributions conférées aux préfets et aux maires par le décret du 22 décembre 1812 se rattachent à leurs fonctions administratives et échappent ainsi au contrôle des tribunaux judiciaires.

En dépit des termes équivoques du décret de 1812, il ne faut pas croire, disent les partisans de ce système, que les préfets et les maires, lorsqu'ils poursuivent la fermeture de chapelles ouvertes sans autorisation, agissent en qualité d'officiers de police judiciaire.

Etant données la nature et la raison d'être de ce rouage de notre organisation répressive, il semble impossible que le législateur de 1812, ayant à assurer l'observation de l'article 44 de la loi du 18 germinal an X, n'ait chargé de pourvoir à son exécution que des officiers de police judiciaire. En agissant ainsi, il aurait laissé impraticable la fermeture de la plupart des chapelles domestiques.

En effet, d'après l'article 8 du Code d'Instruction criminelle, « la police judiciaire recherche les crimes, les délits et les contraventions, en rassemble les preuves et en livre les auteurs aux tribunaux chargés de les punir ». Et Legraverend (1) commente ainsi ce texte :

_____

(1) *Traité de la Législation criminelle*, t. I, p. 129.

« Les opérations de la police judiciaire embrassent
donc tous les actes antérieurs à la traduction des prévenus devant le tribunal qui doit les juger. Les officiers
de police judiciaire sont spécialement chargés de constater les délits et de recueillir les preuves, les renseignements, les indices qui doivent, par le résultat d'une
instruction régulière, éclairer la conscience du juge et
fixer son opinion sur l'innocence ou sur la culpabilité ».

On voit que l'action de la police judiciaire suppose
nécessairement l'existence d'un crime, d'un délit ou
d'une contravention, par conséquent l'existence d'un coupable et celle d'une peine à appliquer. Or, le fait qu'une
chapelle domestique ou qu'un oratoire particulier est
ouvert sans autorisation ne constitue une infraction, au
sens pénal du mot, c'est-à-dire n'est punissable, que
dans le cas prévu par l'article 294 du Code pénal. Dans
tous les autres cas, et ce sont les plus nombreux, la
police judiciaire n'aura pas à s'exercer.

Il est impossible d'admettre, dans ces conditions,
que le décret du 22 décembre 1812 ne vise dans le préfet
et dans le maire que leur qualité, très accessoire, d'officiers de police judiciaire. L'intention de l'Empereur
était, bien au contraire, à n'en pas douter, de voir en
eux des fonctionnaires administratifs, agents dociles du
pouvoir central, et n'ayant à rendre compte qu'à lui seul
des actes qu'ils accompliraient sur son ordre. Comme
il a été expliqué plus haut, dans la pensée de Napoléon,
la législation relative aux chapelles domestiques et aux
oratoires particuliers avait été édictée dans un but de
surveillance et de police ; pour ces motifs, il devait
tenir particulièrement à assurer son observation. Il l'a

fait en confiant son exécution à deux ordres de pouvoir :
les magistrats de l'ordre judiciaire et les fonctionnaires
administratifs. Il est permis d'affirmer que si l'Empereur n'avait chargé qu'un seul de ces deux pouvoirs de
surveiller les chapelles privées, il se serait adressé à son
administration bien plutôt qu'à ses magistrats et à ses
tribunaux (1).

De ces deux systèmes qui s'offraient à elle, la jurisprudence a adopté le second. On sait que dans les années
1880 et 1881 le Gouvernement fit procéder par ses préfets
à la fermeture d'un très grand nombre de chapelles
domestiques et d'oratoires ouverts sans autorisation.
Ces mesures d'exécution furent portées sous diverses
formes devant les tribunaux judiciaires qui, très généralement, se déclarèrent incompétents pour les apprécier, et reconnurent que la fermeture, opérée par les
agents de l'Administration, de chapelles et d'oratoires
non autorisés est exclusivement du ressort de la police
administrative (2).

---

(1) Voici ce que disait à ce sujet M. Féraud-Giraud dans un
rapport à la Cour de cassation :
« Si nous nous reportons aux circonstances dans lesquelles
ont été promulgués la loi de l'an X et le décret de 1812, il est
impossible de ne pas reconnaître que c'était avant tout dans un
intérêt gouvernemental et d'administration publique que le
pouvoir de faire fermer les chapelles non autorisées était confié
aux préfets, et qu'ils n'étaient pas appelés, dans la circonstance,
à prêter leur concours pour la répression de crimes et délits
prévus par une loi pénale. » (Cass., *requêtes*, 26 janvier 1881. —
D. 81. 1. 49. — S. 81. 1. 305.)

(2) En ce sens :
Cass., 9 déc. 1880 (D. 80. 1. 473. — S. 81. 1. 281).
Cass., 26 janvier 1881 (D. 80. 1. 49. — S. 81. 1. 305).

La jurisprudence qui reconnaissait aux actes de
fermeture opérés par les préfets, les maires et les commissaires de police un caractère nettement administratif
n'a pas rencontré chez les propriétaires de chapelles
une bien vive opposition. Presque tous admettaient sans
difficulté que l'autorité administrative a le droit de décider et d'exécuter la fermeture des chapelles et des
oratoires particuliers non autorisés. Sauf de rares exceptions, les débats ont porté sur un autre point. Les
demandes en justice formées devant la juridiction
judiciaire tendaient en général à la levée des scellés
apposés sur la chapelle et à la reprise de possession du

Cour de Nancy, 31 juillet 1880 (D. 80. 2. 177. — S. 81. 2. 159).
Et un grand nombre de jugements et d'ordonnances de référé
(Dalloz, *Code des lois polit. et admin.*, v° *Culte*, n°ˢ 2419 et 2420).
En sens contraire : Ord. de référé du président du tribunal
d'Avignon, 6 juillet 1880 (D. 80. 2. 177, note 1).
Parmi ces diverses décisions, l'arrêt de Nancy retient plus
particulièrement notre attention. En combattant l'argument de
texte sur lequel est basé le premier système, cet arrêt accuse le
rédacteur du décret de 1812 d'avoir commis une confusion : « S'il
place à cet égard les procureurs généraux et les procureurs de
la République sur la même ligne que les préfets sans mentionner
les juges d'instruction, c'est que le législateur du premier Empire ne paraît pas avoir eu sur la mission exclusivement judiciaire des magistrats du parquet les idées précises du législateur
actuel. »
Loin de nous la pensée de défendre le décret de 1812 ; nous
avons déjà contesté son opportunité. Mais, ainsi que le fait observer la note de Dalloz (*Pér* 80. 2. 177) sous l'arrêt en question, « le
décret de 1812 a suivi, à un très court intervalle, la promulgation
du Code d'instruction criminelle qui avait eu lieu le 27 novembre 1808, et les jurisconsultes qui avaient pris part à la rédaction
du décret étaient familiers avec les dispositions récemment in-
sérées dans le Code ». Faut-il donc les soupçonner d'avoir commis la confusion que leur reproche l'arrêt de Nancy ? Ne devrait-
on pas croire plutôt qu'en rédigeant le décret de 1812, ils se sou-

local dont ce genre de fermeture interdisait l'accès ; le
propriétaire déclarait en même temps vouloir s'abstenir provisoirement d'y laisser célébrer le culte.

Le débat sur la compétence s'est donc circonscrit à
l'état de fait et de droit qui suit la fermeture d'une chapelle par la voie administrative et qui constitue, ainsi
que nous l'avons dit plus haut, la deuxième phase de
cette fermeture.

La question ainsi posée était délicate. Selon le sens
qu'on attache au mot *fermeture*, l'Administration peut
la considérer comme un moyen ou comme un but.
L'objectif de l'autorité est celui-ci : empêcher que le

venaient des articles 9 et 10 du Code qui donnent au maire
et au préfet les attributions de la police judiciaire ? D'ailleurs,
comme le remarque la même note, en présence d'un texte difficile à interpréter, on ne doit supposer une erreur ou une confusion du législateur que si aucune autre explication ne peut rai-
sonnablement être proposée. Ce n'est point ici le cas. Si le décret
de 1812 réunit, dans la même énumération, les magistrats du ministère public et les préfets, il ne s'ensuit pas qu'il confonde leurs
attributions, ni qu'il veuille faire sortir les premiers de leurs
fonctions judiciaires. Leur rôle de surveillance sur les chapelles
privées est restreint, il est vrai ; il ne consistera guère qu'à poursuivre les infractions à l'article 294 du Code pénal ; mais il n'est
pas absolument nul. Quant à l'expression « et autres officiers
de police », elle peut s'entendre dans le sens suivant : et autres
fonctionnaires chargés de la police. Cette dernière expression
aurait prévenu la discussion sur le point de savoir si les fonctions confiées par le décret de 1812 aux préfets et aux maires se
rattachent à leur qualité d'officiers de police judiciaire.

Sans aller jusqu'à dire, avec la Cour de Nancy, que les rédacteurs du décret de 1812 ont commis une erreur, il est certain que
leur rédaction est défectueuse : elle manque de clarté. Ce fait
suffit à ébranler l'opinion de ceux qui tirent argument du texte
de l'article 8 pour affirmer que les préfets y sont pris en leur qualité d'officiers de police judiciaire.

culte soit célébré sans autorisation hors des édifices qui
lui sont publiquement consacrés. Si l'on ne voit dans la
fermeture que l'acte physique et matériel qui fait obstacle à l'entrée, il faut admettre que la même autorité qui
est juge du droit de fermer est aussi juge du droit de
rouvrir.

Mais on peut soutenir que, dans le texte de 1812, le
mot *fermeture* a une signification plus large et moins
littérale : en ce sens, on pourra dire qu'une chapelle
est fermée lorsque le local où elle est établie a cessé
d'être affecté au culte. Dès que ce résultat est obtenu,
le local en question a perdu son caractère de chapelle,
et l'Administration est dépouillée des droits de surveillance et autres qu'elle n'avait sur lui que parce qu'il
était une *chapelle*.

Or, en 1880, nous l'avons dit déjà, la plupart des propriétaires de locaux irrégulièrement consacrés au culte
et sur lesquels on avait apposé les scellés, s'enga-
geaient à ne plus le laisser célébrer. Cette seule
déclaration suffisait-elle à dépouiller leurs immeubles, ou partie de leurs immeubles, du caractère de
chapelles ? (1) Si oui, la conséquence en était peut-être
que l'Administration, ayant atteint son but, avait épuisé
ses droits, et que le propriétaire avait recouvré le plein
exercice de son droit de propriété tel qu'il est défini et

(1) Le Tribunal des conflits s'est prononcé pour la négative
(25 nov. 1882. — D. 84. 3. 38). D'après cet arrêt, tant qu'une ancienne chapelle où le culte était célébré sans autorisation et qui
a été fermée par mesure administrative, n'a pas été complètement désaffectée et continue d'être garnie des objets mobiliers du culte catholique, l'immeuble conserve son caractère de
chapelle.

assuré par l'article 544 du Code civil et sans les restrictions qu'y apporte la législation de l'an X et de 1812.
La déclaration des propriétaires les replaçait dans le
droit commun. C'était aux tribunaux judiciaires qu'il
fallait s'adresser pour obtenir main-levée des scellés,
puisqu'ils sont les juges de droit commun en matière
de propriété.

Or les termes du décret de 1812 paraissent donner une
grande importance à l'intention du propriétaire au sujet
de l'affectation de son local à l'exercice du culte. On se
rappelle l'article 8 : « Tous les oratoires... où le propriétaire *voudrait* faire exercer le culte... seront fermés... » C'est, semble-t-il, sa *volonté* de faire exercer
le culte sans autorisation qui le place sous le coup de la
fermeture administrative, et qui soustrait sa propriété
à la protection des tribunaux judiciaires. Est-il surprenant qu'une volonté inverse, que l'intention explicitement
manifestée de ne plus permettre chez lui l'exercice d'un
culte, ait pour effet de replacer sa propriété sous
l'empire du droit commun?

L'auteur de la note qui se trouve dans le recueil de
Dalloz sous l'arrêt précité de la Cour de Nancy soutient
la thèse de la compétence judiciaire dans le cas qui
nous occupe, mais il l'appuie sur d'autres arguments.
D'après lui, la prolongation arbitraire des scellés, alors
que le propriétaire a déclaré désaffecter sa chapelle,
constitue de la part de l'agent une simple voie de fait dépourvue de tout caractère administratif et tombant par
conséquent sous le contrôle et l'appréciation des tribunaux judiciaires.

M. Laferrière, dans des observations présentées au

Tribunal des conflits (1), admet que l'acte commis par un fonctionnaire à raison de ses fonctions peut devenir une simple voie de fait s'il contient une erreur grossière, une usurpation manifeste, une inexcusable atteinte aux droits privés. La prolongation indéfinie des scellés rentrerait dans ce cas ; elle constitue une atteinte grave aux droits garantis par l'article 544 du Code civil.

L'arrêtiste se demande ensuite devant quelle juridiction devra se pourvoir le particulier lésé si on lui refuse le recours aux tribunaux judiciaires ? On lit en effet dans l'arrêt de Nancy : « Attendu sans doute que la prolongation abusive d'une semblable mesure ne pourrait laisser dépourvu de tout recours un propriétaire se prétendant lésé ; mais qu'en présence de l'article 8 du décret de 1812, le recours, dans la cause actuelle, n'est possible que devant les juges administratifs... » Quels seront ces juges administratifs ? L'auteur de la note, après avoir passé en revue les différents recours du contentieux administratif, arrive à conclure que, dans l'état actuel de la législation, une demande en main-levée de scellés est impossible devant des juges administratifs. Le système qu'il combat aboutit ainsi à un déni de justice.

Sans entrer dans tous ces détails, la jurisprudence a généralement décidé que l'incompétence des tribunaux judiciaires s'étend même au cas où la fermeture prolongée de la chapelle pourrait être considérée comme une atteinte au droit de propriété.

(1) Voir ce rapport dans SIREY, 78. 2. 93. — DALLOZ, 78. 3. 13 sous un arrêt du 5 mai 1877.

Un jugement du Tribunal de la Seine du 9 juillet 1880
s'est prononcé en ce sens sur la demande formée par M.
le sénateur de Ravignan contre M. Andrieux, préfet de
police. Dans l'assignation, M. de Ravignan demandait
que la Société civile de Saint-Germain fût autorisée
à « reprendre possession des chapelles... à la condition de n'y point faire exercer le culte, et ce,
nonobstant tous les scellés qui ont pu être apposés sur
les portes desdites chapelles ». Et, pour mieux affirmer
son intention de s'abstenir de toute célébration du culte,
les conclusions du demandeur contenaient la déclaration suivante : « Attendu qu'au surplus, et pour ne
laisser aux défendeurs aucune ressource, M. le baron
de Ravignan déclare qu'il renonce à l'avance à invoquer
les dispositions qui interdisent aux agents de l'autorité
administrative de pénétrer dans les domiciles privés
sans un mandat de justice ; qu'ainsi les agents de M. le
préfet de police pourront, à toute heure du jour et de la
nuit, demander à être introduits dans les chapelles *(et
non ailleurs)* pour y constater *de visu* que le propriétaire
n'y fait point exercer le culte. »

La question était ainsi nettement posée. Le Tribunal
de la Seine l'a tranchée dans les termes suivants :

« Attendu qu'aux termes de l'article 44 de la loi du 18 germinal an X, les chapelles domestiques et les oratoires particuliers ne peuvent être établis sans une permission expresse
du gouvernement, et que, suivant l'article 8 du décret du 22
décembre 1812, il appartient aux préfets de fermer tous les
oratoires et chapelles où le propriétaire ferait exercer le culte
sans autorisation ;

« Que l'arrêté du 29 juin dernier a été pris par le préfet de
police en vertu de ces dispositions et dans la limite des pouvoirs qu'elles lui confèrent ; qu'il constitue ainsi un acte

administratif que l'autorité judiciaire ne peut examiner pour apprécier s'il a été légalement accompli à l'origine, ou si l'exécution en serait indûment prolongée ;

Que la nature de l'acte ne saurait se modifier par suite de la déclaration du demandeur qu'il entend cesser de faire célébrer le culte dans la chapelle dont il s'agit, sauf son recours, s'il y a lieu, devant la juridiction compétente. » (1)

D'après la jurisprudence, l'autorité administrative est donc seule juge de l'opportunité du maintien ou de la levée des scellés apposés par elle. La fermeture était, au début, un acte administratif. Ce caractère ne change pas avec le temps. M. le conseiller Féraud-Giraud, dans le rapport cité plus haut (2), rappelait que le Conseil d'Etat s'était déjà prononcé en ce sens lors du maintien prolongé des scellés apposés sur les papiers de Cambacérès après sa mort (3).

---

(1) Trib. de la Seine, 9 juillet 1880 — (D. 80. 3. 31). — Voir le texte de ce jugement, ainsi que celui de l'assignation et des conclusions dans l'ouvrage de MM. Jules AUFFRAY et de CROUSAZ-CRÉTET : *Les Expulsés devant les Tribunaux*, page 309 et suivantes.

(2) D. 81. 1. 49. — S. 81. 1. 305.

(3) Cons. d'Etat 17 nov. 1824 (S. 1824. 2. 395 et 443). En face de la jurisprudence du Tribunal des conflits et de la majorité des cours et des Tribunaux, il faut citer quelques décisions qui ont reconnu à l'autorité judiciaire le droit de statuer sur les demandes en main-levée de scellés accompagnées de l'engagement de ne plus faire exercer le culte. Le texte de ces décisions se trouve dans l'ouvrage de MM. JULES AUFFRAY et de CROUSAZ-CRÉTET : *Les Expulsés devant les Tribunaux*. Après la date de chacune de ces décisions nous donnons le numéro de la page où elle se trouve reproduite dans cet ouvrage :

Jugem. du Trib. de Lorient, 25 nov. 1880 (385).

Jugem. du Trib. de Saint-Brieuc, 14 déc. 1880 (412).

Ordonnances de référé : Valence 16 nov. 1880 (241). Grenoble 10 juillet 1880 (229) et Avignon 6 juill. 1880 (277).

Avant d'avoir passé en force de chose jugée, ces décisions ont été l'objet d'arrêtés de conflit qui tous ont été confirmés.

Le cas n'était peut-être pas tout-à-fait analogue.

Le 24 mars 1824, une ordonnance royale chargeait un maître des requêtes d'assister à la levée des scellés apposés sur les papiers du prince Cambacérès, ancien archichancelier de l'Empire. Des difficultés surgirent entre le commissaire et les héritiers Cambacérès au sujet de papiers dont le commissaire exigeait la remise comme intéressant l'Administration, et que les héritiers prétendaient avoir le droit de conserver. Ceux-ci se pourvurent en référé devant le président du tribunal civil de la Seine. Le président ordonna par provision que les papiers, objets de la contestation, seraient remis au commissaire pour être déposés entre les mains du garde des sceaux. Les héritiers interjetèrent appel devant la Cour de Paris. Sur ces entrefaites, le 2 avril 1824, le préfet de la Seine éleva le conflit, en se fondant : 1° Sur l'arrêté du 7 thermidor an IV ; 2° sur celui du 13 nivôse an X, et 3° sur l'ordonnance du 3 février 1731. L'arrêté de l'an X concerne les mesures à prendre lors de l'apposition des scellés, après le décès de certains fonctiontionnaires, pour distraire des effets de leur succession les papiers qui seraient reconnus appartenir au gouvernement par suite des fonctions qu'ils ont exercées. L'ordonnance de 1731 prescrivait déjà que les papiers concernant le service du roi et la charge du défunt seraient distraits des autres effets de la succession et remis, sans être inventoriés, aux officiers préposés pour les recevoir.

Le conflit fut confirmé par ordonnance en Conseil d'Etat du 30 juin 1824 :

« Considérant que, dans l'instance de référé portée devant le Tribunal de la Seine, il ne s'agissait pas d'une question de propriété mais seulement de régler le mode d'exercice de notre ordonnance du 24 mars. — Que les tribunaux étaient incompétents pour prononcer sur cette question qui appartient exclusivement à l'autorité administrative... »

On peut s'étonner au premier abord de voir le Conseil d'Etat déclarer qu'il ne s'agissait pas ici d'une question de propriété. Mais l'ordonnance du président du tribunal de la Seine fait voir que la discussion portait *sur la manière dont l'ordonnance* royale du 24 mars *devait être exécutée ;* et les tribunaux judiciaires n'étaient pas compétents pour connaître de cette question. En admettant même que le principal intérêt de toute cette affaire résidât en somme dans la propriété des papiers du défunt, on doit reconnaître que le droit de propriété se présentait dans ce cas avec un caractère et sous un jour tels que l'autorité administrative était seule en mesure de l'apprécier justement. Les ministres et les hauts fonctionnaires sont, à raison même de leurs fonctions, dépositaires de documents qui ne leur appartiennent pas en propre. Il importe à la sécurité ou au bon ordre de l'Etat que des pièces qui sont pour lui d'un haut intérêt ne tombent pas, à la mort de leur détenteur, aux mains d'héritiers que ne lie aucune obligation de les tenir secrètes. Les agents du gouvernement ou de l'administration peuvent seuls distinguer parmi les papiers du défunt ceux dont la possession intéresse l'Etat. Il est donc parfaitement logique de soustraire leur appréciation au contrôle des tribunaux judiciaires.

Un jugement du tribunal de la Seine, rendu dans une affaire identique, signale une autre particularité relative aux papiers trouvés en la possession des hommes qui ont occupé des fonctions publiques. Barras, ancien membre du Directoire exécutif, était mort le 29 janvier 1829. Les scellés furent apposés sur ses papiers. Sa veuve s'étant pourvue devant le tribunal de la Seine pour obtenir la main-levée, le tribunal rejeta sa demande par jugement du 6 mars suivant, « attendu que les hautes fonctions exercées par le défunt l'ont constitué mandataire de l'Etat, et que l'acceptation qu'il en a faite forme pour l'Etat un titre suffisant pour lui donner le droit de faire faire dans ses papiers la recherche de ceux qui pourraient l'intéresser (1) ».

Les mêmes raisons n'existent pas lorsqu'il s'agit du maintien prolongé des scellés sur les portes d'une chapelle domestique. Ici la raison d'Etat fait défaut et l'Administration ne saurait se prévaloir, pour éviter tout contrôle, d'un intérêt primordial à sauvegarder. On ne saurait non plus trouver entre l'Etat et le propriétaire d'une chapelle les éléments du mandat tacite auquel fait allusion le jugement du tribunal de la Seine dans l'affaire Barras.

Nous en concluons que la décision du Conseil d'Etat, dans l'affaire Cambacérès, ne saurait être invoquée pour attribuer à la compétence de l'autorité administrative le maintien ou la levée des scellés apposés sur une chapelle domestique.

Nous ne croyons pas d'ailleurs que l'opinion adverse

(1) Sirey, 1829. 2. 260.

puisse tirer argument d'un arrêt rendu par la Cour de cassation le 3 août 1874. Cet arrêt nous donne l'exemple d'un tribunal judiciaire appréciant une arrestation légalement opérée par un préfet, mais dont le maintien était dans la suite devenu illégal à cause de l'omission de certaines formalités (1).

B. — Sanction pénale.

L'article 44 des Organiques, et le décret du 22 décembre 1812 ont omis de punir les infractions aux

(1) Voici l'espèce : Le préfet du Rhône, après avoir fait arrêter un nommé Haas, négligea de faire subir au détenu un interrogatoire régulier, et de le livrer dans les vingt-quatre heures à l'autorité judiciaire. Haas assigna le préfet personnellement en dommages-intérêts pour la détention illégale et arbitraire qu'il lui avait fait subir. Le préfet fut condamné par le tribunal de Lyon et en appel par la Cour. Sur pourvoi, la Cour de cassation confirma l'arrêt de Lyon : « Attendu qu'investi par la loi des droits attribués aux officiers de police judiciaire pour la constatation des crimes et des délits (le préfet) ne pouvait les exercer qu'en se conformant aux règles prescrites par le Code d'instruction criminelle, et que, notamment, il n'a pu, sans excéder ses pouvoirs, maintenir Haas en prison pendant dix jours sans le faire interroger et sans le traduire devant la justice répressive...; qu'en cet état de faits, la Cour de Lyon, en condamnant Valentin à réparer le préjudice causé au défendeur par la détention dont il a été l'objet, n'a fait qu'une juste application, etc... (Cass. 3 août 1874. — D. 76. 1. 289; S. 76. 1. 193.)

La compétence des tribunaux judiciaires dans cette espèce s'explique parfaitement. Le préfet, ayant agi comme officier de police judiciaire, en vertu des pouvoirs qui lui sont conférés par l'article 10, C. instr. cr., les fautes et les abus qu'il a pu commettre en cette qualité n'ont aucun caractère administratif et ne sauraient ainsi échapper au contrôle des tribunaux de droit commun. Ces tribunaux devaient nécessairement juger que l'arrestation avait été légale dans son début, mais que l'inobservation des formalités exigées pour son *maintien* avait eu pour effet de rendre sa prolongation abusive et illicite.

prohibitions qu'ils ont portées. Avons-nous, du moins, dans nos lois, un texte sanctionnant par l'application d'une peine la législation relative aux chapelles domes‑ tiques? Il ne semble pas qu'on puisse, d'une façon absolue et sans distinction, répondre affirmativement. En effet, ni l'article 294 du Code pénal, ni l'article 471- 15° du même Code ne constituent une sanction adé‑ quate aux règles posées relativement aux chapelles par la loi de l'an X et le décret de 1812. Il convient d'exa‑ miner successivement ces deux articles.

L'article 294 punit d'une amende de 16 à 200 francs tout individu qui, sans la permission de l'autorité *mu‑ nicipale*, aura accordé ou consenti l'usage de sa maison ou de son appartement en tout ou en partie, pour l'exer‑ cice d'un culte. La lecture attentive de cet article et sa comparaison avec le décret de 1812 laissent l'impression que ces deux textes ne visent pas les mêmes faits. Et si, dans certains cas, l'article 294 peut être utile pour assurer l'exécution du décret de 1812 (ce qui expliquerait dans une certaine mesure la mission que ce décret donne aux magistrats du ministère public), il faut re‑ connaître cependant que, d'une part, le même article est inapplicable à un grand nombre de chapelles do‑ mestiques qui n'ont pas reçu l'autorisation gouverne‑ mentale, et que, d'autre part, son texte paraît viser même des chapelles établies en conformité des règles posées par l'article 8 du décret de 1812.

La peine portée par l'article 294 est inapplicable dans tous les cas où, même sans aucune autorisation quel‑ conque, le culte est célébré pour le propriétaire de la chapelle seul et pour les personnes habitant avec lui. C'est en ce sens, croyons-nous, qu'il faut interpréter les mots suivants : l'individu qui... aura *accordé* ou *consenti* l'usage de sa maison... pour l'exercice d'un culte. C'est en ce sens que les a interprétés la Cour de Nancy dans son arrêt déjà cité du 31 juillet 1880 :

Attendu, dit cet arrêt, « qu'aux termes de l'article 8 (du décret de 1812), le propriétaire d'une chapelle non autorisée s'expose à la fermeture de cet immeuble quand il y fait célébrer les offices du culte, mais qu'il n'est cependant passible d'aucune poursuite ni d'aucune peine *lorsque la célébration a seulement lieu pour lui-même et pour les personnes habitant avec lui;* — Attendu en effet que, d'une part, il ne commet pas, dans cette hypothèse, le délit prévu par l'article 294 du Code pénal, lequel a pour but de réprimer *la location ou le prêt* d'un appartement ou d'une maison devant servir à une association de plus de vingt personnes ou à l'exercice d'un culte... » (D. 80. 2. 177 — S. 81. 2. 159).

L'article 294 laisse aussi en dehors de ses prévisions le cas où le propriétaire d'un local, avant d'en accorder ou d'en consentir l'usage pour l'exercice d'un culte, s'est muni préalablement de l'autorisation de l'autorité municipale, tout en négligeant d'obtenir celle du gouvernement.

Pourquoi ces deux autorisations différentes exigées par l'article 44 de la loi du 18 germinal an X et par l'article 294 du Code pénal? On peut en voir la raison dans ce fait que les rédacteurs des deux textes se sont proposé des buts tout différents. Le législateur de l'an X avait en vue la police du *culte*. On a dit plus haut quelle importance politique il y attachait. Il devait pour ce motif réserver au gouvernement le droit de permettre l'ouverture des chapelles et des oratoires. Les rédacteurs du Code pénal, au contraire, préoccupés de l'exercice du droit de *réunion*, en ont confié la surveillance et la police à l'autorité municipale, c'est-à-dire au maire.

La différence des motifs qui ont fait exiger ces deux autorisations fait croire, par contre, que la peine portée par l'article 294 peut frapper des propriétaires de chapelles autorisées par le Gouvernement, s'ils y laissent célébrer le culte en présence de personnes étrangères à la maison, sans la permission de l'autorité municipale.

Cette opinion paraîtra d'abord surprenante. Dans le cas de l'article 294, dira-t-on, le maire donne son autorisation en sa qualité de délégué du pouvoir central : il exerce une de ses attributions de police. Dès lors l'action du gouvernement ne peut-elle pas se substituer à la sienne, et l'autorisation gouvernementale ne dispense-t-elle pas d'obtenir celle du maire? Mais n'oublions pas que l'objet de ces deux autorisations est distinct : le gouvernement permet le simple exercice du culte ; le maire permet que cet exercice ait lieu en présence de personnes étrangères à la maison où la chapelle est établie. Cette distinction est d'accord avec la jurisprudence administrative d'après laquelle l'accès d'un oratoire particulier n'est permis qu'au personnel de la maison où il est établi.

Pour qu'un propriétaire soit passible de l'amende portée par l'article 294, il faut donc la réunion de deux conditions : 1° qu'il ait admis dans sa chapelle des personnes étrangères à sa maison, et 2° qu'il l'ait fait sans y être autorisé par l'autorité municipale. Il semble donc que l'article 294 n'est qu'une sanction très indirecte, et pour ainsi dire occasionnelle, de la législation portée par l'article 44 de la loi de germinal an X et par le décret du 22 décembre 1812 (1).

Examinons maintenant si l'on trouve dans l'article 471 § 15 du Code pénal une sanction applicable à notre matière.

On sait que cet article punit d'une amende de 1 à 5 francs : « Ceux qui auront contrevenu aux règlements légalement faits par l'autorité administrative, et ceux qui ne se seront pas conformés aux règlements ou arrêtés publiés par l'autorité municipale, en vertu des articles 3 et 4, titre xi, de la loi du 16-24 août 1790, et de l'article 46, titre Ier, de la loi du 19-22 juillet 1791. » L'article 474 punit les mêmes faits d'emprisonnement en cas de récidive.

On peut se demander : 1° Si les infractions au décret du 22 décembre 1812 tombent sous le coup de ces pénalités ; 2° Si tout au moins l'inobservation d'un arrêté préfectoral ou municipal ordonnant la fermeture d'une chapelle non autorisée peut entraîner leur application. Peu importe d'ailleurs que le § 15 de l'article 471, qui ne date que de la loi du 23 avril 1832, soit postérieur à la législation qui nous occupe : il a pu malgré cela lui apporter une sanction.

Le décret de 1812 est-il un de ces *règlements légalement faits par l'autorité administrative* dont parle l'article 471 ? La question a été traitée par M. le conseiller Tanon dans un rapport dont la Cour de Cassation a adopté les conclusions (arrêt du 23 octobre 1886) (2).

(1) Dijon 26 août et 30 décembre 1874 (D. 76. 2. 192).
(2) D. 87. 1. 505. — S. 86. 1. 493.

Suivant cet arrét, conforme à la jurisprudence antérieure, l'expression « règlements légalement faits » telle que l'entend l'article 471 du Code pénal, ne comprend pas, comme on pourrait le croire, tous les décrets pris par le chef de l'Etat pour l'exécution des lois sans empiéter sur le pouvoir législatif. Elle désigne seulement : 1° Ceux qui ont été pris en vertu d'une délégation spéciale de la loi ; 2° ceux qui statuent sur les objets de police municipale déterminés par les lois des 16-24 août 1790 et du 5 avril 1884. Or, le décret de 1812 ne rentre dans aucune de ces deux catégories. Il est certain, d'abord, que ni en l'an X, ni à aucun moment, le législateur n'a chargé le pouvoir exécutif d'élaborer un règlement relatif aux chapelles domestiques. Ensuite, on ne saurait voir dans la question relative à la fermeture des chapelles et oratoires particuliers une matière faisant l'objet de la police municipale.

Si le décret du 22 décembre 1812 n'est pas au nombre de ces règlements dont l'inobservation est punie par l'article 471, faut-il en dire autant de l'arrêté préfectoral ou municipal qui, en exécution de ce décret, prescrit la fermeture d'une chapelle domestique ? Il arrivera souvent qu'un semblable arrêté ne sera pas un règlement, mais un de ces actes que le droit administratif appelle *spéciaux* ou *individuels*, et auxquels n'est pas attachée la sanction de l'article 471. Mais il peut se faire qu'un préfet ordonne la fermeture de tous les oratoires non autorisés de son département, qu'un maire agisse de même dans sa commune. Cet acte sera-t-il un règlement ? Non.

L'acte règlementaire émane du pouvoir propre de son auteur ; ce pouvoir lui est donné par la loi, c'est vrai, mais elle lui laisse l'initiative de son exercice. En matière de chapelles et d'oratoires non autorisés, c'est au contraire la loi qui, directement, ordonne la fermeture ; le préfet et le maire ne sont que des agents d'exécution dont l'action n'est pas facultative. Le texte du décret de 1812 semble leur faire un devoir d'agir : « *Tous* les oratoires ou chapelles où le propriétaire voudrait... *seront* fermés à la diligence de nos procureurs... et des préfets, maires et autres officiers de police. » C'est en ce sens que M. Féraud-Giraud a vu dans l'arrêté qui ordonne la fermeture d'une chapelle non pas un acte règlementaire, mais un ordre. « Et, dit-il, l'exécution des ordres donnés pour l'exécution des lois, ce n'est pas par citation devant le juge de police qu'on en obtient la sanction, mais par l'action directe et par les moyens de coercition mis à la disposition de l'autorité publique pour assurer l'exécution des lois » (1).

De ce qui vient d'être dit à propos de l'article 294, puis de l'article 471 du Code pénal, il faut conclure qu'il n'y a pas à proprement parler de sanction pénale correspondant aux prohibitions portées par l'article 44 de la loi du 18 germinal an X et par le décret du 22 décembre 1812.

VI

On a pu voir, au cours de ce chapitre, que nous ne prétendons pas justifier les restrictions apportées en matière de chapelles et d'oratoires particu-

(1) Rapport à la Cour de Cassation. V. arrêt du 26 janv. 1881 (S. 81. 1. 305. — D. 81. 1. 49.)

liers à la liberté du citoyen dans son domicile. Elles sont un legs fait à notre législation par un régime despotique, plus préoccupé d'asservir que de protéger. Il est permis de regretter qu'on ait fait revivre il y a quelques années, en les appliquant, ces textes presque tombés en oubli.

Leur défaut capital est de porter atteinte à une des libertés les plus sacrées, celle que devrait avoir tout homme d'exercer et de faire exercer son culte dans le sanctuaire de son domicile. Le pouvoir qui les a édictés a essayé de les justifier en invoquant des motifs de surveillance et de protection. Le fait de surveiller un citoyen jusque dans son intérieur s'explique lorsqu'il est soupçonné d'un crime ou d'un délit. Ce n'est point ici le cas. Quant à la protection, elle était, elle est encore, sous cette forme du moins, inutile au culte catholique ; nous croyons l'avoir démontré plus haut. Le culte israélite la supporte avec peine : l'affaire Ben-Haïm (Cons. d'Etat, 3 juin 1858) en est un exemple. Les cultes protestants n'ont pas l'occasion de s'en plaindre, car leur constitution ne se prête guère à l'établissement de chapelles domestiques ; on a pu remarquer, d'ailleurs, que le décret du 19 mars 1859 ne semble viser que les temples et oratoires destinés à leur exercice public.

Nous avons, au cours de cette étude, formulé contre le décret de 1812 une autre critique relative à son manque de précision. Ce défaut est très sensible dans l'article 8, à l'énumération des autorités chargées de la fermeture des oratoires non autorisés ; il est particulièrement déplacé dans un texte qui touche à une des libertés primordiales des citoyens.

On ne saurait poser en principe que la résistance que rencontre une loi, les désordres auxquels donne lieu son exécution, sont une marque infaillible qu'elle est mauvaise, ou arbitraire. Il faut reconnaître toutefois que les événements semblent parfois justifier cette opinion. Dans une étude, même abrégée, sur la législation relative aux chapelles domestiques, il est difficile de passer sous silence ce que l'on a appelé « l'affaire de Châteauvillain » (8 avril 1886). Ce triste incident, où le sang humain a coulé, a été occasionné par la fermeture d'une chapelle dépendant d'une usine, fermeture que les nécessités d'ordre public ne semblaient pas justifier. Nous renvoyons, pour les détails de cette affaire, aux débats parlementaires qui ont occupé à la Chambre des députés la séance du 13 avril 1886, et au Sénat celle du 17 avril de la même année.

Pour nous résumer en ce qui concerne la législation relative aux chapelles et oratoires particuliers, et à supposer que cette législation soit encore en vigueur — on a vu que la question peut sérieusement se poser — nous disons d'abord qu'elle est surannée : les circonstances qui ont pu la motiver n'existent plus ; elle est contraire à nos mœurs actuelles et aux principes admis dans notre constitution ; elle est, de plus, vexatoire et arbitraire. Ces défauts sont aggravés par la jurisprudence du Tribunal des conflits. Cette jurisprudence, en refusant aux tribunaux de l'ordre judiciaire toute compétence sur les réclamations relatives aux actes de fermeture, aboutit à un déni de justice, puisque dans l'état actuel de notre juridiction administrative, il est impos-

sible de former sur ce point une réclamation contentieuse par devant les juges administratifs.

Et, s'il nous est permis de conclure en exprimant un
vœu, nous formons celui de voir abroger purement et
simplement l'article 44 de la loi du 18 germinal an X et,
par voie de conséquence, le décret du 22 décembre 1812
ainsi que l'article 63 de l'ordonnance du 25 mai 1844 relative aux oratoires particuliers du culte israélite.

APPENDICE

De l'influence du domicile sur le droit d'association.
(Remarque sur l'article 291 du Code pénal.)

Dans la partie de cette étude qui a été consacrée
aux restrictions apportées par la loi à la liberté des
cultes dans le domicile, il a été question de l'article
294 du Code pénal. Rappelons que cet article punit de
l'amende « tout individu qui, sans la permission de
l'autorité municipale, aura accordé ou consenti l'usage
de sa maison ou de son appartement, en tout ou en
partie, pour la réunion des membres d'une association
même autorisée, ou pour l'exercice d'un culte. » De
plus, la loi du 10 avril 1834, article 3, considère comme
complices du délit d'association illicite puni par son
article 2, et frappe comme tels : « ceux qui auront prêté
ou loué sciemment leurs maison ou appartement pour

une ou plusieurs réunions d'une association non autorisée. »

Un autre texte, voisin de l'article 294, et appartenant
au même ordre de dispositions, consacre au contraire
l'immunité spéciale que la loi a voulu accorder aux associations dont les membres ont un *domicile commun*.
C'est l'article 291, ainsi conçu :

> « Nulle association de plus de vingt personnes, dont le but
> sera de se réunir tous les jours ou à certains jours marqués
> pour s'occuper d'objets religieux, littéraires, politiques ou
> autres, ne pourra se former qu'avec l'agrément du Gouverne-
> ment, et sous les conditions qu'il plaira à l'autorité publique
> d'imposer à la société.
>
> « Dans le nombre des personnes indiqué par le présent ar-
> ticle, ne sont pas comprises celles domiciliées dans la maison
> où l'association se réunit. »

Le sens de ce texte est parfaitement clair. Toutes les
fois qu'une association ayant pour objet les occupations
prévues par le premier alinéa de l'article 291, et non autorisée par le Gouvernement, sera composée de plus de
vingt membres, cette association sera illicite; mais
les associés domiciliés dans la maison où l'association
se réunit ne sont pas comptés dans le calcul du nombre
de vingt fixé par la loi.

En présence de cet article 291, on peut se demander
s'il faut y voir un nouvel hommage rendu par le législateur à la respectabilité du domicile. Nous ne le pensons pas. L'article 294 du Code pénal et l'article 3 de la
loi du 10 avril 1834 n'ont aucun égard pour cette respectabilité lorsqu'ils interdisent à quiconque d'offrir
son domicile aux réunions d'une association non
autorisée, et même, sauf la permission du maire, aux

réunions d'une association autorisée. Si le respect du domicile avait été le motif qui a porté le législateur à édicter le second alinéa de l'article 291, il lui aurait certainement inspiré des dispositions moins rigoureuses que celles des articles 294 du Code pénal et 3 de la loi de 1834 qui portent une grave atteinte à la liberté du citoyen dans son intérieur. La préoccupation, en 1810 comme d'ailleurs en 1834, était tout autre (1). Il fallait à tout prix protéger l'ordre social contre différentes associations qui le menaçaient. Or « le Code pénal et la loi de 1834 n'ont vu de danger que dans les réunions composées d'individus appartenant à des situations sociales diverses, qui se réunissent dans un but commun et qui vont ensuite porter, dans les relations ordinaires de la vie, l'esprit qu'ils ont puisé ou les projets qu'ils ont formés dans ces conciliabules. Ils n'en ont pas vu dans les agrégations de personnes qui s'associent pour habiter sous le même toit (2) ». Les premières échappent par leur mobilité, par leur insaisissabilité, à une surveillance efficace. Celles, au contraire, dont les membres vivent en commun, dans un même domicile, existent au su et au vu de tout le monde. Les vrais conspirateurs, ceux qui complotent contre l'ordre et la sécurité sociale, ne

---

(1) V. à ce sujet dans DALLOZ, Rép. V° *Associations illicites*, note sous le n° 11, les extraits de l'exposé des motifs et du rapport relatifs au texte de 1810, — *Ibid.*, en note sous le n° 13 : les exposés des motifs présentés devant les deux Chambres par le garde des sceaux, le rapport présenté à la Chambre des députés par M. Martin (du Nord), et le rapport présenté à la Chambre des pairs par M. Girod (de l'Ain).

(2) Consultation de M. de Vatimesnil, citée par M. Ed. Rousse. (Discours, plaidoyers et œuvres diverses de M. Edmond Rousse, tome II, p. 88).

sauraient se contraindre à la vie commune ; outre
qu'elle leur pèserait lourdement, ne serait-elle pas le
plus sûr moyen de les désigner à l'attention et aux
coups du pouvoir?

Nous croyons, en conséquence, que la respectabilité
du domicile, si elle a été envisagée au moment du vote
du second alinéa de l'article 291, n'a du moins tenu
qu'une faible place dans les considérations qui l'ont fait
adopter. La question n'a donc que des rapports éloignés avec le sujet de cette étude. Encore fallait-il examiner si ces rapports existaient.

Nous aurions terminé sur ce point si un jugement
tout récent du tribunal de la Seine n'était venu donner
de l'article 291 une interprétation absolument opposée à
celle qu'on avait admise jusqu'ici et que nous venons
d'exposer. Parmi les considérants sur lesquels est basé
le dispositif de ce jugement, nous avons relevé les suivants :

« Attendu que si, aux termes de l'article 291 du Code pénal,
ne sont pas comprises dans le nombre des personnes indiquées par ledit article celles domiciliées dans la maison où
l'association se réunit, il faut entendre par ces expressions
limitatives les employés, serviteurs ou autres personnes
étrangères qui, pour une raison quelconque, sont domiciliées
dans la maison, mais qu'on ne saurait admettre que, par une
organisation plus compacte, et en assurant d'une manière
plus étroite, par une résidence commune, le lien qui les unit,
les associés puissent échapper aux prohibitions de la loi ;

« Qu'au surplus, les travaux préparatoires de la loi du 10
avril 1834, qui a pour objet d'étendre et d'aggraver les dispositions des articles 291 et 292 du Code péral, ne laissent aucun doute à cet égard ;

« Que la discussion publique qui précéda le vote de la loi
précitée et le rejet d'amendements qui auraient eu pour ré-

sultat, s'ils avaient été adoptés, de soustraire les Congrégations religieuses aux poursuites, ont nettement précisé la volonté du législateur et la portée de la loi... » (1).

Ces motifs ont été, sur appel, adoptés par la Cour de
Paris (arrêt du 6 mars 1900). L'autorité judiciaire s'est
donc prononcée aujourd'hui sur une question dont l'examen lui avait été constamment refusé en 1880 par l'emploi des arrêtés de conflit.

Cette interprétation du deuxième alinéa de l'article
291 n'est pas absolument nouvelle. Elle remonte, non
pas aux travaux préparatoires de la loi de 1834 (comme
semblerait l'indiquer le jugement du tribunal de la
Seine), mais à un discours prononcé par M. Thiers à la
Chambre des députés le 2 mai 1845. Il expliquait en ces
termes la signification de ce texte : « Les personnes que
l'on a voulu exclure par ces expressions, ce sont tout
simplement *les gens de service dans la maison.* »

M. de Vatimesnil (2) jugea sévèrement ces paroles de
l'homme d'Etat : « Nous osons dire qu'aucun criminaliste n'adoptera un tel commentaire de la loi ». De
fait, à part M. le Garde des sceaux Cazot, dans un discours à la Chambre des députés (3), et M. Jeanvrot (4),
l'immense majorité des auteurs qui se sont occupés de
la question ont repoussé cette théorie (5).

(1) Trib. de la Seine, 24 janvier 1900 (*Gaz. des Trib.* 25 janvier.).
(2) Consultation de M. de Vatimesnil, du 3 juin 1845, citée *in
extenso* dans la consultation de M. Ed. Rousse. (Discours, plaid.
et œuvres diverses de M. Ed. Rousse, tome II, page 89).
(3) Séance du 3 mai 1880.
(4) *De l'application des décrets du 29 mars 1880 sur les Congrégations religieuses*, pages 99 et s.
(5) En ce sens :
DE VATIMESNIL : Op. et loc. précités. *(V. au verso la suite de la note.)*

Inviolabilité morale du domicile

Le principe de la respectabilité du domicile, dont nous avons recherché les plus remarquables applications, ne limite pas son influence aux sujets qui ont été l'objet de cette étude. Tout récemment encore, il a inspiré une loi qui se rattache à lui de trop près pour que nous puissions la passer sous silence.

Certaines dispositions de la loi du 16 mars 1898 doivent être mentionnées parmi celles qui assurent la protection du domicile. Mais il ne s'agit plus ici de le garantir contre l'intrusion matérielle d'une personne étrangère, ni d'assurer la liberté des actes accomplis à son intérieur. La nouvelle loi s'attache à sauvegarder la *moralité* du foyer domestique, elle assure l'*inviolabilité morale du domicile*.

VIVIEN : Études administratives, t. II. p. 305.

BATBIE : Traité de droit public et administratif, t. III, n° 6; t. V., n° 234.

Adhésion du *barreau de Caen* à la consultation de Vatimesnil (citée par Ed. Rousse dans sa consultation).

EDMOND ROUSSE : Consultation sur les décrets du 29 mars 1880. (Disc. plaid. et œuvres div. d'Ed. Rousse, t. II).

DEMOLOMBE : Adhésion à la consultation de M. Rousse.

JACQUIER : De la condition légale des communautés religieuses, p. 386.

GARRAUD : Traité théorique et pratique du droit pénal français, t. IV, n° 191.

DALLOZ : Code pénal annoté, art. 291, n° 260 et suiv.

Sur l'ensemble de la question : D. P. 80. 2, 78, note 6; et Sirey, 81. 2. 206, dans la note.

La loi du 16 mars 1898 a modifié certaines dispositions de la loi du 2 août 1882 sur la répression des outrages aux bonnes mœurs.

Cette loi prévoyait et punissait dans son article 1*r « la vente, l'offre, l'exposition, l'affichage ou la distribution gratuite *sur la voie publique ou dans les lieux publics* d'écrits, d'imprimés autres que le livre, d'affiches, dessins, gravures, peintures, emblèmes et images obcènes ». Elle avait omis de prévoir un autre danger pour la moralité publique ; l'importance de ce danger ne s'est en effet révélée que postérieurement. Les entrepreneurs de corruption, chassés de la voie publique par les rigueurs de la loi de 1882, s'étaient réfugiés sur un autre terrain où ils pouvaient se livrer sans crainte à leurs opérations : ces industriels, dont le nombre alla croissant, inondèrent la France de prospectus contenant des offres de livres, de brochures, de dessins et d'objets obscènes. Ces prospectus ou catalogues étaient répandus à des milliers d'exemplaires et envoyés aux personnes de toutes conditions dont les noms et les adressent figurent au Bottin. On sait ce que deviennent d'ordinaire les innombrables imprimés affranchis à un centime que la poste distribue quotidiennement. Très souvent le père de famille, le chef de maison auquel ils sont adressés les jette au panier sans en déchirer la bande ou bien les abandonne sur une table où des jeunes filles, des enfants les ouvrent par curiosité ou par désœuvrement. Voilà donc la corruption offerte sous le mirage chatoyant de la réclame à de jeunes imaginations.

L'honnêteté d'un citoyen et l'innocence de ses enfants étaient protégées dans la rue contre ces dangers, mais ils

restaient sans défense dans le domicile, sanctuaire
respecté des vertus de la famille.

La loi était impuissante contre ces individus qui,
selon l'énergique expression de M. A. Poidebard, « pré-
tendent vous imposer chez vous, en violant votre domicile, l'immoralité obligatoire. On a, dit-il, le droit de
tuer l'individu qui, la nuit, escalade la clôture de votre
habitation ou fracture votre porte (art. 329 C. pén.). Que
faire contre les gens malpropres qui entreprennent, pour
s'enrichir, de souiller votre famille ? » (1)

Cette lacune apparut particulièrement sensible à l'occasion des poursuites exercées en 1895 contre un ancien
instituteur, Brun dit Chollet, qui s'était fait une spé-
cialité d'éditer et de répandre des publications obscènes.
Cet individu fut acquitté par la Cour d'assises de la
Seine le 29 août 1895.

Il ne restait aux pères de famille d'autre ressource que
d'exercer contre les misérables de ce genre une action
en dommages fondée sur l'article 1382 du Code civil. Ces
demandes furent accueillies favorablement par les tribunaux (2). Mais l'insolvabilité ordinaire des défen-

(1) *Revue catholique des Institutions et du Droit* (Mai 1898).
(2) Tribunal de la Seine, 1er juillet 1896 *(Gazette du Palais*,
1896, 2e semestre, p. 98 ; — *Gazette des Tribunaux*, 2 juillet 1896).
Voir aussi *Gazette des Tribunaux* du 25 février 1897.
Voici des extraits du jugement du 1er juillet 1896 :
« Attendu... que tout citoyen a le droit d'exiger que l'inviolabilité de son foyer domestique soit protégée contre l'envahissement
de publications qui y pénètrent malgré sa volonté, l'offensent
dans sa propre dignité et exposent aux pires souillures la moralité de ses enfants et des divers membres de sa famille ; qu'en
dehors de tout autre préjudice matériel, ce préjudice moral, qui
est dans l'espèce non seulement éventuel, mais actuel et direct,
suffit amplement à justifier la demande dont le tribunal est saisi...

deurs rendait le plus souvent cette sanction illusoire Il fallait que le législateur intervînt.

L'article 1ᵉʳ de la loi du 16 mars est ainsi conçu :

« L'article 1ᵉʳ de la loi du 2 août 1882 est modifié ainsi qu'il suit :

« Sera puni d'un emprisonnement d'un mois à deux ans et d'une amende de 100 francs à 5,000 francs quiconque aura commis le délit d'outrages aux bonnes mœurs :

Par la vente ou la mise en vente, l'offre, l'exposition, l'affichage ou la distribution, sur la voie publique ou dans les lieux publics, d'écrits, d'imprimés autres que le livre, d'affiches, dessins, gravures, peintures, emblèmes, objets ou images obscènes ou contraires aux bonnes mœurs...

Par leur *distribution à domicile*, par leur remise sous bande ou sous enveloppe non fermée à la poste ou à tout agent de distribution ou de transport.

Ce texte de loi, et les discussions (1) auxquelles il a donné lieu dans l'une et l'autre Chambre suggèrent quelques remarques :

1ᵉ Pour caractériser le délit, il n'est pas nécessaire que la distribution d'objets prohibés soit un fait accompli. Il suffit que son auteur ait fait ce qui était en son pou-

Et plus loin : « Attendu en outre que le droit qu'a tout particulier d'user ou d'abuser de sa chose trouve sa limite nécessaire dans l'obligation où il est de ne pas empiéter sur le droit d'autrui ; qu'ainsi le droit pour un auteur ou éditeur d'annoncer la publication de ses ouvrages n'emporte pour lui le droit ni de s'attaquer à la moralité ou à la dignité de ceux auxquels il s'adresse, ni de méconnaître l'inviolabilité du domicile et d'y faire pénétrer, malgré la volonté des citoyens, des écrits obscènes, injurieux et diffamatoires...»

Nous insistons volontiers sur ces textes parce qu'ils mettent particulièrement en relief l'idée d'atteinte à la respectabilité du domicile qui est un des côtés du délit prévu et puni par la loi du 16 mars 1898.

(1) SIREY : *Lois annotées*, 1898, pages 561 et suivantes.

18

voir pour que la lettre ou le prospectus arrivât à son adresse. L'autorité judiciaire pourra saisir les écrits obscènes avant leur arrivée à destination. Le législateur a été inspiré sur ce point par le désir de prévenir le mal. C'est pourquoi il punit la *simple remise* à la poste ou à tout agent de distribution ou de transport.

2° La loi ne punit que l'envoi *sous bande ou sous enveloppe non fermée* des écrits et dessins incriminés. Leur envoi sous pli fermé et affranchi à 15 centimes n'est donc pas délictueux. Cette distinction a été faite à la Chambre; le Sénat l'avait omise. Elle se justifie par plusieurs considérations : Le secret des correspondances empêche ordinairement de constater l'envoi sous enveloppe fermée. Un pli de ce genre ne doit être ouvert que par la personne à qui il est adressé : il a donc moins de chances d'être mis au rebut sans examen et de tomber ainsi sous les yeux des enfants. Il offre un caractère moins offensant pour celui à qui il est adressé qu'un prospectus sous bande avec en-tête en gros caractères destiné à provoquer l'attention. Enfin, l'affranchissement des plis fermés absorbe une partie assez considérable des bénéfices de ceux qui spéculent sur les mauvais penchants d'autrui. Ces diverses considérations ont été présentées par M. d'Estournelles, rapporteur du projet devant la Chambre des députés (*Journ. off.*, Chambre : doc. parl. 1898, annexe 2839).

CONCLUSION

En guise de conclusion, nous résumerons brièvement les desiderata qui ont été formulés au cours de cette étude :

1° On peut demander l'observation rigoureuse du principe de l'inviolabilité du domicile en temps de nuit, et, par conséquent, l'application des pénalités portées par l'article 184 du Code pénal contre tout fonctionnaire ou tout particulier qui aura pénétré pendant la nuit dans un domicile hors les cas prévus par l'article 76 de la constitution de l'an VIII ou par un texte de loi spécial et formel. L'article 36 du Code d'Instruction criminelle ne semble pas pouvoir être considéré comme un texte de ce genre.

2° En matière de perquisitions domiciliaires, il y aurait lieu : *a)* de restreindre le droit de délégation du magistrat instructeur ; on conçoit que le juge d'instruction sera fréquemment dans l'impossibilité de se transporter lui-même chez le prévenu et chez les tiers, mais il faut alors qu'il ne puisse confier cette mission qu'à des personnes dont le caractère offre une garantie suffisante pour les droits des particuliers ; *b)* d'entourer de certaines formalités les perquisitions qui doivent s'opérer chez des personnes qui, par état ou profession, sont dépositaires des secrets d'autrui. Il semble raisonnable d'exiger, au cours de ces perquisitions, la présence d'une personne dont le caractère et l'autorité constituent des garanties suffisantes et pour les droits de la justice et pour ceux des particuliers. Nous avons ainsi exprimé le vœu que des visites domiciliaires ne puissent pas être accomplies chez un avocat hors la présence du bâtonnier ou d'un membre du Conseil de discipline délégué par lui.

3° Il est à désirer que l'on décharge les préfets de toutes les fonctions qui se rattachent à la police judiciaire. Leur rôle à l'égard des crimes et des délits doit se borner à les prévenir. Ce sont les attributions de la police administrative. L'article 10 du Code d'instruction criminelle, tel qu'il est généralement interprété, n'est pas en harmonie avec le principe de la séparation des pouvoirs et devrait disparaître de notre législation.

4° Enfin, pour reproduire un vœu que nous avons formulé en fermant le chapitre consacré à la liberté de l'exercice du culte dans le domicile des particuliers, nous demandons l'abrogation pure et simple de l'article 44 de la loi du 18 germinal an X et du décret du 22 décembre 1812.

En ce qui concerne les restrictions apportées par les lois et les règlements de police à la liberté des actes accomplis dans le domicile, nous pensons d'une façon générale, et sous les réserves faites au cours de cette étude, que la législation et la jurisprudence ont fait une juste application des principes, et qu'elles ont su ménager dans une sage mesure l'intérêt social et les droits des particuliers.

VU :

Le Doyen de la Faculté de Droit
de l'Université de Dijon,

E. BAILLY.

VU :

MOULIN.

VU ET PERMIS D'IMPRIMER :

Le Recteur de l'Académie,

CH. ADAM,

Correspondant de l'Institut.

Dijon, 1er juin 1900.

TABLE DES MATIÈRES

DEUXIÈME PARTIE

De la liberté des actes qui peuvent être accomplis dans le domicile.

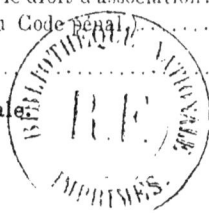

❋

Chambéry. — Imprimerie Savoisienne, 5, rue du Château.